4

Logo!

Oliver Gray

Coursework section by Andy Green
Reading and Writing pages by Iain Mitchell
Grammar section by Trevor Stevens

Heinemann Educational,
Halley Court, Jordan Hill, Oxford OX2 8EJ

Heinemann is a registered trademark of Reed
Educational & Professional Publishing Ltd

OXFORD   MELBOURNE   AUCKLAND
JOHANNESBURG   BLANTYRE   GABORONE
IBADAN   PORTSMOUTH (NH) USA   CHICAGO

First published 2001

01 02 03 04 05 06 10 9 8 7 6 5 4 3 2 1

A catalogue record for this book is available from the
British Library on request.

ISBN 0 435 36722 6

Produced by **AMR** Ltd

Original illustrations © Heinemann Educational
Publishers 2001

Illustrations by Art Construction, David Birdsall, Mik
Brown, Belinda Evans, Tony Forbes, Andy Keylock,
Shaun Williams.

Cover photo provided by Arcaid (Richard Bryant).

Printed and bound by Bath Colour Press, U.K.

Acknowledgements

The author and publishers would like to thank the
Knief Family and the Gray Family; Petra Becker and
the staff and students at the Johannes-Gutenberg-
Schule in Schwalbach for providing the photo
locations; Julie Green for commissioning and
developing the course; Judy Somerville and Sue
Smart for acting as consultants; Sue Chapple for
editing the course; Sound Communication for the
audio production; Jana Kohl for the native speaker
check; Jackie Coe for project management.

Photographs were provided by: **The Travel Library**
(pp. 34c, p138i – Ch. Hermes, p74 – Ch. Hermes,
p154 – Ch. Hermes, p170, nos. 1 & 3 – R.
Richardson, p170, no. 4 – Ronald Wier, p170, no.
5 – Andrew Cowin, p170, no.6 – Ch. Hermes);
Keith Gibson (p34b, p119); **John Walmsley** (p34f);
Michael Spencer (p52g, i); **Jackie Coe** (p170, no.
7); **Julie Green** (p156); **Helga Lade Fotoagentur**
(pp49 – Kaki, p98 – Glaser, p139 – JM Voss, p169 –
JM Voss); **Travel Ink** (p162 – Steve Thompson, p170
– Ken Gibson, p171 – Andrew Cowin); **Stock Shot**
(p51 – by Karen Jones); **Environmental Images**
(p51 – Stan Gamester). All other photographs were
provided by **David Kyle**. Photograph research: **Geri
May**.

Every effort has been made to contact the copyright
holders of material reproduced in this book. Any
omissions will be rectified in subsequent printings if
notice is given to the publishers.

Inhalt

1 Hallo! Ich bin's!

1 Wie schreibt man das?

Spelling and numbers

> Concentrate on the letters printed in brown. They are the ones you are most likely to find confusing.

Die Buchstaben

A (AH) B (BAY) C (TSAY) D (DAY) E (AY) F (EFF) G (GAY)

H (HA) I (EEE) J (YACHT) K (CAR) L (ELL) M (EM) N (EN)

O (OH) P (PAY) Q (COO) R (AIR) S (ESS) ß (ESS-TSETT) T (TAY)

U (OOH) V (FOW) W (VAY) X (IX) Y (OOPSILON) Z (TSETT)

1 Hör zu und schreib die Wörter auf. (1–5)
Beispiel: 1 Bonn

2 Partnerarbeit. Partner(in) A buchstabiert. Partner(in) B schreibt auf.

1 Meyerstraße	4 London	7 Coronation Street	10 Cloppenburg
2 Bremen	5 Viktoriastraße	8 Manchester	11 Washington
3 Albert Square	6 Kronberg	9 Katzengasse	12 Alexanderplatz

Die Zahlen

1 eins 2 zwei 3 drei 4 vier 5 fünf 6 sechs 7 sieben 8 acht 9 neun 10 zeh

11 elf 12 zwölf 13 dreizehn 14 vierzehn 15 fünfzehn 16 sechzehn 17 siebzehn 18 achtze

19 neunzehn 20 zwanzig 21 einundzwanzig 22 zweiundzwanzig 23 dreiundzwanzig 30 drei

40 vierzig 50 fünfzig 60 sechzig 70 siebzig 80 achtzig 90 neunzig 100 hundert

3 Hör zu und schreib die Zahlen auf. (1–10)
Beispiel: 1 5

4 Schreib diese Zahlen auf.
Beispiel: 1 zwölf

1 (12) 2 (33) 3 (9) 4 (19) 5 (90) 6 (11) 7 (26) 8 (16) 9 (8) 10 (40)

Rückblick   Rückblick

5 **Hör zu. Schreib das Formular ab und füll es aus.**

	Vater	Mutter	Tante
Name: Frank			
Alter: 25			

Das Familienspiel

6 **Partnerarbeit. Mach Interviews mit *du*.**
Beispiel: **1** ▲ Wie heißt du?
● Ich heiße (Silke).
▲ Wie schreibt man das?
● (S ... I ... L ... K ... E.)
▲ Wie alt bist du?
● Ich bin (zwölf).

I

Silke, 12

2

Dieter, 11

3

Paul, 15

4

Maike, 17

Grammatik

sein *to be*

Bist du ...?	Are you ...?
Ich bin ...	I am ...
Er/Sie/Mein Bruder, usw. ist ...	He/She/My brother, etc. is ...
Wir sind ...	We are ...

Lern weiter ▶ 6.2, Seite 187

7a **Hör zu und schreib die Geburtstage auf. (1–8)**
Beispiel: **1** 12.4.

7b **Schreib die Sätze auf.**
Beispiel: **1** Mein Geburtstag ist am zwölften April.

Die Monate

Januar	Mai	September
Februar	Juni	Oktober
März	Juli	November
April	August	Dezember

Grammatik

To say first, second, etc. from 1 to 20, just add **-ten** to the number (am **zehnten**, am **zwölften**, etc.), but watch out for these exceptions:
am **ersten** (1.) am **dritten** (3.) am **siebten** (7.)

From 20 onwards, you add **-sten**: am **zwanzigsten** (20.) / am **einundzwanzigsten** (21.) / am **dreißigsten** (30.), usw.

Lern weiter ▶ Seite 18

7c **Partnerarbeit.**
Beispiel: **1** ▲ Wann ist dein Geburtstag?
● Am (sechsten März).

I 6.3 **2** 14.9 **3** 26.6

4 3.4 **5** 7.12 **6** DEIN Geburtstag

Rückblick **Rückblick**

2 Das Familienspiel

Talking about families

 1 **Hör zu und lies. Was passt zusammen?**
Beispiel: 1 c

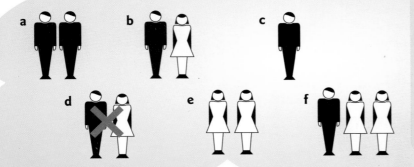

1 Ich habe einen Bruder.

2 Ich habe zwei Schwestern.

3 Ich habe einen Bruder und eine Schwester.

4 Ich bin ein Einzelkind.

5 Ich habe zwei Brüder.

6 Ich habe einen Bruder und zwei Schwestern.

Ich heiße (Robert/Maria).	
Ich bin (14) Jahre alt.	
Ich habe	eine Schwester/einen Bruder.
	(drei) Geschwister / (zwei) Schwestern / (vier) Brüder.
Ich bin ein Einzelkind.	
Mein Vater/Stiefvater/Bruder/Onkel/Cousin/Opa	heißt ... .
Meine Mutter/Stiefmutter/Schwester/Tante/Cousine/Oma	ist (42).

 2a **Hör zu. Schreib Formulare für Peter und Sylvia und füll sie aus.**
Beispiel:

Name: Anja
Wohnort: Woltmershausen
Geschwister: 3 Brüder, 2 Schwestern
Vater: Rolf, 40
Stiefmutter: Petra, 36

▲ Hallo, wer ist da?

● Hier spricht Anja aus Woltmershausen.

▲ Bitte?

● Woltmershausen! W ... O ... L ...T ... M ... E ... R ...
S ... H ... A ... U ... S ... E ... N.

▲ Hast du eine große Familie?

● Oh ja, ich habe fünf Geschwister, also drei Brüder
und zwei Schwestern.

▲ Oha!

● Mein Vater heißt Rolf und er ist vierzig. Meine
Stiefmutter heißt Petra und sie ist sechsunddreißig.

I	**Name:** Peter
	Wohnort:

2	**Name:** Sylvia
	Wohnort:

Rückblick **Rückblick**

2b **Partnerarbeit. Mach Interviews mit Peter und Sylvia.**

Beispiel:
▲ Wie heißt du?
● Ich heiße (Anja).
▲ Wo wohnst du?
● Ich wohne in (Woltmershausen).
▲ Wie schreibt man das?
● (W-O-L-T-M-E-R-S-H-A-U-S-E-N.)
▲ Hast du Geschwister?
● Ja, ich habe (drei Brüder und zwei Schwestern).
▲ Wie heißen deine Eltern?
● Mein (Vater) heißt (Rolf) und er ist (vierzig). Meine (Stiefmutter) heißt (Petra) und sie ist (sechsunddreißig).

3a **Lies die E-Mail und beantworte die Fragen.**

Beispiel: **1** Manja

Hallo Sue,
ich bin deine neue Brieffreundin. Ich heiße Manja und ich bin vierzehn Jahre alt. Ich wohne in Ültjen, in der Nähe von Kassel. Mein Vater heißt Dirk und er ist vierzig Jahre alt. Meine Eltern sind *geschieden, aber ich habe eine nette Stiefmutter. Sie heißt Paula und sie ist achtunddreißig. Ich habe zwei Geschwister. Mein Bruder heißt Kevin und er ist zwölf. Meine Schwester heißt Stefanie und sie ist drei Jahre alt. Mein Geburtstag ist am ersten Oktober.
Alles Gute,
Manja

1 Wie heißt die Brieffreundin?
2 Wie alt ist sie?
3 Wo wohnt sie?
4 Wie heißt Manjas Vater?
5 Wie alt ist er?
6 Wie heißt Manjas Stiefmutter?
7 Wie alt ist sie?
8 Wie heißt Manjas Bruder?
9 Wie alt ist Manjas Schwester?
10 Wann ist Manjas Geburtstag?

(*geschieden = *divorced*)

3b **Schreib eine E-Mail an Manja.**

Nicht vergessen:
• Name
• wie alt
• wo du wohnst
• Familie
• Geburtstag

Hallo Manja,
ich bin dein neuer Brieffreund / Ich bin deine neue Brieffreundin ...

| Ich habe | einen Bruder/Stiefvater, usw. |
| | eine Schwester/Stiefmutter, usw. |

Er/Sie heißt (Peter/Ingrid).

Er/Sie ist (10) Jahre alt.

Ich habe (drei) Brüder/Schwestern.

Sie heißen (Kevin) und (Stefanie).

Sie sind (8) und (14) Jahre alt.

Rückblick **Rückblick**

3 So sehe ich aus

Talking about appearance

1 Hör zu und lies. Was passt zusammen?
Beispiel: 1 Mike

 Udo

Ulrike  **Angela**

 Mike

1 Ich habe braune Augen und kurze, rote Haare.

2 Ich habe grüne Augen und blonde Haare.

3 Ich habe blaue Augen und lange, braune Haare.

4 Ich habe braune Augen und kurze, schwarze Haare.

2 Hör zu und schreib die richtigen Buchstaben auf.

Beispiel: 1 b

a   b   c   d   e   f

3a Partnerarbeit.

Beispiel: 1 ▲ Sie hat lange, blonde Haare und blaue Augen.
● Das ist Yesim.
▲ Richtig!

1 **Yesim**

2 **Boris**

3 **Oma**

4 **Herr Müller**

5 **Lara**

Ich	habe				
Mein Freund Meine Freundin Mein Bruder/Vater Meine Schwester/Mutter Peter/Paula	hat	blaue braune grüne graue	Augen und	lange, kurze,	graue rote schwarze blonde braune hellbraune dunkelbraune	Haare.
		eine Glatze.			
		einen Bart.			
		einen Schnurrbart.			

Grammatik

Adjektive *Adjectives*

If the adjective (describing word) is not with the noun, it doesn't have an ending:

Meine **Augen** sind **blau**. Meine **Haare** sind **braun**.

If the adjective and the noun are together, the adjective needs an ending, in this case an –e:

Ich habe blau**e Augen**. Ich habe braun**e Haare**.

Lern weiter ▶ 3.1, Seite 184

Remember to use qualifying words like *sehr* (very) and *ziemlich* (quite). So, very long hair = *sehr lange Haare* and fairly short hair = *ziemlich kurze Haare.*

groß   mittelgroß   klein

dick   dünn/schlank

3b Beschreib jetzt die Personen aus Übung 3a.

Beispiel: 1 Yesim hat lange, blonde Haare und blaue Augen.

4 Wer ist wer? Schreib die Namen auf.

Beispiel: 1 Sven

Harry   Kai   Sven

Angelika   Claudia

1 Ich bin mittelgroß.
2 Ich bin klein.
3 Ich bin dick.
4 Ich bin schlank.
5 Ich bin groß.

5 Lies den Text und wähle die richtige Antwort.

Beispiel: 1 Sonja ist mittelgroß.

Hallo! Mein Name ist Sonja und ich bin deine neue Brieffreundin. Ich bin mittelgroß und ziemlich schlank. Ich habe braune Haare und braune Augen. Meine Mutter heißt Bettina. Sie ist auch mittelgroß und sehr schlank. Sie hat schwarze Haare und braune Augen. Meine beste Freundin heißt Freddi. Sie ist klein und ziemlich dick. Sie hat blaue Augen und lange, blonde Haare. Tschüs, Sonja

1 Sonja ist groß / sehr groß / mittelgroß.
2 Sonja ist sehr schlank / ziemlich schlank / ziemlich dick.
3 Sonja hat braune/blonde/schwarze Haare.
4 Bettina ist sehr schlank / ziemlich schlank / ziemlich dick.
5 Bettina hat braune/blonde/schwarze Haare.
6 Bettina hat blaue/grüne/braune Augen.
7 Freddi ist sehr schlank / ziemlich schlank / ziemlich dick.
8 Freddi hat blaue/grüne/braune Augen.

Grammatik

haben *to have*

Hast du …?	Have you …?
Ich **habe** …	I **have** …
Er / Sie / Mein Bruder, usw. **hat** …	He / She / My brother, etc. **has** …
Wir **haben** …	We **have** …

Lern weiter ▶ 6.2, Seite 187

6 Jetzt du!

1 Beschreib dich! Nicht vergessen:
•deine Größe •deine Augen •deine Haare.

2 Beschreib eine Person in deiner Familie.
3 Beschreib einen Freund / eine Freundin.

4 Mein Zuhause

Describing your house

Ludo Kleinmann und Dieter Frost moderieren das Fernsehquiz „Wer wohnt hier?"

Toilette · Badezimmer · Schlafzimmer · Poster · Kleiderschrank · Lampe · Dusche · Badewanne · Bett · Radio · Esszimmer · Küche · Wohnzimmer · Garage · Stuhl · Spülmaschine · Flur · Sessel · Heizung · Tisch · Treppe · Herd · Sofa · Kühlschrank · Waschmaschine · Teppich · Haustür · Fernseher

Wer wohnt hier?

1a **Wo ist Ludo? Hör zu und schreib das Zimmer auf. (1–7)**
Beispiel: **1** Im Wohnzimmer

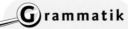

1b **Partnerarbeit.**
Beispiel: ▲ Wo bist du?
● Es gibt (einen Herd).
▲ Bist du (in der Küche)?
● Ja!

Grammatik

Präpositionen *Prepositions*
If you are using **in** (preposition):
der becomes **in dem** or **im**
die becomes **in der**
das becomes **in dem** or **im**.

Lern weiter ▶ 10c, Seite 193

2 **Schreib Sätze.**
Beispiel: **1** Mein Haus hat eine Küche. Es gibt eine Waschmaschine und einen Herd.

1 Küche/Waschmaschine/Herd
2 Wohnzimmer/Sessel/Fernseher
3 Badezimmer/Dusche/Badewanne
4 Schlafzimmer/Bett/Schrank

3 **Lies die Anzeigen. Was passt zusammen?**
Beispiel: 1 a

ZU VERMIETEN

a Doppelhaus, Wohnzimmer, Esszimmer, 3 Schlafzimmer, Toilette, Bad.

b Wohnung, 1 Schlafzimmer, Küche, Bad.

c Reihenhaus, 2 Schlafzimmer, Wohnzimmer, Toilette, Bad.

d Wohnung, 2 Zimmer, Küche, Toilette, Bad.

e Einfamilienhaus, 4 Schlafzimmer, Wohnzimmer, Flur, Bad.

1 Ein Haus mit Schlafzimmern für drei Personen.
2 Eine Wohnung mit getrennter Toilette.
3 Ein Haus für eine große Familie.
4 Ein Haus für eine kleine Familie.
5 Eine sehr kleine Wohnung.

Grammatik

Es gibt ... **There is ...**

	der	die	das
es gibt +	einen	eine	ein

If something else comes at the beginning of the sentence, turn **es gibt** around:
    In der Küche **gibt es** einen Kühlschrank.

Lern weiter ▶ 11.3, Seite 194

Unser/Mein Haus Unsere/Meine Wohnung	hat		eine Küche/Treppe/Toilette (ein Klo). ein Wohnzimmer/Esszimmer. ein/zwei/drei usw. Schlafzimmer. einen Flur.
In der Küche		eine	Badewanne/Dusche/Spülmaschine/Waschmaschine/Lampe/Heizung.
Im Wohnzimmer Badezimmer Esszimmer Flur	gibt es haben wir habe ich	einen	Kühlschrank/Herd/Kleiderschrank/Tisch/Stuhl/Sessel/Fernseher/Teppich.
		ein	Bett/Poster/Sofa.

 4a **Lies den Brief. Richtig oder falsch?**
Beispiel: 1 Falsch

Liebe Sandra,
das neue Haus ist super! Wir haben drei Schlafzimmer und ein Wohnzimmer. Im Wohnzimmer gibt es einen Fernseher, ein Sofa und zwei Sessel. In der Küche gibt es einen Kühlschrank, einen Herd und eine Spülmaschine. Es gibt auch eine Garage und einen Flur. In meinem Schlafzimmer habe ich ein Bett (natürlich!), einen Tisch für meinen Computer und einen Kleiderschrank.
Bis bald!
Olivia

1 Es gibt vier Schlafzimmer.
2 Im Wohnzimmer gibt es eine Spülmaschine.
3 In der Küche gibt es einen Fernseher.
4 Olivia hat einen Computer.
5 In Olivias Zimmer gibt es einen Kleiderschrank.
6 In Olivias Zimmer gibt es einen Kühlschrank.

 4b **Jetzt du! Schreib einen Brief an Olivia. Beschreib dein Haus und dein Schlafzimmer.**

Liebe Olivia,
mein Haus ist auch super! Wir haben ...

5 Guten Tag!

Meeting and greeting

1a **Hör zu und lies den Dialog.**

Jessica:	Komm herein, Susan. Also, Mama, Papa, darf ich vorstellen? Das ist Susan aus England.
Susan:	Guten Tag, Frau Dresch! Guten Tag, Herr Dresch!
Frau Dresch:	Grüß Gott, Susan. Herzlich willkommen!
Herr Dresch:	Servus, Susan! Wie geht's?
Susan:	Danke, gut, und Ihnen?
Herr Dresch:	Auch gut. Setz dich bitte!

1b **Schreib auf Deutsch.**
Beispiel: 1 „Komm herein."

1 "Come in."
2 "Hello." (**Drei** Formen)
3 "Let me introduce …"
4 "Welcome."
5 "How are you?"
6 "Sit down, please."

The fact that German-speaking people have two ways to say "you" makes life complicated. **Du** is the "familiar" way and **Sie** is the "polite" way. Learn to use these expressions:

To a friend or relation	**To an adult**	
Komm herein!	Kommen Sie herein!	*Come in!*
Setz dich bitte!	Setzen Sie sich bitte!	*Sit down, please.*
Wie geht es dir?	Wie geht es Ihnen?	*How are you?*
Danke gut, und dir?	Danke gut, und Ihnen?	*Fine thanks, and you?*

2a **Partnerarbeit.**

▲ Hallo!
● .....
▲ ..... (*Invite friend in*)
● Danke schön.
▲ ..... (*Ask friend to sit down*)
● Danke. ..... (*Ask how friend is*)
▲ ..... (*Say fine, thanks*)

You can solve the *Wie geht es Ihnen? / Wie geht es dir?* problem by just saying *Wie geht's?* This is fine no matter who you're talking to. If someone says *Wie geht's?* to you, respond: *Danke gut, und Ihnen?* (to an adult) or *Danke gut, und dir?* to a friend or relation.

If your teacher says *Wie geht's?* at the beginning of your Speaking Test, reply *Danke gut, und Ihnen?*. It'll get your test off to a great start!

2b **Wiederhole das Gespräch, aber mit *Sie/Ihnen* statt *dich/dir*.**

3a Hör zu und lies den Dialog.

Herr Dresch: Tschüs, Susan!
Susan: Auf Wiedersehen, Herr Dresch.
Vielen Dank für Ihre Gastfreundschaft!
Frau Dresch: Nichts zu danken, Susan.
Jessica: Tschüs, Susan!

3b Wie sagt man auf Deutsch ...?

1 "'Bye!"
2 "Goodbye."
3 "Thanks for your hospitality."
4 "Don't mention it."

When you say *Auf Wiedersehen*, you're saying "See you again". So when you're on the phone, you say *Auf Wiederhören* ("Hear you again.") In English, you'd say something like "Speak to you soon." You can also just say *Tschüs* if you know the caller quite well.

4 Was passt zusammen?
Beispiel: 1 i

a Setz dich bitte!   b Auf Wiedersehen.   c Wie geht es Ihnen?

d Setzen Sie sich bitte!   e Auf Wiederhören.   f Wie geht es dir?

g Kommen Sie herein!   h Tschüs.   i Komm herein!   j Guten Tag!

6 Ich habe meine Tasche verloren

Reporting lost property

1 **Hör zu. Was ist wo?**
Beispiel: 1 unter dem Stuhl

1 Wo ist Anjas Tasche?
2 Wo ist Anjas Schlüssel?
3 Wo ist Anjas Handy?
4 Wo ist Anjas Uhr?

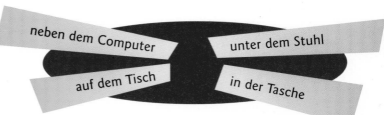

neben dem Computer

unter dem Stuhl

auf dem Tisch

in der Tasche

Ich habe	meinen/deinen	Ring	verloren.
Haben Sie	meinen/deinen	Pass/Schlüssel	gefunden?
	meine/deine	Tasche/Uhr/Kette	
Hast du	mein/dein	Portemonnaie/Geld/Handy	

2 **Partnerarbeit.**
Beispiel: 1 ▲ Ich habe meine Tasche verloren.
Haben Sie meine Tasche gefunden?
● Ja, ich habe deine Tasche gefunden.

3a **Lies den Brief und wähle die richtige Antwort.**
Beispiel: **1** am Freitag

1 Herr Bauer war am Montag / am Mittwoch /
  am Freitag im Restaurant.
2 Er hat eine Uhr / ein Portemonnaie /
  einen Schlüssel verloren.
3 Er / Sie / Es ist schwarz / blau / braun.
4 Darin ist Geld / eine Kreditkarte / ein Pass.

Der Pass		klein und rot.
Die Tasche	ist	groß und braun.
Die Uhr		neu und aus Gold.

An den Direktor
Pizzeria Milano
Marktstr. ·12
4923 Engelberg

Sehr geehrter Herr,

Ich war am letzten Freitag in
Ihrem Restaurant. Ich habe ein
Problem. Ich habe mein
Portemonnaie verloren! Es ist
braun. Im Portemonnaie ist meine
Kreditkarte. Haben Sie mein
Portemonnaie gefunden?

Mit freundlichen Grüßen,
Oliver Bauer

3b **Schreib einen Brief an ein Restaurant.**
Benutze den Brief in Übung 3a und
ersetze die Wörter:

Samstag | In der Tasche | schwarz | meine Tasche | Sie | mein Geld

4a **Partnerarbeit.**
Beispiel: **1** ▲ Haben Sie meinen Pass gefunden?
      ● Wie sieht er aus?
      ▲ Der Pass ist klein und rot.

4b **Schreib die Antworten aus Übung 4a auf.**
Beispiel: **1** Der Pass ist klein und rot.

5 **Wo sind die Sachen?**
Beispiel: **1** auf dem Tisch

Grammatik

Präpositionen *Prepositions*

auf   hinter

neben

in   vor

unter

With masculine (**der**) and neuter (**das**) words:
auf/in/unter/hinter/neben/vor **dem** Bett/Fernseher/
Schrank/Sofa/Telefon/Tisch

With feminine (**die**) words:
auf/in/unter/hinter/neben/vor **der** Gardine/Mauer/Tasche/Vase

Lern weiter ▶ 10c, Seite 193

Wörter

Using the alphabet and numbers

Wie schreibt man ...?   *How do you spell ...?*

1	eins	7	sieben	13	dreizehn	22	zweiundzwanzig	70	siebzig
2	zwei	8	acht	14	vierzehn	23	dreiundzwanzig	80	achtzig
3	drei	9	neun	16	sechzehn	30	dreißig	90	neunzig
4	vier	10	zehn	17	siebzehn	40	vierzig	100	hundert
5	fünf	11	elf	20	zwanzig	50	fünfzig		
6	sechs	12	zwölf	21	einundzwanzig	60	sechzig		

Using dates

Wann ist dein Geburtstag?	*When is your birthday?*	Januar	*January*
Mein Geburtstag ist am zwölften April.	*My birthday is on the 12th April.*	Februar	*February*
am ersten	*on the first*	März	*March*
am zweiten	*on the second*	April	*April*
am dritten	*on the third*	Mai	*May*
am siebten	*on the seventh*	Juni	*June*
am zehnten	*on the tenth*	Juli	*Julu*
am zwanzigsten	*on the twentieth*	August	*August*
am einundzwanzigsten	*on the twenty-first*	September	*September*
am dreißigsten	*on the thirtieth*	Oktober	*October*
		November	*November*
		Dezember	*December*

Talking about yourself and your family

Wie heißt du? *(familiar)*	*What's your name?*
Wie heißen Sie? *(formal)*	
Ich heiße Kati.	*My name is Kati.*
Mein Name ist Kati.	
Wie alt bist du? *(familiar)*	*How old are you?*
Wie alt sind Sie? *(formal)*	
Ich bin (16) Jahre alt.	*I'm (16) years old.*
Hast du eine große Familie?	*Have you got a large family?*
Hast du Geschwister?	*Have you got any brothers and sisters?*
Ich habe zwei Geschwister.	*I've got two brothers and sisters.*
Mein Vater/Stiefvater/Bruder/Onkel/Vetter/ Opa heißt ...	*My father/stepfather/ brother/uncle/cousin/ grandfather is called ...*
Meine Mutter/Stiefmutter/Schwester/Tante/ Kusine/Oma ist (42).	*My mother/stepmother/sister/aunt/cousin/ grandmother is (42).*
Ich habe einen Bruder.	*I've got a brother.*
Ich habe eine Schwester.	*I've got a sister.*
Ich habe zwei Schwestern.	*I've got two sisters.*
Ich habe zwei Brüder.	*I've got two brothers.*
Ich habe einen Bruder und eine Schwester.	*I've got a brother and a sister.*
Ich bin ein Einzelkind.	*I'm an only child.*
Wie heißen deine Eltern?	*What are your parents called?*
Ich bin dein neuer Brieffreund / deine neue Brieffreundin.	*I'm your new penfriend.*
Meine Eltern sind geschieden.	*My parents are divorced.*

Describing physical appearance

Ich habe braune Augen und kurze, rote Haare.	*I've got brown eyes and short red hair.*
Ich habe grüne Augen und blonde Haare.	*I've got green eyes and blond hair.*
Ich habe blaue Augen und lange, braune Haare.	*I've got blue eyes and long brown hair.*
Ich habe braune Augen und kurze, schwarze Haare.	*I've got brown eyes and short black hair.*
Meine Augen sind blau und meine Haare sind braun.	*My eyes are blue and my hair is brown.*
Ich habe einen Schnurrbart/Bart.	*I've got a moustache/beard.*

Ich habe eine Glatze.	*I'm bald.*
Ich habe sehr lange Haare.	*I've got very long hair.*
Ich habe ziemlich kurze Haare.	*I've got fairly short hair.*
Sie hat lange blonde Haare und blaue Augen.	*She's got long blond hair and blue eyes.*
Mein Freund hat …	*My (male) friend has …*
Meine Freundin …	*My (female) friend …*
Mein Bruder/Vater …	*My brother/father …*
Meine Schwester/Mutter …	*My sister/mother …*
Ich bin groß/klein/mittelgroß/dick/schlank.	*I'm tall/short/medium height/fat/slim.*

Describing your house and furniture

Ich wohne in …	*I live in …*
einem Doppelhaus.	*a semi-detached house.*
einem Reihenhaus.	*a terraced house.*
einem Einfamilienhaus.	*a detached house.*
einer Wohnung.	*a flat.*
Unsere/Meine Wohnung hat …	*Our/My flat has got …*
Unser/Mein Haus hat …	*Our/My house has got …*
eine Küche/Toilette.	*a kitchen/toilet.*
ein Klo.	*a loo.*
eine Treppe.	*a staircase.*
ein Wohnzimmer.	*a living room.*
ein Esszimmer.	*a dining room.*
ein/zwei/drei Schlafzimmer.	*1/2/3 bedrooms.*
einen Flur.	*a hallway.*
In der Küche gibt es …	*In the kitchen there's …*
einen Kühlschrank.	*a fridge.*
einen Herd.	*a cooker.*
eine Spülmaschine.	*a dishwasher.*
eine Waschmaschine.	*a washing machine.*
Im Wohnzimmer haben wir …	*In the living room we've got …*
einen Sessel.	*an easy chair.*
einen Fernseher.	*a TV.*
einen Teppich.	*a carpet.*
ein Sofa.	*a sofa.*
Im Badezimmer gibt es …	*In the bathroom there's …*
eine Badewanne/Dusche.	*a bath/shower.*
Im Esszimmer gibt es …	*In the dining room there's …*
einen Stuhl/Tisch.	*a chair/a table.*
In meinem Schlafzimmer habe ich …	*In my bedroom I've got …*
einen Kleiderschrank.	*a wardrobe.*
eine Lampe.	*a lamp.*
eine Heizung.	*a radiator.*
ein Bett/Poster/Radio	*a bed/poster/radio.*

Meeting and greeting people

Komm herein! *(familiar)*	*Come in!*
Kommen Sie herein! *(formal)*	
Darf ich vorstellen?	*May I introduce …?*
Das ist Susan.	*This is Susan.*
Guten Tag!	*Hello.*
Grüß Gott!	*Hello. (South Germany)*

Servus!	*Hello. (Switzerland)*
Herzlich willkommen!	*Welcome!*
Wie geht's?	*How are you?*
Wie geht es dir? *(familiar)*	*How are you?*
Wie geht es Ihnen? *(formal)*	
Danke gut, und dir? *(familiar)*	*Fine thanks, and you?*
Danke gut, und Ihnen? *(formal)*	
Setz dich! *(familiar)*	*Sit down.*
Setzen Sie sich! *(formal)*	
Auf Wiedersehen.	*Goodbye.*
Tschüs!	*'Bye!*
Vielen Dank für Ihre Gastfreundschaft!	*Thank you for your hospitality.*
Nichts zu danken.	*Don't mention it.*
Auf Wiederhören.	*Goodbye. (on telephone)*

Losing things

Ich habe meinen Ring/Pass/Schlüssel verloren.	*I've lost my ring/passport/key.*
Hast du meine Tasche/Uhr/Kette gefunden?	*Have you (familiar form) found my bag/watch/necklace?*
Haben Sie mein Portemonnaie/Geld/Handy gefunden?	*Have you (polite form) found my purse/money/mobile phone?*
Der Pass ist klein und rot.	*The passport is small and red.*
Die Tasche ist groß und braun.	*The bag is big and brown.*
Die Uhr ist neu und aus Gold.	*The watch is new and made of gold.*

Prepositions

auf dem Tisch/Fernseher	*on the table/TV*
in der Tasche	*in the bag*
unter dem Stuhl	*under the chair*
hinter dem Schrank	*behind the cupboard*
neben der Vase/Gardine Mauer	*next to the vase/curtain/wall*
vor dem Telefon/Bett/Sofa	*in front of the telephone/bed/sofa*

2 Schulstress

1 Was lernst du?

Talking about school subjects. Giving opinions

 1 Hör zu und lies. Schreib die Tabelle ab und füll sie aus.

> *Felix:* Meine erste Stunde ist Mathematik.
> *Fatima:* So? Meine erste Stunde ist Biologie.
> *Felix:* Mein bestes Fach ist Deutsch. Ich habe in der zweiten Stunde Deutsch.
> *Fatima:* Ja? Ich habe in der zweiten Stunde Französisch.
> *Felix:* Ich habe in der dritten Stunde Französisch.
> *Fatima:* Ich habe in der dritten Stunde Englisch.

	1. Stunde	2. Stunde	3. Stunde
Felix			
Fatima			

Biologie

Deutsch

Englisch

Französisch

Mathematik

 2a Um wie viel Uhr beginnt die Stunde?
Beispiel: 1 9.20

STUNDENPLAN

Zeit	Montag	Dienstag	Mittwoch	Donnerstag	Freitag
7.30-8.15	Mathe	Deutsch	Sport	Französisch	Englisch
8.20-9.05	Deutsch	Französisch	Englisch	Deutsch	Französisch
9.05-9.20	**Erste große Pause**				
9.20-10.10	Werken	Erdkunde	Franz.	Mathe	Erdkunde
10.15-11.00	Werken	Mathe	Erdkunde	Englisch	Geschichte
11.00-11.20	**Zweite große Pause**				
11.20-12.05	Biologie	Englisch	Geschichte	Sport	Deutsch
12.10-12.55	Biologie		Deutsch	Sport	

I Mittwoch 3 Montag 5 Dienstag 7 Donnerstag

2 Donnerstag 4 Freitag 6 Montag 8 Freitag

Rückblick   Rückblick

2b **Partnerarbeit. Schau dir den Stundenplan an und stell Fragen.**

Beispiel 1: ▲ Was hast du am Montag?
● Ich habe Mathe, dann Deutsch, dann ...

Beispiel 2: ▲ Was ist am Mittwoch deine dritte Stunde?
● Ich habe Französisch. Und du? Was ist am Freitag deine vierte Stunde? usw.

Ich habe	Chemie/DSP (darstellendes Spiel = *Drama*)/Informatik/
Meine/Deine erste/zweite/dritte/	Kunst/Musik/Naturwissenschaft/Geschichte/Erdkunde/Sport/
vierte/fünfte/sechste Stunde ist	Physik/Religion/Spanisch.

 3a **Hör zu. Schreib die Tabelle ab und füll sie aus. Finden Felix und Fatima diese Fächer gut ✓ oder nicht gut ✗?**

	Mathe	Biologie	Deutsch	Französisch	Englisch
Felix					
Fatima					

 3b **Lies den Brief und wähle die richtige Antwort.**
Beispiel: 1 b

Hallo Robin!
Heute beginnt die Schule. Furchtbar! Ich lerne Englisch (ich finde Englisch interessant), Deutsch (das ist langweilig) und Französisch (Französisch ist toll). Physik ist schwer und ich hasse Chemie und Mathe. Ich finde Sport super. Sport ist mein bestes Fach, aber mein Lieblingsfach ist Kunst. Und du? Was lernst du in der Schule?
Gruß,
Kai

1 Englisch ist   **a** furchtbar   **b** interessant
     c schwer.

2 Deutsch ist   **a** super   **b** interessant
     c langweilig.

3 Französisch ist   **a** okay   **b** super
     c schwer.

4 Mathe ist   **a** gut   **b** schlecht
     c okay.

5 Kunst ist   **a** gut   **b** nicht gut
     c langweilig.

 3c **Partnerarbeit.**
Beispiel: ▲ Wie findest du (Englisch)?
● Ich finde (Englisch) gut.

| Ich finde | Englisch Biologie | gut/super/schlecht/langweilig/interessant/ schwer/einfach. |
| Mein Lieblingsfach ist | Französisch/Kunst, usw. | |

 4 **Schreib einen Brief an Kai.**
Ich lerne ...
Ich finde ...
Mein Lieblingsfach ist ...
Ich hasse...

 **rammatik**

mein und dein   *my and your*
Use **mein** or **dein** with masculine (**der**) or neuter (**das**) words, and **meine** or **deine** with feminine (**die**) words.
    Mein Lieblingsfach ist ...
    Meine erste Stunde ist Deutsch.

Lern weiter ▶ 3.2, Seite 185

Rückblick   **Rückblick**

1 Hör zu. Wer fragt was?
Beispiel: **Kevin** d

| Kevin | Isabell | Björn | Sina | Jasmin | Florian |

a

d

b

e

c

f

If you get stuck in your Speaking Test, the following expressions could be useful. Try to learn them by heart.

Wie sagt man „stupid" auf Deutsch?
Was bedeutet „Fenster" auf Englisch?
Darf ich / bitte Deutsch sprechen?
Kann ich bitte English sprechen?
Können Sie bitte die Frage wiederholen?
Ich verstehe nicht.
Ich weiß nicht.

Hör zu und wiederhole.
Practise the pronunciation of these useful expressions for the Speaking Test. Notice especially:
Wie sagt man ...? – The *s* is pronounced like the English "z".
Kann ich Englisch sprechen? – It's pronounced *eng*, not *ing*.
Können Sie ...? – The *ö* is pronounced *er*.

Grammatik

Darf ich ...? / Kann ich ...?   *May I ...? / Can I ...?*
Darf ich ...? is a little more polite than **Kann ich ...?** (like the difference between "May I ...?" and Can I ...?"). The infinitive goes to the end:
Kann ich bitte Englisch **sprechen**? **Darf ich** auf Toilette **gehen**?

Lern weiter ▶ 6.5, Seite 188

2 Du bist in der mündlichen Prüfung. Was sagst du?

1 You don't know what "Jugendherberge" means in English.
2 You want the teacher to repeat the question.
3 You don't understand something.
4 You want to know how to say "computer" in German.
5 You don't know something.
6 You're so nervous, you need to go to the loo!

Rückblick   Rückblick

3 Der Schultag

Talking about daily life at school

Die Schule beginnt **um acht Uhr**.

Die Mittagspause ist **um ein Uhr**. (um dreizehn Uhr)

Die große Pause ist **um elf Uhr**.

Die Schule ist **um drei Uhr** aus. (um fünfzehn Uhr)

1 **Hör zu und lies den Dialog. Ordne die Sätze unter *England* oder *Deutschland*.**

> Carolin, du warst in Bristol. Wie ist die Schule in England?

> Bei uns in Hamburg beginnt die Schule um Viertel vor acht, aber in England beginnt sie um neun Uhr. Dann gibt's eine Vollversammlung, das heißt „assembly" auf Englisch. Bei uns in Deutschland gibt es keine Vollversammlung.

> Wie viele Stunden gibt es in Bristol pro Tag in der Schule?

> Es gibt acht Stunden. Aber eine Stunde dauert nur 35 Minuten. In Deutschland dauert eine Stunde 45 Minuten. Und in Deutschland haben wir nur 5 oder 6 Stunden pro Tag. In der Schule in Bristol haben sie acht Stunden!

England	Deutschland
Beginnt um 9.00	

Beginnt um 9.00

Beginnt um 7.45   Stunde = 35 Minuten

Stunde = 45 Minuten

5 oder 6 Stunden am Tag

Vollversammlung – nein   Vollversammlung –

8 Stunden pro Tag

2 **Wähle die richtige Antwort.**
Beispiel: 1 um 11 Uhr

1 Wann ist die erste große Pause?
2 Wann ist die Mittagspause?
3 Wo isst man in England?

4 Wo isst man in Deutschland?
5 Wann ist die Schule in England aus?
6 Wann ist die Schule in Deutschland aus?

| um 1 Uhr | um 11 Uhr | um 16 Uhr | um 12.45 | zu Hause | in der Schule |

> Ich komme mit dem Bus zur Schule.

> Komisch! In der englischen Schule gibt es zwei große Pausen, eine um elf Uhr, und dann eine Mittagspause von Viertel vor eins bis Viertel vor zwei. In der Pause spreche ich mit meinen Freunden.

> Es gibt auch Mittagessen in der Schule. Wir in Deutschland essen natürlich zu Hause.

> Ich gehe um vier Uhr nach Hause. Aber in Deutschland gehe ich um ein Uhr nach Hause.

3a Partnerarbeit. Lies das Gespräch vor.

▲ Wie kommst du zur Schule?
● Ich komme (mit dem Auto).
▲ Wann beginnt die Schule?
● Die Schule beginnt (um neun Uhr).
▲ Wie viele Stunden gibt es pro Tag?
● Es gibt (sechs) Stunden.
▲ Wie lange dauert eine Stunde?
● Eine Stunde dauert (vierzig) Minuten.
▲ Wann ist die große Pause?
● Die große Pause ist um (elf Uhr).
▲ Wann ist die Mittagspause?
● Die Mittagspause ist um (ein Uhr).
▲ Wann ist die Schule aus?
● Die Schule ist um (drei Uhr) aus.
▲ Wie kommst du nach Hause?
● Ich fahre (mit dem Bus).

One strange thing: *eine Stunde* means "an hour", but it also means "a lesson". So it's okay to say *Eine Stunde dauert 35 Minuten.* (A lesson lasts 35 minutes.)

G **Wiederholung**

Remember these question words:

Wie? – How?
Wann? – When?
Wie viele? – How many?
Wie lange? – How long?
Was? – What?

Lern weiter ▶ 11.2b, Seite 194

3b Jetzt beantworte die Fragen für DEINE Schule.

Ich komme	mit dem Bus/Auto/Rad/Zug	zur Schule.
	zu Fuß	

Die Schule beginnt um ... Uhr.
Es gibt ... Stunden pro Tag.
Eine Stunde dauert ... Minuten.
Die große Pause ist um ... Uhr.
Die Mittagspause ist um ... Uhr.
Die Schule ist um ... Uhr aus.
Ich fahre/gehe ... nach Hause.

„Ich komme zu Fuß zur Schule."

4 Schreib einen Artikel über deinen Schultag. Beantworte die Fragen in Übung 3a.

Mein Schultag
Ich komme mit dem Bus zur Schule.
Die Schule beginnt um ... (usw.)

„Ich komme mit dem Rad zur Schule."

4 Meine Schule

Describing your school

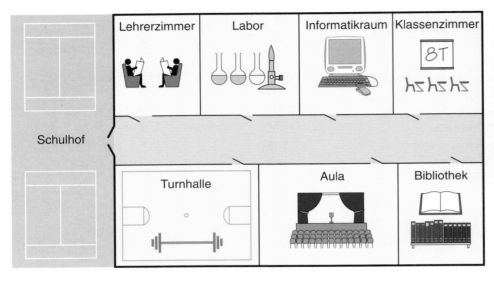

 Don't get mixed up between *Turnhalle* (gym) and *Gymnasium* (grammar school). Other types of school are *Gesamtschule* (comprehensive), *Realschule* (secondary) and *Grundschule* (primary).

HÖREN

1 **Hör zu und lies den Text. Wähle die richtige Antwort.**
Beispiel: 1 Die Schule ist ein Gymnasium.

Meine Schule heißt Frank-Meyer-Schule und ist ein Gymnasium in Koblenz. Die Schule ist ziemlich groß und ganz modern. Wir haben neunhundert Schüler und Schülerinnen und sechzig Lehrer und Lehrerinnen. Wir haben viele Klassenzimmer, eine Bibliothek, eine große Aula, eine kleine Turnhalle, mehrere Labors und natürlich einen Schulhof. Da spielen wir Fußball. Ich mag meine Schule sehr.

1 Die Schule ist eine Gesamtschule / ein Gymnasium.
2 Die Schule hat 600/900 Schüler und Schülerinnen.
3 Die Schule hat 16/60 Lehrer und Lehrerinnen.
4 Die Schule ist in Koblenz/Kassel.
5 Man kann auf dem Schulhof / in der Bibliothek Fußball spielen.
6 Die Turnhalle ist groß/klein.
7 Die Aula ist groß/klein.
8 Es gibt mehrere Labors / ein Labor.

SPRECHEN

2a **Partnerarbeit. Mach ein Interview und beschreib diese Schule.**

▲ Wie heißt deine Schule?
● Meine Schule heißt ...
▲ Was für eine Schule ist sie?
● Sie ist ...
▲ Wie groß ist sie?
● Sie ist ...

▲ Wie alt ist sie?
● Sie ist ...
▲ Wie viele Schüler gibt es?
● Wir haben ....
▲ Wie viele Lehrer gibt es?
● Es gibt ...

Frank-Meyer-Schule

ein Gymnasium

ziemlich groß

sehr modern

ungefähr 900 Schüler

ungefähr 60 Lehrer

 Notice the qualifying words *sehr* (very), *ziemlich* (quite) and *ungefähr* (roughly).

2b **Partnerarbeit. Mach mit den Fragen aus Übung 2a ein Interview über DEINE Schule.**

Beispiel: ▲ Wie heißt deine Schule?
● Meine Schule heißt ... Schule.

Meine Schule heißt ... Schule.	
Sie ist	ein Gymnasium / eine Gesamtschule / eine Privatschule.
Sie ist sehr/ziemlich groß/klein. Sie ist sehr/ziemlich modern/alt.	
Wir haben ungefähr ... Schüler und Schülerinnen und ... Lehrer und Lehrerinnen.	

	...	Klassenzimmer.
Es gibt / Wir haben	eine	Aula/Turnhalle/Bibliothek.
	einen	Schulhof/Informatikraum.
	zwei/mehrere	Labors.

 3 **Partnerarbeit.**

▲ Wie findest du die Schule?
● Ich finde die Schule (super).
▲ Wie findest du den Schuldirektor?
● Ich finde den Schuldirektor (streng).
▲ Wie findest du die Lehrer?
● Ich finde die Lehrer (nett).
▲ Wie findest du die Uniform?
● Ich finde die Uniform (langweilig).
▲ Wie findest du die Hausaufgaben?
● Ich finde die Hausaufgaben (doof).

 **G**rammatik

Er/Sie/Es ist *It is*

Note the different ways of saying **it is**:

		the	It is
Masculine:		der	**Er** ist
Feminine:		die	**Sie** ist
Neuter:		das	**Es** ist

Lern weiter ▶ 5.2, Seite 186

 4 **Beschreib deine Schule.**

Beginn: *Meine Schule heißt ... Schule.*

Imagine you've been asked to compile an advert for your school. Just take all your answers to the questions in Exercise 2 and write them down. Try word-processing it and scanning in some photos. Don't forget to learn it all to use in your Speaking and Writing Tests.

Die Schule ist Der Schuldirektor ist Die Lehrer sind	gut/toll/nett/super.

Ich finde	die Schule die Uniform die Lehrer die Hausaufgaben	interessant. doof. langweilig. schwer. streng, usw.

„Meine Schule ist toll!"

Kursarbeit: Seite 152–153

5 Pläne

Talking about future plans

Hör zu und lies. Finde die Ausdrücke im Text.

Beispiel: 1 Ich suche mir einen Job.

1 I'll look for a job.
2 I'm going into the 6th Form.
3 I'm going on holiday.
4 I'm going to College.

5 I'm leaving school.
6 I'm going to do A-levels.
7 I'm going to do an apprenticeship.
8 I'm not going to do A-levels.

> Ich mache Urlaub in der Türkei, dann gehe ich in die Oberstufe und lerne für mein Abitur.

> Ich suche mir einen Job.

> Ich gehe auf die Oberschule und mache Abitur.

> Ich mache kein Abitur. Ich verlasse die Schule und mache eine Lehre.

Ich	verlasse die Schule.
	gehe auf die Oberschule.
	gehe in die Oberstufe.
	mache Abitur.
	mache eine Lehre.
	gehe arbeiten.
	mache Urlaub.

 Abitur is the important exam you take before university, like A-Levels.

Oberschule is the word which most closely describes a 6th Form College. There is no exact equivalent.

The *Oberstufe* is the 6th Form of a *Gesamtschule* or *Gymnasium*.

A *Lehre* is an apprenticeship or training scheme.

Grammatik

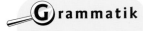

Das Futur   *The future*

To talk about your future plans, it's perfectly okay just to use the present.

Just as in English, we can say "I'm *going* to college / *doing* A-levels / *leaving* school", in German we can say **Ich** *gehe* **auf die Oberschule /** *mache* **Abitur /** *verlasse* **die Schule.**

You'll learn other ways of talking about the future later on.

Lern weiter ▶ 8, Seite 190

2a Was passt zusammen?

Beispiel: 1 e

1 Ich mache eine Lehre.
2 Ich gehe arbeiten.
3 Ich verlasse die Schule.

4 Ich mache Abitur.
5 Ich gehe auf die Oberschule.
6 Ich mache Urlaub.

a

b

c

d

e

f

2b Partnerarbeit. Schau die Bilder in Übung 2a an und mach Dialoge.

Beispiel:
▲ Was machst du nächstes Jahr?
● Ich gehe auf die Oberschule.
▲ Du bist d.

3 Lies die Pläne. Sind die Sätze falsch oder richtig?

Beispiel: 1 falsch

1 Birgit will eine Lehre machen.
2 Roland möchte Abitur machen.
3 Elke verlässt die Schule.
4 Frank zieht nach Berlin.

5 Frank macht Abitur.
6 Birgit möchte in die Oberstufe gehen.
7 Roland will Abitur machen.
8 Elke macht eine Lehre.

Elke Engelhard verlässt die Schule und macht eine Lehre.
Frank Klein geht in die Oberstufe und macht Abitur.
Roland Gutovsky geht arbeiten.
Birgit Kolkhorst fährt nach Berlin und besucht die Oberschule.

4 Jetzt du! Was machst du nächstes Jahr? Schreib es auf.

Beispiel: Ich verlasse die Schule und gehe arbeiten.

Wörter

Talking about school subjects and timetables

Bio(logie)	*biology*
Chemie	*chemistry*
Deutsch	*German*
Englisch	*English*
Französisch	*French*
Mathe(matik)	*maths*
Sport	*sport*
Werken	*woodwork/metalwork*
Erdkunde	*geography*
Geschichte	*history*
DSP (=darstellendes Spiel)	*drama*
Informatik	*ICT*
Kunst	*art*
Musik	*music*
Naturwissenschaft	*science*
Physik	*physics*
Religion	*religious studies*
Spanisch	*Spanish*

Montag	*Monday*
Dienstag	*Tuesday*
Mittwoch	*Wednesday*
Donnerstag	*Thursday*
Freitag	*Friday*
Samstag/Sonnabend	*Saturday*
Sonntag	*Sunday*

Meine erste/zweite/dritte Stunde ist (Mathe).	*My first/second/third/ lesson is (maths).*
In der ersten/zweiten/ dritten Stunde...	*In the first/second/third lesson ...*
der Stundenplan	*timetable*
die erste große Pause	*first break*
die zweite große Pause	*second break*
Deine vierte/fünfte Stunde ist (Kunst).	*Your fourth/fifth lesson is (art).*

Giving opinions about school

Magst du (Mathe)?	*Do you like (maths)?*
Ich finde (Mathe) ...	*I think (maths) is ...*
gut.	*good.*
nicht gut.	*not good.*
okay.	*okay.*
furchtbar.	*terrible.*
interessant.	*interesting.*
langweilig.	*boring.*
einfach.	*easy.*
schwer.	*hard.*
super.	*super.*
schlecht.	*bad.*
Mein Lieblingsfach ist (Mathe).	*My favourite subject is (maths).*
Mein bestes Fach ist (Mathe).	*My best subject is (maths).*
Ich liebe (Mathe).	*I love (maths).*
Ich hasse (Mathe).	*I hate (maths).*
Der Lehrer/Die Lehrerin ist toll!	*The teacher is great.*

Using German in the classroom

Darf ich bitte auf Toilette gehen?	*May I go to the toilet?*
Kann ich bitte das Fenster aufmachen?	*Can I open the window?*
Wie sagt man (doof) auf Englisch?	*How do you say (doof) in English?*
Wie schreibt man (Deutsch)?	*How do you spell (Deutsch)?*
Kann ich bitte (einen Bleistift) haben?	*Can I have (a pencil), please?*
Darf ich bitte Englisch sprechen?	*May I speak English?*
Wie sagt man (chemistry) auf Deutsch?	*How do you say (chemistry) in German?*
Was bedeutet (Werken) auf Englisch?	*What does (Werken) mean in English?*
Können Sie bitte die Frage wiederholen?	*Can you please repeat the question?*
Ich verstehe das nicht.	*I don't understand.*
Ich weiß nicht.	*I don't know.*

Talking about your school day

Wie viele Stunden gibt es pro Tag?	*How many lessons are there a day?*
Es gibt fünf Stunden.	*There are five lessons.*
Wie lange dauert eine Stunde?	*How long does a lesson last?*
Eine Stunde dauert 45 Minuten.	*A lesson lasts 45 minutes.*
Wann ist die große Pause?	*When is the long break?*
Die große Pause ist um (11 Uhr).	*The long break is at (11 o'clock).*
Wann ist die Mittagspause?	*When is the lunch break?*
Die Mittagspause ist um (1 Uhr).	*The lunch break is at (1 o'clock).*
Wann ist die Schule aus?	*When does school finish?*
Die Schule ist um (4 Uhr) aus.	*School finishes at (4 o'clock).*
Wie kommst du zur Schule?	*How do you get to school?*
Wie kommst du nach Hause?	*How do you get home?*
Ich fahre ...	*I travel ...*
mit dem Bus.	*by bus.*
mit dem Auto.	*by car.*
mit dem Rad.	*by bike.*
mit dem Zug.	*by train.*
Ich gehe zu Fuß.	*I walk.*
Wie findest du die Schule / den Direktor / die Direktorin / die Lehrer / die Uniform / die Hausaufgaben?	*What do you think of the school/headmaster/ headmistress/teachers/uniform/ homework?*
Ich finde die Lehrer (usw.) streng (usw.).	*I think the teachers (etc) are strict (etc).*

Describing your school

die Aula	*school hall*
die Bibliothek	*library*
das Klassenzimmer	*classroom*
das Labor	*science lab*
das Lehrerzimmer	*staff room*
die Turnhalle	*gym*
der Schulhof	*playground*
der Informatikraum	*IT room*

Die Schule ist eine Gesamtschule / ein Gymnasium / eine Realschule / eine Privatschule / eine Grundschule.	*The school is a comprehensive / grammar school / secondary school / private school / primary school.*
Die Schule hat (900) Schüler und Schülerinnen.	*The school has (900) pupils.*
Die Schule hat (60) Lehrer und Lehrerinnen.	*The school has (60) teachers.*
Sie ist sehr groß/klein.	*It is very big/small.*
Sie ist ziemlich modern/alt.	*It is quite modern/old.*

Talking about plans for next year

Was machst du nächstes Jahr?	*What are you doing next year?*
Ich ...	*I'm ...*
verlasse die Schule.	*leaving school.*
gehe auf die Oberschule.	*going to college.*
gehe in die Oberstufe.	*going into the Sixth Form.*
mache Abitur.	*doing A-Levels.*
mache eine Lehre.	*doing an apprenticeship.*
gehe arbeiten.	*going out to work.*
mache Urlaub.	*going on holiday.*

Using question words

Wie?	*How?*
Wann?	*When?*
Wie viele?	*How many?*
Wie lange?	*How long?*
Was?	*What?*

All speaking tasks should be practised in pairs with a partner.

Ⅰ Hallo! Ich bin's!

Gespräch 1

▲ Wie heißt du?	● Ich heiße …
▲ Wie schreibt man das?	● (Spell it!)
▲ Wo wohnst du?	● Ich wohne in …
▲ Wie schreibt man das?	● (Spell it!)
▲ Wie alt bist du?	● Ich bin …
▲ Wie alt ist dein Vater?	● Er ist …
▲ Wie alt ist deine Mutter?	● Sie ist …
▲ Wann ist dein Geburtstag?	● Mein Geburtstag ist …

Gespräch 2

▲ Kannst du dich beschreiben?	● Ich habe … 
▲ Bist du groß oder klein?	● Ich bin …
▲ Beschreib deine beste Freundin (oder deinen besten Freund).	● Er/Sie hat … Er/Sie ist … 
▲ Beschreib deine Mutter / deinen Vater.	● Er/Sie hat … Er/Sie ist …

Gespräch 3

▲ Welche Zimmer hat dein Haus?	● In meinem Haus gibt es ein Wohnzimmer, …
▲ Was gibt es im Wohnzimmer?	● Im Wohnzimmer gibt es …
▲ Was gibt es im Badezimmer?	● Im Badezimmer gibt es …
▲ Was gibt es in der Küche?	● In der Küche gibt es …

If you write down the answers to Conversations 1 – 3, you will have the material you need for a presentation (*Vortrag*) about your personal background. Get it checked by your teacher, redraft it so that it flows well and learn it by heart. You could also record it – it should last about one and a half minutes.

Rollenspiel

▲ *Invite your friend Kurt to come in.*	● *Say thanks.*
▲ *Introduce Kurt to your parents.*	● *Say hello.*
▲ *Ask how he is.*	● *Say fine, thanks.*
▲ *Invite him to sit down.*	

2 Schulstress

Gespräch 1

- ▲ Wie heißt deine Schule?
- ▲ Was für eine Schule ist das?
- ▲ Wo liegt sie?
- ▲ Wie groß ist sie?
- ▲ Wie viele Schüler gibt es?
- ▲ Wie viele Lehrer gibt es?
- ▲ Kannst du deine Schule beschreiben?

- ● Meine Schule heißt ...
- ● Das ist ...
- ● Sie liegt in ...
- ● Sie ist ...
- ● Es gibt ungefähr ...
- ● Es gibt ungefähr ...
- ● Es gibt ... (Klassenzimmer, usw.)

Gespräch 2

- ▲ Welche Fächer hast du in der Schule?
- ▲ Welches Fach findest du gut?
- ▲ Welches Fach magst du nicht?
- ▲ Warum?
- ▲ Was ist dein Lieblingsfach?
- ▲ Warum?

- ● Ich habe ... *(4 Antworten)*
- ● Ich mag ...
- ● Ich hasse ...
- ● Weil ...
- ● Mein Lieblingsfach ist ...
- ● Weil ...

Gespräch 3

- ▲ Wie kommst du zur Schule?
- ▲ Wann beginnt die Schule?
- ▲ Wie viele Stunden gibt es pro Tag?
- ▲ Wann ist die große Pause?
- ▲ Wann ist die Mittagspause?
- ▲ Wann ist die Schule aus?

- ● Ich komme ...
- ● Sie beginnt ...
- ● Es gibt ...
- ● Die große Pause ist ...
- ● Die Mittagspause ist ...
- ● Die Schule ist ...

Gespräch 4

- ▲ Wie findest du die Lehrer?
- ▲ Wie findest du die Uniform?
- ▲ Was möchtest du nächstes Jahr machen?

- ● Ich finde ...
- ● Ich finde ...
- ● Ich möchte ...

If you write down the answers to Conversations 1 – 4, you will have the material you need for a presentation (*Vortrag*) about your school. Get it checked by your teacher, redraft it so that it flows well and learn it by heart. You could also record it – it should last about one and a half minutes.

Rollenspiel

- ▲ Was hast du am Montag in der zweiten Stunde?
- ▲ Und was hast du am Donnerstag in der vierten Stunde?
- ▲ 3, Fr?
- ▲ 1, Mi?

- ●
- ●
- ●
- ●

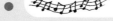

3 Wir haben frei!

1 Sport

Describing your sporting activities

Ich fahre Rad.

 1a **Hör zu und wiederhole.**

a
Ich spiele
Basketball.

Ich fahre Ski.

f
Ich gehe ins
Fitnesszentrum.

b

Ich spiele
Fußball.

Ich schwimme.

> Practise pronouncing *s*. At the beginning of a word, pronounce it *zzz*: *super, sitzen*. At the end or in the middle of a word, pronounce it *ess: ins, Basketball*. If it's followed by *p* or *t* at the beginning of a word, pronounce it *sh: spiele, stehen*. Note: *Ski* is pronounced "she".

 1b **Hör zu. Wer sagt was? Antworte für Olaf, Ingrid, Jessica, Mehmet und Martha.**
Beispiel: Jan d

Jugend heute

 1c **Wer sagt was?**
Beispiel: 1 Jan: Ich schwimme.

1 Jan: **2** Olaf: **3** Ingrid: **4** Jessica:
5 Mehmet: **6** Martha:

 2 **Hör zu. Wann macht man das? (1–6)**
Beispiel: 1 jeden Dienstag

jeden Tag

im Winter

am Samstag

am Wochenende

jeden Dienstag

einmal in der Woch

Rückblick   Rückblick

SPRECHEN

3 Partnerarbeit.

Beispiel: 1 ▲ Treibst du Sport?
● Ja, ich (spiele Fußball).
▲ Wie oft?
● (Jeden Tag.)

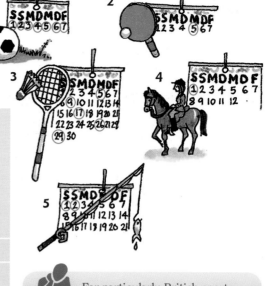

Ich spiele	manchmal jeden Tag oft am Wochenende im Winter am Samstag (usw.) einmal/zweimal in der Woche	Basketball. Federball. Fußball. Rugby. Tischtennis. Volleyball.
Ich gehe	angeln/ins Fitnesszentrum.	
Ich fahre	Rad/Ski.	
Ich reite/schwimme/segele.		

> For particularly British sports like cricket and rugby, just use the English words. For more unusual sports not on the list, ask your teacher.

LESEN

4 Lies die Anzeigen. Wer ist ein guter Brieffreund / eine gute Brieffreundin?
Beispiel: 1 Peter: Mike und Frank

1 Peter:
2 Sabine:
3 Otto:
4 Sigrid:
5 Marcel:

1 Hallo! Ich heiße **Peter** und ich bin 15. Ich bin sehr sportlich. Ich spiele Rugby und Basketball. Schreibt mir bitte! Meyerstr. 43, 26124 Kuddelstadt.

2 Ich bin **Sabine**. Ich bin nicht sehr sportlich, aber ich gehe manchmal ins Hallenbad. Soestgasse 12, 14126 Krühl.

3 Schreibt mir bitte: Ich fahre Rad und ich segele. **Otto** Hein, Hansestr. 1 28149 Bremen.

4 Suche Brieffreunde. Ich treibe nicht sehr gern Sport, aber ich kann reiten und im Winter fahre ich Ski. **Sigrid** Lenz, Ringstr. 5, 23347 Kiel.

5 Ich heiße **Marcel** und ich treibe gern Sport. Am Wochenende spiele ich Tischtennis und im Sommer spiele ich Tennis. Hollandstr 27, 62143 Frankfurt.

| a Sean | b Anne | c Mike | d Sandra | e Mary | f Frank | g Adrian | h Paul |

SCHREIBEN

5 Schreib eine Anzeige für einen Brieffreund / eine Brieffreundin für DICH!

Hallo! Ich heiße ... Ich bin ... Ich spiele ... (usw.) Meine Adresse ist: ...

2 Hobbys

Talking about other hobbies

1a Wer ist wer?
Beispiel: 1 Robert

Was machst du in deiner Freizeit?

1 Ich sammle gern Briefmarken.

2 Ich gehe gern in die Disco.

3 Ich lese gern Bücher und Zeitschriften.

4 Ich spiele Gitarre in einer Band.

5 Ich höre gern Musik, meistens Rockmusik.

6 Ich spiele gern Computer.

7 Ich mache gern Fotos von meiner Familie.

8 Ich spiele gern Klavier.

9 Ich sehe gern fern.

10 Ich gehe gern ins Kino.

Robert

Silke

Ben

Wiebke

Jana

Vincent

Angela

Udo

Adrian

Morten

1b Hör zu. Wer spricht? (1–10)
Beispiel: 1 Silke

Ich lese gern Bücher/Zeitschriften.			Ich sehe gern fern.	
Ich höre gern Popmusik/Rockmusik/ klassische Musik, usw.			Ich sammle gern Briefmarken/Postkarten, usw.	
			Ich mache gern Fotos.	
Ich spiele gern	Geige/Gitarre/Klavier/ Schlagzeug, usw. Computer.		Ich gehe gern	ins Kino/Theater. in die Disco. zum Jugendklub.

Rückblick   Rückblick

2 Gruppenarbeit. Stell die Frage an fünf Klassenkameraden. Jede Person muss ZWEI Antworten geben.

Beispiel: ▲ Was machst du gern in deiner Freizeit?
● Ich (höre gern Popmusik), aber ich (gehe nicht gern ins Theater).

rammatik

„Ich reite gern."

gern

Using the little word **gern** is enough to show that you like doing something. Just put it after the verb:

Ich reite **gern**.

Do this even if there is more information after the verb:

Ich gehe **gern** ins Kino.

If you don't like something, just put **nicht gern**:

Ich reite **nicht gern**. Ich gehe **nicht gern** ins Kino.

Lern weiter ▶ 6.6, Seite 189

 3 Was machst du gern? Was machst du nicht gern?

Beispiel: **1** Ich sehe nicht gern fern.

1

2

3

4

5

6

 4 Beantworte Vanessas Brief.

Hallo Mike, / Hallo Lucy!
Du fragst nach meinen Hobbys. Also, ich höre gern Popmusik und ich spiele oft Computer. Ich spiele jeden Tag Klavier und ich sehe gern fern.
Ich gehe nicht gern in die Disco.
Und du? Bist du sportlich? Spielst du ein Instrument?
Was machst du in deiner Freizeit?
Herzliche Grüße,
Vanessa

Hallo Vanessa!
Du fragst nach meinen Hobbys. Also, ich .....
.....
Herzliche Grüße,
.....

Rückblick   Rückblick

3 Einladungen

Giving and responding to invitations

HÖREN 1

Hör zu und lies. Wähle die richtige Antwort.
Beispiel: 1 a

Birgit:	Müller!
Rosita:	Hallo, Birgit. Sag mal, möchtest du heute Abend ins Kino gehen?
Birgit:	Was läuft?
Rosita:	Ich glaube, ein Krimi.
Birgit:	Und um wie viel Uhr?
Rosita:	Um acht.
Birgit:	Okay. Wo treffen wir uns?
Rosita:	Vor dem Kino?
Birgit:	Ist gut. Bis dann!

1 Was will Rosita machen?   **a** ins Kino gehen   **b** ins Theater gehen   **c** in die Disco gehen

2 Was läuft?   **a** ein Western   **b** ein Horrorfilm   **c** ein Krimi

3 Wann?   **a** um achtzehn Uhr   **b** um acht Uhr   **c** um halb acht

4 Wo treffen sich Birgit und Rosita?   **a** im Kino   **b** im Theater   **c** vor dem Kino

SCHREIBEN 2

Wann treffen wir uns? Schreib die Antwort auf.
Beispiel: 1 Treffen wir uns um sechs Uhr.

1 sechs Uhr
2 Viertel nach sechs
3 halb sieben
4 Viertel vor sieben

5 sieben Uhr
6 Viertel nach sieben
7 halb acht

HÖREN 3a

Hör zu. Wohin möchtest du gehen? (1–6)
Beispiel: 1 d

a   b   c

d   e   f

Grammatik

Präpositionen (1)   *Prepositions*
To invite someone somewhere, say:
masculine (**der**): Möchtest du **in den** … gehen?
feminine (**die**): Möchtest du **in die** … gehen?
neuter (**das**): Möchtest du **ins** … gehen?

Lern weiter ▶ 10c, Seite 193

3b **Partnerarbeit. Lade deinen Partner / deine Partnerin ein.**

Beispiel: ▲ Möchtest du (zu meiner Party kommen)?
● Ja, gern! / Nein, danke!

LESEN

4 **Wo treffen wir uns? Was passt zusammen?**

Beispiel: 1 f

Möchtest du	in die Disco ins Kino in die Stadt ins Theater ins Schwimmbad schwimmen tanzen	gehen?
	zu meiner Party kommen?	
Wann treffen wir uns? Um ... Uhr. Wo treffen wir uns?		
Vor dem Im	Bahnhof/Kino/Theater/Rathaus/ Schwimmbad/Sportzentrum.	
Vor der In der	Disco.	
In der Stadt.		

1 im Sportzentrum

2 in der Stadt

3 vor der Disco

4 vor dem Bahnhof

5 im Kino

6 vor dem Theater

Grammatik

Präpositionen (2)

	der	die	das
To meet someone *inside* a building:	im	in der	im
To meet someone *in front of* a building:	vor dem	vor der	vor dem

Lern weiter ▶ 10c, Seite 193

SPRECHEN

5 **Partnerarbeit.**

Beispiel: ▲ Möchtest du (ins Kino) gehen?
● Gern. Wann treffen wir uns?
▲ (Um 1 Uhr).
● Wo treffen wir uns?
▲ (Vor dem Kino).

ins Kino / ins Theater / in die Disco / in die Stadt / schwimmen

Um 1 Uhr / 2 Uhr / 3 Uhr / 4 Uhr / 5 Uhr

Vor dem Kino / Vor dem Theater / In der Disco / Vor dem Rathaus / Im Schwimmbad

 6 **Schreib drei Einladungen an deine Klassenkameraden.**

Beispiel:

```
Liebe Doris!
Möchtest Du zu meiner Party kommen?
Treffen wir uns am Freitag um 9 Uhr
vor dem Jugendklub
Bis dann!
Christel
```

4 Ausreden

Explaining and making excuses

HÖREN
1a
Hör zu und lies. Was möchten sie machen? Warum geht es nicht?
Schreib a, b, c, UND 1, 2, 3, usw.
Beispiel: **1** e, 3

> **1** – Möchtest du schwimmen gehen?
>   – Nein, ich kann nicht schwimmen gehen, weil ich müde bin.
> **2** – Möchtest du ins Kino gehen?
>   – Nein, ich kann nicht ins Kino gehen, weil ich kein Geld habe.
> **3** – Möchtest du morgen in die Stadt kommen?
>   – Nein, ich kann nicht in die Stadt kommen, weil ich zu viele Hausaufgaben habe.
> **4** – Möchtest du am Sonnabend zum Fußballspiel gehen?
>   – Nein, ich kann nicht zum Fußballspiel gehen, weil ich krank bin.
> **5** – Möchtest du am Freitag in die Disco kommen?
>   – Ja, ich komme gern mit!

HÖREN
1b
Hör zu. Was möchten sie machen?
Warum geht es nicht? Schreib a, b, c,
UND 1, 2, 3, usw. (1–5)
Beispiel: **1** a, 3

(G)rammatik

Ich kann (nicht) ...   *I can (not) ...*
When you say you can or can't do something, the infinitive goes to the end:
Ich schwimme. → Ich **kann** gut **schwimmen**. →
Ich **kann** nicht **schwimmen**.

> Lern weiter ▶ 6.5, Seite 188

(G)rammatik

weil   *because*
If you are asked a question beginning **Warum?** (why?), you'll have to answer using **weil** (because). **Weil** has the effect of sending the verb to the end:
Ich bin müde. – **Weil** ich müde **bin**.
Ich habe kein Geld. – **Weil** ich kein Geld **habe**.
If you're writing an entire sentence, put a comma before **weil**:
Ich kann nicht angeln gehen, weil ich krank bin.

> Lern weiter ▶ 11.5b, Seite 195

 Just learn a few answers using *weil*, then you'll have a good store of excuses and reasons.

2 **Partnerarbeit.**

Beispiel: 1 ▲ Möchtest du (in die Stadt gehen)?
● Ich kann nicht (in die Stadt gehen), weil ich (kein Geld habe).

1 ▲ ... in die Stadt gehen?
● Ich kann nicht ... , weil ich ...

2 ▲ ... ins Kino gehen?
● Ich kann nicht ... , weil ich ...

3 ▲ ... zu Anitas Party kommen?
● Ich kann nicht ... , weil ich ...

4 ▲ ... angeln gehen?
● Ich kann nicht ... , weil ich ...

5 ▲ Möchtest du schwimmen gehen?
● Ja ...!

Möchtest du	heute Abend morgen am Samstag/Sonnabend am Wochenende	ins Kino gehen? usw.
Nein, ich kann nicht ... , weil ich ODER: Ja, ich komme gern mit.	müde bin. krank bin. kein Geld habe. zu viele Hausaufgaben habe.	

3 **Schreib die Antworten auf.**

Beispiel: 1 Lieber Jan,

ich kann am Samstag nicht in die Disco gehen, weil ich kein Geld habe.

1

Hallo Udo,
möchtest du am Samstag in die Disco
gehen?
Jan

2

Bettina,
möchtest du heute Abend ins
Kino gehen?
Stefanie

3

Karin,
möchtest du morgen Tennis spielen?
Kirsten

4

Lieber Michael,
möchtest du am Mittwoch schwimmen gehen?
Dieter

1 ✗ kein Geld   2 ✗ müde   3 ✗ krank   4 ✓ !

5 Wir sehen fern

Talking about TV and radio

1a **Was läuft wann? Schreib die Zeit auf.**
Beispiel: a 18.30

a eine Serie

b eine Quizsendung

c ein Krimi

d die Nachrichten

e eine Musiksendung

	1. Programm	2. Programm	RTL
18.00	Regionalprogramm	*Sportschau* Hockey aus Bonn	*„Susi"* Talk Show
18.30	*Flipper* Kindersendung	*Liebe im Krankenhaus* Neue Serie	*Top Pop* Musik
19.00	*Wer wird Millionär?* Quizsendung	*Gesundheit!* Dokumentarfilm	*Tiger Tiger* Tierfilm
20.00	*Tagesschau* Die Nachrichten	*Tatort* Krimi mit Ulrich Meyer	*Fawlty Towers* Komödie

1b **Hör zu. Wer will was sehen? Schreib die Tabelle ab und füll sie aus.**

	Sendung	Typ	Uhrzeit
Gabi	Liebe im Krankenhaus	Serie	18.30
Hans			
Mutti			
Vati			

1 There's a "false friend" to watch out for here. *Das Programm* is the list of things available to watch. *Eine Sendung* is what we would call a "programme", i.e. an individual show.
2 Did you notice that they kept saying *gucken*? It's a really frequently-used verb meaning "to watch". You'll hear it all the time. Try to use it as well. It's actually pronounced "cooken".

Ich	sehe gern ... gucke gern ... mag gern ... sehe nicht gern ... höre gern ...	Das ist Das sind	ein Krimi. eine Serie. ein Film. eine Musiksendung. eine Sportsendung. die Nachrichten.
Meine Lieblingssendung Meine Lieblingsserie		heißt ... / ist ...	
Krimis Serien Filme Musiksendungen usw.	sind finde ich	toll. interessant. langweilig. doof. usw.	

2 Partnerarbeit. Was siehst du gern im Fernsehen?

Beispiel:
- ▲ Was für Sendungen siehst du gern?
- ● Ich sehe gern (Krimis).
- ▲ Hast du eine Lieblingssendung?
- ● Ja, meine Lieblingssendung heißt („The Bill").
- ▲ Wie findest du (Serien)?
- ● Serien finde ich (interessant).

Musiksendungen   Chart Show   Sportsendungen   langweilig   Serien

die Nachrichten   doof   Sportsendungen   Die Sportschau

East Enders   Talk Shows   Kilroy

3 Was siehst du gern im Fernsehen? Schreib DEINE Antworten auf.

Beispiel:
Ich sehe gern Top of the Pops. Das ist eine Musiksendung.
Ich sehe nicht gern „Neighbours". Das ist eine Serie.
Meine Lieblingssendung ist „Glücksrad". Das ist eine Quizsendung.
Quizsendungen finde ich toll.

6 Wir verstehen uns gut

Getting on with people

1 **Hör zu und lies. Finde die Ausdrücke im Text.**

Beispiel: **1** Was ist los?

1 What's up?
2 You're unlucky.
3 I don't care.
4 My parents are divorced.

5 I'm having trouble with my mother.
6 I'm fed up.
7 I don't get on with Olaf.
8 That's not fair.

MEYERSTRASSE

Ilka: Was ist los, Peter?

Peter: Ach, ich bin sauer. Ich habe Ärger mit meiner Mutter.

Ilka: Wieso denn?

Peter: Du weißt, meine Eltern sind geschieden. Aber jetzt hat meine Mutter einen neuen Freund, Olaf.

Ilka: Ist das ein Problem?

Peter: Ja. Ich verstehe mich nicht gut mit Olaf. Olaf sagt, ich darf nicht zum Rockfestival gehen. Er sagt, Rockfestivals sind gefährlich. Aber das ist unfair. Er ist nicht mein Vater.

Ilka: Was sagt deine Mutter dazu?

Peter: Sie sagt, Olaf hat Recht.

Ilka: Du hast Pech! Ich verstehe mich gut mit meinem Stiefvater. Was machst du denn?

Peter: Es ist mir egal. Olaf ist doof. Ich gehe sowieso zum Festival ... Ach, Hallo Olaf ...

Ich verstehe mich	gut nicht gut	mit	Olaf/Olivia. meiner Mutter/Stiefmutter/Schwester. meinem Vater/Stiefvater/Bruder.

2 **Partnerarbeit.**

Beispiel: **1** ▲ Verstehst du dich gut mit deinem Bruder?
  ● Nein, ich verstehe mich nicht gut mit meinem Bruder.

1 Bruder ✗
2 Mutter ✓

3 Stiefvater ✓
4 Olivia ✗

 Some really useful expressions:

Das ist mir egal. – I don't care.
Was ist los? – What's up?
Du hast Pech. – You're unlucky.
Du hast Glück. – You're lucky.
Ich bin sauer. – I'm fed up.
Das ist unfair. – It's not fair.

3

**Was ist in der Meyerstraße passiert?
Schreib drei oder vier Sätze auf Englisch.**

Meyerstraße

In der letzten Folge:
Peter war sauer, weil er zum
Rockfestival fahren wollte, aber sein
Stiefvater Olaf sagte, Peter musste zu
Hause bleiben.
„Olaf ist doof", sagte Peter. „Ich gehe
sowieso zum Festival."
In diesem Moment ging die Tür auf
und Olaf kam herein.

Jetzt lies weiter ...
„Was hast du gesagt? Olaf ist doof?",
fragte Olaf.
„Äh, nein, ... Ich habe gesagt ... äh ...
ein neues Mofa, ja, ich möchte ein
neues Mofa."
Peter war ganz rot und hatte Angst vor
Olaf. Aber Olaf lachte:
„Na, Peter, du darfst dein Mofa haben!
Ich habe dir ein Mofa gekauft. Und du
darfst auch zum Festival gehen!"
Peters Freundin Ilka war erstaunt:
„So, Peter, wie findest du Olaf jetzt?"
„Olaf? Er ist super!", antwortete Peter.

Don't forget that the question
about the latest episode of
Meyerstraße is in the past tense, so the
answer must also be in the past tense
(here, in English). Whatever language
the question is in, make sure that you
answer it in the same tense!

Grammatik

Das Imperfekt *The imperfect tense*
When reading a story, you might need to recognise
some imperfect (simple past) forms, such as **ging**,
sagte, **kam**.

MEYERSTRASSE

4

Was passt zusammen? Verbinde die englischen Wörter mit den deutschen Wörtern.
Beispiel: **1** h

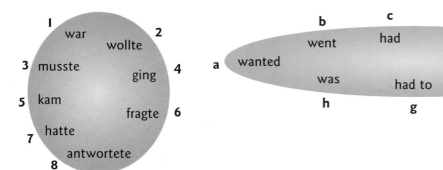

1 war
2 wollte
3 musste
4 ging
5 kam
6 fragte
7 hatte
8 antwortete

a wanted
b went
c had
d asked
e answered
f came
g had to
h was

5

Schreib die Sätze richtig aus.
Beispiel: **1** Olaf findet Festivals gefährlich.

| Ich finde ... | gut/schlecht/gefährlich/ |
| Er/Sie findet ... | doof/furchtbar. |

1 Olaf / gefährlich / Festivals / findet.
2 Peter / doof / findet / Olaf.
3 Ilka / nett / ihren Stiefvater / findet.

4 Jetzt / super / findet / Olaf / Peter !
5 Ich / furchtbar / finde / „Meyerstraße" !

Wörter

Talking about sport

Ich spiele Basketball/Fußball.	*I play basketball/football.*
Ich fahre Ski.	*I go ski-ing.*
Ich schwimme.	*I swim.*
Ich fahre Rad.	*I go cycling.*
Ich gehe ins Fitnesszentrum.	*I go to the gym.*
Ich spiele …	*I play …*
manchmal Federball.	*badminton sometimes.*
jeden Tag Fußball.	*football every day.*
oft Squash.	*squash often.*
am Wochenende Tischtennis.	*table tennis at the weekends.*
am Abend Volleyball.	*volleyball in the evening.*
am Samstag (usw.)	*on Saturdays (etc).*
einmal pro Woche.	*once a week.*
zweimal pro Woche.	*twice a week.*
Ich gehe angeln.	*I go fishing.*
Ich fahre Rad.	*I go cycling.*
Ich fahre Ski.	*I go ski-ing.*
Ich reite.	*I ride.*
Ich schwimme.	*I swim.*
Ich segele.	*I sail.*

Talking about hobbies

Ich lese gern Bücher/Zeitschriften.	*I like reading books/magazines.*
Ich höre gern …	*I like listening to …*
klassische Musik.	*classical music.*
Popmusik.	*pop music.*
Rockmusik.	*rock music.*
Ich spiele gern …	*I like playing …*
Geige.	*violin.*
Gitarre.	*guitar.*
Klavier.	*piano.*
Schlagzeug.	*drums.*
Ich spiele gern Computer, usw.	*I like playing on my computer, etc.*
Ich sehe gern fern.	*I like watching TV.*
Ich sammle gern Briefmarken/Postkarten.	*I like collecting stamps/postcards.*
Ich gehe gern …	*I like going …*
ins Kino.	*to the cinema.*
ins Theater.	*to the theatre.*
in die Disco.	*to the disco.*
zum Jugendklub.	*to the youth club.*

Telling the time (introduction)

sechs Uhr	Viertel nach sechs	halb sieben	Viertel vor sieben	sieben Uhr	Viertel nach sieben	halb acht

Arranging to go out

Möchtest du … gehen?	*Would you like to go …*
in die Disco	*to the disco?*
ins Kino/Theater	*to the cinema/theatre?*
in die Stadt	*into town?*
ins Schwimmbad	*to the swimming pool?*
schwimmen/tanzen	*swimming/dancing?*
Möchtest du zu meiner Party kommen?	*Would you like to come to my party?*
Wann treffen wir uns?	*When shall we meet?*
Um (8) Uhr.	*At (8) o'clock.*
Wo treffen wir uns?	*Where shall we meet?*
Vor dem Bahnhof.	*In front of the station.*
Vor der Disco.	*In front of the disco.*
Im Kino/Theater.	*In the cinema/theatre.*
Im Jugendklub/Sportzentrum.	*In the youth club/sports centre.*
In der Disco.	*In the disco.*
In der Stadt.	*In town.*

Möchtest du …	*Would you like …*
heute Abend ins Kino gehen?	*to go to the cinema this evening?*
heute Morgen in die Stadt gehen?	*to go into town this morning?*
am Samstag in die Disco gehen?	*to go to the disco on Saturday?*
Ich kann nicht … ,	*I can't …,*
weil ich müde/krank bin.	*because I'm tired/ill.*
weil ich kein Geld habe.	*because I have no money.*
weil ich zu viele Hausaufgaben habe.	*because I have too much homework.*
Ich komme gern mit.	*I'd like to come.*

Talking about TV programmes

Ich sehe gern / sehe nicht gern (EastEnders).	*I like / don't like watching (EastEnders).*
Das ist …	*That is …*
ein Krimi.	*a crime programme.*
eine Serie.	*a series.*
ein Film.	*a film.*
eine Musiksendung.	*a music programme.*
eine Sportsendung.	*a sport programme.*
Das sind die Nachrichten.	*That is the News.*
Ich finde …	*I think …*
Krimis toll.	*crime programmes are great.*
Serien interessant.	*series are interesting.*
Filme langweilig.	*films are boring.*
Musiksendungen doof.	*music programmes are stupid.*
Meine Lieblingssendung ist/heißt …	*My favourite programme is/is called …*

Useful expressions

Was ist los?	*What's up?*	Das ist unfair.	*That's not fair.*
Ich bin sauer.	*I'm fed up.*	… hat Recht.	*… is right…*
Ich habe Ärger.	*I'm having trouble.*	Du hast Pech.	*You're unlucky.*
Meine Eltern sind geschieden.	*My parents are divorced.*	Es ist mir egal.	*I don't care.*
Ich verstehe mich (nicht) gut mit …	*I (don't get) on well with …*		

Opinions

Ich finde …	gut/schlecht/gefährlich/furchtbar.	*I think …*	*is good/bad/dangerous/terrible.*
Er/Sie findet …		*He/She thinks …*	

4 Urlaub

1 Woher kommst du?

Countries, towns and nationalities

Hör zu. Richtig oder falsch?
Beispiel: 1 falsch

1 München ist in England.
2 Berlin ist in Dänemark.
3 Köln ist in Deutschland.
4 Marseille ist in Deutschland.
5 Marseille ist in Frankreich.
6 Avila ist in Spanien.
7 Kopenhagen ist in Spanien.
8 Arhus ist in Dänemark.

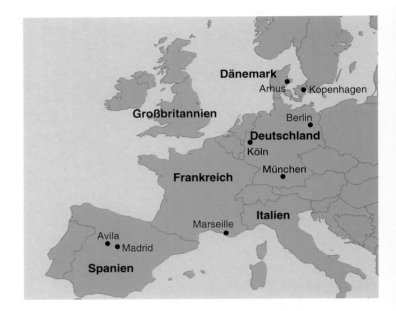

Partnerarbeit.
Beispiel: ▲ In welchem Land ist Warschau?
● Warschau ist in Polen.

Edinburg
Köln
Amsterdam
Athen
Göteborg
Wien
Barcelona
Pisa
Brüssel
Dublin

Österreich
Italien
Irland
Belgien
Spanien
Schottland
Schweden
Deutschland
Griechenland
Holland

in/aus Afrika/Amerika/Belgien/Dänemark/Frankreich/Griechenland/Großbritannien/Holland/Irland/ Italien/Norwegen/Österreich/Polen/Rumänien/Russland/Schottland/Schweden/Spanien/Ungarn

in/aus den Alpen/USA/Niederlanden

in/aus der Schweiz/Slowakei/Tschechischen Republik/Türkei

Rückblick Rückblick

HÖREN

3a Hör zu. Wer ist wer? (1-8)
Beispiel: 1 f

a Brian

b Mary

c Johan

d Susie

e Paco

f Giovanni

g Maria

h Hannes

Grammatik

Nationalitäten	*Nationalities*
Ich bin ...	Er/Sie ist ...
männlich	**weiblich**
Amerikaner	Amerikanerin
Deutscher	Deutsche
Engländer	Engländerin
Franzose	Französin
Holländer	Holländerin
Ire	Irin
Italiener	Italienerin
Österreicher	Österreicherin
Schotte	Schottin
Schweizer	Schweizerin
Spanier	Spanierin
Waliser	Waliserin

Things that may confuse you:
Towns
München is Munich
Köln is Cologne
Wien is Vienna
Genf is Geneva
Seas
die Nordsee is the North Sea
but *die Ostsee* is the Baltic Sea.

SPRECHEN

3b Partnerarbeit. Mach für jede Person in Übung 3a einen Dialog.
Beispiel:
▲ Willkommen, (Brian). Aus welchem Land kommst du?
● Ich komme aus (den USA).
▲ Was ist deine Nationalität?
● Ich bin (Amerikaner).

**Jetzt mach Dialoge für dich und für deinen
Partner / deine Partnerin.**

SCHREIBEN

3c Schreib für jede Person in Übung 3a zwei Sätze.
Beispiel: Brian ist Amerikaner. Er kommt aus den USA.

Schreib auch zwei Sätze für dich.
Beispiel: Ich bin ... . Ich komme ... .

Wien ist in Österreich.

2 Das Wetter

Talking about the weather

1a Hör zu. Welches Bild ist das? (1–8)
Beispiel: 1 g

a

Es regnet.

b

Es ist warm.

c

Es ist wolkig.

d

Es ist sonnig.

e

Es ist windig.

f

Es ist neblig.

g

Es ist kalt.

h

Es ist stürmisch.

1b Hör nochmal zu und schreib das Land auf. (1–8)
Beispiel: 1 Schweiz

 When doing listening exercises, listen out for the essential information. Try not to be put off by the little qualifying words that people use, such as *sehr kalt* (very cold), *schön warm* (nice and warm), *extrem nass* (extremely wet).

2a Partnerarbeit.
Beispiel: ▲ Wie ist das Wetter in (Großbritannien)?
● (Es regnet).

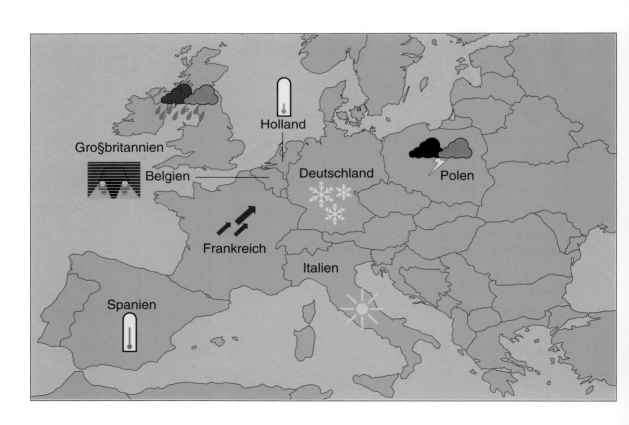

Rückblick   Rückblick

2b **Lies die Sätze. Welches Land ist das?**

Beispiel: **1** Polen

1 Es donnert und blitzt.
2 Es gibt Schnee.
3 Es ist nass.
4 Es sind 25 Grad.

5 Die Sonne scheint.
6 Der Wind ist stark.
7 Es ist 5 Grad.
8 Man kann nicht gut sehen!

Es ist	kühl/nass/neblig/sonnig/stürmisch/trocken/warm/windig/wolkig.
Es	blitzt/donnert/friert/regnet/schneit.
Es gibt	Frost/Gewitter/Nebel/Regen/Schauer/Schnee/Sonne/Sturm/Wind.

2c **Schreib die Antworten auf.**

Beispiel: **1** Es ist stürmisch. / Es donnert und blitzt.

1 Wie ist das Wetter in Polen?
2 Wie ist das Wetter in Spanien?
3 Und in Holland?
4 Und in Italien?

5 Und in Frankreich?
6 Und in Großbritannien?
7 Und in Belgien?
8 Und in Deutschland?

2d **Wer ist wo? Sieh dir die Karte noch einmal an. Schreib die Namen der Länder auf.**

Beispiel: **1** Oskar ist in Spanien.

1
Hier ist es herrlich! Die Sonne scheint und es ist trocken. Oskar

2
Ich hasse es hier. Es ist nass und es regnet. Maike

3
Hier laufe ich Ski. Der Schnee ist super. Kai

4
Es ist nicht schön hier. Es ist zu windig! Mani

5
Hier ist es stürmisch. Ich will nach Hause! Stefanie

(G)rammatik

sein	to be
Ich **bin** in England.	I **am** in England.
Ich **bin** Engländer.	I **am** English
Wo **bist** du?	Where **are** you?
Martina **ist** in Köln.	Martina **is** in Cologne.
Es **ist** kalt.	It **is** cold.

Lern weiter ▶ 6.2, Seite 187

3 Die letzten Ferien

Describing a holiday in the past

1a **Hör zu und lies. Welche vier Buchstaben passen zu Jasmin, zu Benjamin und zu Samira?**
Beispiel: Jasmin c, e, ..., ...

Jasmin Ich war mit meinen Freunden in Spanien. Wir sind mit dem Zug dorthin gefahren und sind zwei Wochen dort geblieben. Wir haben in einem Wohnwagen übernachtet. Das Wetter war super!

Benjamin Ich war mit meiner Familie in Polen. Wir sind mit dem Auto dorthin gefahren und sind drei Wochen dort geblieben. Wir haben auf einem Campingplatz gewohnt. Es war okay, aber das Wetter war schlecht.

Samira Ich war eine Woche mit meiner Freundin in Amerika, in Kalifornien. Wir sind mit dem Flugzeug geflogen und wir sind eine Woche dort geblieben. Wir haben in einem Hotel gewohnt. Das Wetter war schön warm.

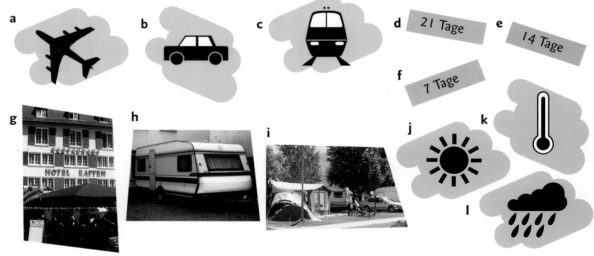

a b c d 21 Tage e 14 Tage

f 7 Tage

g h i j k l

Ich war Wir waren	in Spanien/Dänemark/Schottland, usw.	
Ich bin Wir sind	mit meiner Familie mit (meinen) Freunden	dorthin gefahren.
Ich bin Wir sind	eine Woche / zwei Wochen	dort geblieben.
Ich bin Wir sind	mit dem Auto/Bus/Rad/Zug mit dem Flugzeug	gefahren. geflogen.
Ich habe Wir haben	in einem Hotel/Gasthaus/Wohnwagen auf einem Campingplatz	übernachtet. gewohnt.
Das Wetter war	sonnig/stürmisch/regnerisch/windig/neblig/warm/kalt/heiß/ super/okay/schlecht/gut/nicht gut.	

1b **Partnerarbeit. Du bist Benjamin oder Samira. Beantworte die Fragen.**
Hier sind Jasmins Antworten.

▲ Wohin bist du gefahren?
▲ Wie lange bist du dort geblieben?
▲ Wie bist du dorthin gefahren?
▲ Wo hast du gewohnt?
▲ Mit wem bist du gefahren?
▲ Wie war das Wetter?

● Ich bin nach (Spanien) gefahren.
● Ich bin (zwei Wochen) dort geblieben.
● Ich bin (mit dem Zug) gefahren.
● Ich habe (in einem Wohnwagen) gewohnt.
● Ich bin mit (meinen Freunden) gefahren.
● Das Wetter war (super).

Grammatik

Das Perfekt (1) *The perfect tense*

To talk about events in the past, you can use the perfect tense.
Learn which verbs take **sein** and which take **haben**.

Verbs with sein

subject	part of sein		past participle
Ich	bin	mit dem Bus	gefahren.
Wir	sind	eine Woche	geblieben.
		mit dem Flugzeug	geflogen.

Verbs with haben

subject	part of haben		past participle
Ich	habe	in einem Hotel	übernachtet.
Wir	haben	auf einem Campingplatz	gewohnt.

Lern weiter ▶ 9, Seite 190

 It gets very boring if you only say *ich* all the time. Try to use *wir* as well, especially in a topic like holidays where you probably weren't on your own.

 2a **Was sagt Uli? Lies die E-Mail und schreib *richtig* oder *falsch*.**
Beispiel: 1 falsch

```
Hallo Lars!
Wie geht's? Wir waren auf Urlaub. Ich bin für zwei
Wochen nach Irland gefahren. Wir sind mit dem Auto
dorthin gefahren.
Das Wetter war nicht gut - es war neblig. Ich habe
mit meiner Familie in einem Hotel übernachtet.
Bis bald!
Uli :-)
```

I Ich bin nach Italien gefahren.
2 Wir sind drei Wochen geblieben.
3 Ich bin mit dem Auto dorthin gefahren.
4 Es war sonnig.
5 Ich war mit Freunden dort.
6 Wir haben in einem Hotel übernachtet.

 2b **Du bist Lars. Schreib eine E-Mail zurück. Ersetze die braunen Wörter.**
Beispiel:

```
Hallo Uli!
Danke für deine E-Mail. Wir waren auch
auf Urlaub. Ich bin für eine Woche …
```

auf einem Campingplatz
mit meinen Freunden
super
Zug
sonnig eine Woche Dänemark

4 Urlaubsspaß

Saying what you did on holiday

1a Was passt zusammen?
Beispiel: 1 b

1 Ich habe viele Fotos gemacht.

2 Wir sind ins Museum gegangen.

3 Ich war in Kalifornien.

4 Wir sind ins Freibad gegangen.

5 Wir sind in eine Diskothek gegangen.

6 Ich war in Spanien.

7 Wir haben eine Rundfahrt gemacht.

8 Wir waren in Polen.

9 Ich bin ins Fitness-zentrum gegangen.

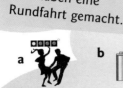 a

 b

 c

d

e

f

 g

 h

 i

1b Hör zu. Wer hat was gemacht? (1–3)
Beispiel: 1 g, d, e

2 Lies den Brief und beantworte die Fragen. Schreib nur ein Wort für jede Antwort.
Beispiel: 1 Mallorca

Lieber Dennis,
ich bin hier mit meiner Familie auf Mallorca. Wir finden es sehr, sehr gut! Wir haben am ersten Tag einen Ausflug nach Palma gemacht, haben eingekauft und die Stadt angesehen. Wir sind auch am Strand spazieren gegangen. Es war wunderbar. Am Abend sind wir ins Restaurant gegangen und haben Fisch gegessen.
Am zweiten Tag bin ich im Meer geschwommen. Das hat Spaß gemacht! Am Nachmittag habe ich Tischtennis im Hotel gespielt. Dann sind wir ins Konzert gegangen. Wir haben dort eine Band gesehen, aber die Musik war schlecht! Heute haben wir uns am Strand gesonnt. Es war sehr warm, aber Spitze!
Bis bald,
Erika

Musik

Fisch

Strand

Konzert

Mallorca

Stadt

Hotel

Meer

Palma

Restaurant

Erster Tag
1 Wo ist Erika? **Auf** ...
2 Wo war sie am ersten Tag? **In** ...
3 Was hat sie angesehen? **Die** ...
4 Wohin ist sie am Abend gegangen? **Ins** ...
5 Was hat sie gegessen? ...

Zweiter Tag
6 Wo ist sie geschwommen? **Im** ...
7 Wo hat sie Tischtennis gespielt? **Im** ...
8 Wohin ist die dann gegangen? **Ins** ...
9 Was war schlecht? **Die** ...
10 Wo hat sie sich gesonnt? **Am** ...

3a **Partnerarbeit.**

Beispiel: ▲ Was hast du am (ersten Tag) gemacht?
● Ich habe am (ersten Tag Tennis gespielt).

▲ Was hast du am ersten Tag gemacht?

●

▲ Wie war es?

● Es war

▲ Und wohin bist du am zweiten Tag gegangen?

●

▲ Wie war es?

●

▲ Und dann, was hast du am Abend gemacht?

●

▲ Wie war es?

●

 **G rammatik**

Das Perfekt (2)
More verbs in the perfect tense.

Verbs with sein

subject	part of sein		past participle
Ich *(I)*	bin	in die Disko	gegangen.
Du *(you)*	bist	nach Spanien	gefahren.
Er *(he)*	ist	im Meer	geschwommen.
Sie *(she)*	ist	ins Kino	gegangen.
Wir *(we)*	sind	zum Strand	gegangen.

Verbs with haben

subject	part of haben		past participle
Ich *(I)*	habe	Fotos	gemacht.
Du *(you)*	hast	Pizza	gegessen.
Er *(he)*	hat	in Paris	eingekauft.
Sie *(she)*	hat	die Stadt	angesehen.
Wir *(we)*	haben	Tischtennis	gespielt.

Lern weiter ▶ 9, Seite 190

 **G rammatik**

Das Imperfekt   *The imperfect tense*
The simple way to say **was** is to use the imperfect tense:
Ich **war**   in Spanien.
Es **war**   gut/langweilig/lustig/toll/lecker/furchtbar, usw.
Das Wetter **war**   warm/kalt, usw.

Lern weiter ▶ 9.4, Seite 192

Ich habe	am ersten Tag am zweiten Tag am Abend am nächsten Tag	geangelt. eine Rundfahrt gemacht. getanzt. Freunde getroffen.
Ich bin	gewandert / spazieren gegangen / Ski gefahren / ausgegangen.	

 3b **Schreib einen Bericht über den Dialog in Übung 3a.**
Beispiel:

Ich war für zwei Tage aut einem Campingplatz. Ich habe am ersten Tag Tennis gespielt.

Kursarbeit: Seite 154–155

5 Unterkunft

Finding and booking accommodation

1a **Hör zu und lies. Welches Zimmer nimmt Herr Franz – a, b, c oder d?**

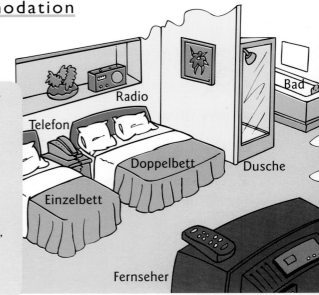

Herr Franz:	Guten Abend! Haben Sie ein Zimmer frei?
Empfangsperson:	Für wie viele Personen?
Herr Franz:	Für zwei Personen.
Empfangsperson:	Ja, wir haben im ersten Stock ein Doppelzimmer frei.
Herr Franz:	Ist das Zimmer mit Bad?
Empfangsperson:	Nein, nicht mit Bad, mit Dusche. Natürlich hat das Zimmer Fernsehen, Radio und Telefon.
Herr Franz:	Hat das Zimmer zwei Einzelbetten?
Empfangsperson:	Nein, ein Doppelbett.

a   b   c   d

1b **Hör zu und wähle die richtige Antwort.**
Beispiel: **1** a

1 Was kostet ein Doppelzimmer?   **a** € 60,00   **b** € 16,00   **c** € 600,00
2 Ist der Preis   **a** mit Frühstück?   **b** ohne Frühstück?   **c** mit Abendessen?
3 Zahlt Herr Franz   **a** mit Bargeld?   **b** mit Kreditkarte?   **c** mit Scheck?
4 Wann gibt's Abendessen?   **a** 4 – 6   **b** 6 – 8   **c** 8 – 10

Haben Sie	ein Einzelzimmer/Doppelzimmer frei?	
Wie viel kostet	ein Einzelzimmer/Doppelzimmer?	
Ich möchte	ein Einzelzimmer/Doppelzimmer reservieren. eine Nacht / zwei Nächte / eine Woche bleiben.	
Ist das Zimmer	mit Dusche/Bad/Fernsehen/Telefon/Radio? inklusive Frühstück?	
Ich möchte	Halbpension/Vollpension.	
Gibt es	einen Lift (Fahrstuhl) / ein Restaurant / einen Parkplatz?	
Um wie viel Uhr ist	Frühstück/Abendessen?	
Kann ich bitte	die Rechnung meinen Schlüssel	haben?
	zahlen?	

2 **Partnerarbeit.**

Beispiel: ▲ Haben Sie ein Doppelzimmer frei?
● Ja.

▲ Haben Sie ?

● Ja.

▲ Haben Sie ?

● Nein, es tut mir Leid.

▲ Wie viel kostet ?

● € 60, –.

▲ Ich möchte bleiben.

● Kein Problem.

▲ Ist das Zimmer ?

● Natürlich!

▲ Um wie viel Uhr ist ?

● Von 8 bis 10 Uhr.

▲ Kann ich bitte haben?

● Bitte schön!

3a **Lies den Brief und beantworte die Fragen auf Englisch.**

```
An: Hotel Prinzmeier
Hansastr. 93
24263 Lübeck

15. Mai

Sehr geehrte Damen und Herren,
ich komme am 8. Juli mit meiner Familie nach
Lübeck. Wir möchten zwei Zimmer reservieren:
ein Doppelzimmer für mich und meinen Mann (ein
Doppelbett) und ein Doppelzimmer für unsere
Kinder (zwei Einzelbetten). Wir möchten zwei
Nächte bleiben. Wir möchten die Zimmer bitte
mit Bad und Fernseher. Wir möchten Halbpension.
Ein paar Fragen: Gibt es einen Fahrstuhl? Wie
viel kostet ein Zimmer? Und um wie viel Uhr ist
das Frühstück?
Mit freundlichen Grüßen,
```

Kirsten Haas

1 How many rooms do they need?
2 What kinds of room?
3 When?
4 How long for?
5 What do they want in the rooms?
6 What meals do they want?
7 What three things don't they know about the hotel?
8 Is the writer male or female?

 In the exam, you may be asked to write a letter booking a hotel room. It's amazing what you can achieve just by using sentences beginning with:
– *Ich möchte ...* (I'd like ...)
– *Haben Sie ...?* (Have you got ...?),
– *Kann ich bitte...?* (Can I ... please?)
– *Gibt es ...?* (Is there ...?).

3b **Schreib einen Brief an ein Hotel. Benutze den Brief in Übung 3a und ändere die braunen Wörter.**

6 Die Dusche ist kalt!

Discussing problems with accommodation

1 **Hör zu. Was passt zusammen? (1–6)**
Beispiel: 1 c

a Der Fernseher ist kaputt.   **b** Das Zimmer ist schmutzig.   **c** Die Dusche ist kalt.

d Das Zimmer ist zu klein.   **e** Der Aufzug ist kaputt.   **f** Das Zimmer ist zu laut.

2 **Partnerarbeit.**
Beispiel: **1**
▲ Haben Sie ein Problem?
● Ja, die Dusche ist kalt.
▲ Das ist Nummer eins.
● Richtig!

Das Zimmer	ist	schmutzig / kalt. zu laut! / zu klein! / zu teuer!
Die Dusche Der Fernseher Der Aufzug	ist	kaputt!
Das Essen Das Frühstück	ist	furchtbar.
Ich möchte		mit dem Direktor sprechen. mein Geld zurück haben.

1

2

3

4

3 **Lies den Brief und schreib *richtig* oder *falsch*.**
Beispiel: **1** falsch

1 Das Frühstück war kalt.
2 Der Aufzug war nicht kaputt.
3 Das Zimmer war sauber.
4 Das Zimmer war groß.
5 Das Bett war kaputt.
6 Das Zimmer war teuer.

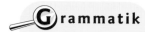

Grammatik

If you write to complain after the event, it's easy to use the past: Simply put **war** (was) instead of **ist** (is):

Das Frühstück **ist** furchtbar → Das Frühstück **war** furchtbar.

Lern weiter ▶ 9.4, Seite 192

An das Hotel Prinzmeier
Feldstraße 6
4466 Uelzen

Sehr geehrter Herr,
letzte Woche waren wir im Hotel Prinzmeier. Wir haben ein Zimmer mit zwei Einzelbetten reserviert, aber das Zimmer hatte ein Doppelbett. Die Dusche war kalt und der Fernseher war kaputt!

Das Zimmer war auch schmutzig und in meinem Frühstück habe ich eine Fliege gefunden! Der Aufzug war auch kaputt. Das Zimmer war klein und zu teuer. Was sagen Sie dazu?

Mit freundlichen Grüßen,

Hannelore Haas

---

4 **Schreib einen Brief an ein Hotel.**
Beginn:

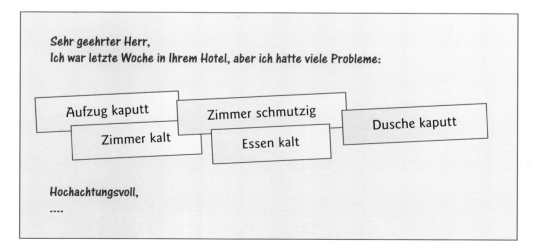

Sehr geehrter Herr,
Ich war letzte Woche in Ihrem Hotel, aber ich hatte viele Probleme:

Aufzug kaputt   Zimmer schmutzig   Dusche kaputt
Zimmer kalt   Essen kalt

Hochachtungsvoll,
....

Wörter

Talking about countries, nationalities and towns

Belgien	*Belgium*
Dänemark	*Denmark*
Deutschland	*Germany*
Frankreich	*France*
Griechenland	*Greece*
Großbritannien	*Great Britain*
Holland (die Niederlande)	*Holland (the Netherlands)*
Irland	*Ireland*
Italien	*Italy*
Österreich	*Austria*
Polen	*Poland*
Schottland	*Scotland*
Schweden	*Sweden*
Spanien	*Spain*
Wales	*Wales*

Note:
in + name of country
BUT:
in den Alpen / USA — *in the Alps / USA*
in der Schweiz/Slowakei/ — *in Switzerland/Slovakia/*
  Tschechischen Republik/ — *the Czech Republic/*
  Türkei — *Turkey*

München	*Munich*
Köln	*Cologne*
Wien	*Vienna*
Genf ·	*Geneva*
die Nordsee	*North Sea*
die Ostsee	*Baltic Sea*

Amerikaner(in)	*American person*
Deutscher/Deutsche	*German person*
Engländer(in)	*English person*
Franzose/Französin	*French person*
Holländer(in)	*Dutch person*
Ire/Irin	*Irish person*
Italiener(in)	*Italian person*
Österreicher(in)	*Austrian person*
Schotte/Schottin	*Scottish peron*
Schweizer(in)	*Swiss person*
Spanier(in)	*Spanish person*
Waliser(in)	*Welsh person*

Talking about the weather

Es donnert und blitzt.	*There's thunder and lightning*
Es regnet.	*It's raining.*
Es ist kühl.	*It's cool.*
Es ist warm.	*It's warm.*
Es ist wolkig.	*It's cloudy.*
Es ist sonnig.	*It's sunny.*
Es ist windig.	*It's windy.*
Es ist nass.	*It's wet.*
Es ist trocken.	*It's dry.*
Es ist neblig.	*It's foggy.*
Es ist kalt.	*It's cold.*
Es ist stürmisch.	*It's stormy.*
Es schneit.	*It's snowing.*
Es friert.	*It's freezing.*

Checking in at a hotel

Haben Sie ein Einzelzimmer frei?	*Have you got a single room?*
Wie viel kostet ein Doppelzimmer?	*How much does a double room cost?*
Ich möchte ein Einzelzimmer/Doppelzimmer reservieren.	*I'd like to book a single/double room.*
Ich möchte eine Nacht / zwei Nächte bleiben.	*I'd like to stay one night / two nights.*
Ich möchte eine Woche bleiben.	*I'd like to stay a week.*
Ist das Zimmer mit ...	*Does the room have a ...*
Dusche?	*shower?*
Bad?	*bath?*
Fernseher?	*TV?*
Ist der Preis inklusive Frühstück?	*Does the price include breakfast?*
Gibt es einen Lift?	*Is there a lift?*
Gibt es ein Restaurant?	*Is there a restaurant?*
Um wie viel Uhr ist das Frühstück/Abendessen?	*What time is breakfast/supper?*
Kann ich bitte ...	*Can I ...*
die Rechnung haben?	*have the bill?*
meinen Schlüssel haben?	*have my key?*
zahlen?	*pay?*

Talking about a recent holiday

Ich war in Spanien/Dänemark, usw.	*I was in Spain/Denmark, etc.*
Wir waren in Schottland.	*We were in Scotland.*
Ich bin mit meiner Familie dorthin gefahren.	*I went there with my family*
Wir sind mit Freunden dorthin gefahren.	*We went there with friends.*
Ich bin eine Woche geblieben.	*I stayed for a week.*
Wir sind zwei Wochen geblieben.	*We stayed for two weeks.*
Wir sind nach Spanien gefahren.	*We went to Spain.*
Ich bin mit dem Auto/Bus gefahren.	*I went by car/bus.*
Wir sind mit dem Rad/Zug gefahren.	*We went by bike/train.*
Ich bin mit dem Flugzeug geflogen.	*I flew.*
Ich habe in einem Hotel/Gasthaus übernachtet.	*I spent the night in a hotel/guest house.*
Wir haben in einem Wohnwagen übernachtet.	*We spent the night in a caravan.*
Wir haben auf einem Campingplatz gewohnt.	*We stayed on a camp site.*
Ich habe in Paris gegessen.	*I ate in Paris.*
Wir haben im Urlaub geangelt.	*On holiday, we went fishing.*
Wir sind geschwommen.	*We swam.*

Ich habe / Wir haben … *I/We …*
  eingekauft/getanzt. *went shopping/danced.*
  Fotos gemacht. *took photos.*
  uns gesonnt. *sunbathed.*
  eine Rundfahrt gemacht. *went on a tour.*
  Tennis (usw.) gespielt. *played tennis, (etc.)*
  Freunde getroffen. *met friends.*
Ich bin / Wir sind … gegangen. *I/We went …*
  in die Disco. *to the disco.*
  ins Kino/Restaurant/Schwimmbad/Museum/ *to the cinema/restaurant/swimming pool/the museum/*
  Sportzentrum. *sports centre.*
  zum Strand. *to the beach.*
Ich bin / Wir sind … *I/We …*
  gewandert. *went hiking.*
  spazieren gegangen. *went for a walk.*
  Ski gefahren/ausgegangen. *went ski-ing/went out.*

am ersten/zweiten Tag	*on the first/second day*
am nächsten Tag	*on the next day*
am Abend	*in the evening*

Wie war es?	*How was it? / What was it like?*
Es war gut/toll/langweilig.	*It was good/great/boring.*

Making simple requests

Ich möchte …	*I'd like …*
Haben Sie …?	*Have you got …?*
Kann ich …	*Can I …?*
Gibt es …?	*Is there …?*

Solutions

Ich möchte mit dem Direktor sprechen.	*I'd like to speak to the manager.*
Ich möchte mein Geld zurück haben.	*I'd like my money back.*

Problems

Der Fernseher ist kaputt.	*The TV is broken.*	Das Zimmer ist zu laut/teuer.	*The room is too noisy/expensive.*
Das Zimmer ist schmutzig.	*The room is dirty.*	Das Essen/Frühstück ist furchtbar.	*The food/breakfast is terrible.*
Die Dusche ist kalt.	*The shower is cold.*		
Das Zimmer ist zu klein.	*The room is too small.*		
Der Aufzug ist kaputt.	*The lift is broken.*		

3 Wir haben frei!

Gespräch 1

▲ Treibst du gern Sport?	● Ja, ich … *(3 Antworten). Oder: Nein …!*
▲ Wie oft treibst du Sport?	● …
▲ Was sind deine Hobbys?	● Ich … *(3 Antworten)*
▲ Liest du gern?	● Ja, ich … *Oder: Nein …!*
▲ Hörst du gern Musik?	● …
▲ Spielst du ein Instrument?	● …
▲ Siehst du gern fern?	● …

Gespräch 2

▲ Was siehst du gern im Fernsehen?	● Ich sehe gern …
▲ Was siehst du nicht gern?	● Ich …
▲ Was ist deine Lieblingssendung?	● Meine Lieblingssendung ist …
▲ Wie findest du Krimis?	● Ich finde …
▲ Wie findest du die Nachrichten?	● Ich …
▲ Wie findest du „East Enders"?	● Ich …

If you write down the answers to Conversations 1 and 2, you will have most of the material you need for a presentation (*Vortrag*) about your leisure interests. Add information about your leisure activities last weekend (past tense) and next weekend (future tense).

Rollenspiel 1a

▲ Möchtest du …? ● ✔

▲ Wann treffen wir uns? ● 6.30

▲ Wo treffen wir uns? ●

Rollenspiel 1b

▲ Möchtest du …? ● ✔

▲ Wann treffen wir uns? ● 10.00

▲ Wo treffen wir uns? ●

Rollenspiel 2

▲ Möchtest du zum Fußballspiel gehen? ● Nein, weil …

▲ … ? ● Nein, weil …

▲ … ? ● Nein, weil …

▲ … ? ● ✔ !

Gespräch 1

▲ Woher kommst du?
▲ In welchem Land ist das?
▲ Was ist deine Nationalität?

● Ich komme aus ... (London)
● Das ist in ... (England)
● Ich bin ... (Engländer/Engländerin)

Gespräch 2

▲ Wohin bist du in den Ferien gefahren?
▲ Wie bist du gefahren?
▲ Wo hast du gewohnt?
▲ Bist du allein gefahren?
▲ Wie lange bist du geblieben?
▲ Wie war das Wetter?
▲ Was hast du da gemacht?

● Ich bin nach ... gefahren.
● Ich bin ... gefahren.
● Ich habe ... gewohnt.
● Ich bin mit ... gefahren.
● Ich bin ... geblieben.
● Es war ...
● Ich habe ...

If you write down the answers to Conversation 2, you will have much of the material you need for a presentation (*Vortrag*) about your holidays. Add information about your favourite holiday destination (present tense) and where you intend to go next year (future tense).

If the teacher asks you *Habt ihr ...?* and *Seid ihr ...?* instead of *Hast du ...?* and *Bist du ...?*, it means he or she is talking to more than one person. You should answer with *Wir haben ...* or *Wir sind ...*

Rollenspiel

▲ Haben Sie ...? **1** **2**   ● Ja.

▲ Wie viel ...? **1** **2**   ● €42,50. Wie lange wollen Sie bleiben?

▲ Ich möchte ... **1**   **2**   ● Gern.

▲ Hat das Zimmer ...? **1**   **2**   ● Natürlich.

▲ Gibt es ...? **1**   **2**   ● Ja.

▲ Um wie viel Uhr ...? **1**   **2**   ● Um acht Uhr.

▲ Kann ich ...? **1** **2**   ● Bitte schön.

5 Meine Stadt

1 Wo ich wohne

Talking about your home town. Discussing transport

HÖREN 1 **Hör zu. Wer wohnt in Logostadt? Wer wohnt nicht in Logostadt? Schreib *ja* oder *nein*. (1–6)**
Beispiel: 1 nein

LOGOSTADT

Labels: Bahnhof, Zoo, Brücke, Fluss, Schloss, Museum, Tankstelle, Krankenhaus, Park, Rathaus, Einkaufszentrum, Kirche, Stadtmitte, Marktplatz, Geschäfte

LESEN 2 **Lies die Broschüre. Sind die Sätze falsch oder richtig?**
Beispiel: 1 falsch

LOGOSTADT

Besuchen Sie Logostadt!
Logostadt ist eine
Kleinstadt in der Nähe
von Wien in Südösterreich.
Logostadt hat 6 000
Einwohner. In Logostadt
gibt es einen Fluss, einen
Bahnhof, ein Rathaus und
ein Krankenhaus.

Grammatik

kein
To say "There is a ..."

	masculine (**der**)	feminine (**die**)	neuter (**das**)
Es gibt einen		eine	ein

To say "There isn't a ..."

	masculine (**der**)	feminine (**die**)	neuter (**das**)
Es gibt keinen		keine	kein

Lern weiter ▶ 7.2, Seite 190

1 Logostadt ist groß.
2 Logostadt liegt in Deutschland.
3 Es gibt 60 000 Einwohner in Logostadt.
4 Logostadt hat keinen Bahnhof.
5 Logostadt hat zwei Krankenhäuser.
6 Logostadt hat ein Rathaus.

Rückblick   Rückblick

3 **Partnerarbeit.**

Beispiel: ▲ Was für eine Stadt ist (Malton)?
● Malton ist eine (Kleinstadt).
▲ Wo liegt (Malton)?
● Malton liegt (in Nordengland).
▲ Was gibt es in (Malton)?
● Es gibt (eine Kirche) und (einen Marktplatz).
▲ Wie viele Einwohner hat (Malton)?
● (Malton) hat ungefähr (7000) Einwohner.

Malton 7000

Kleinstadt

I

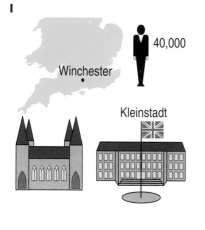

Winchester 40,000

Kleinstadt

2

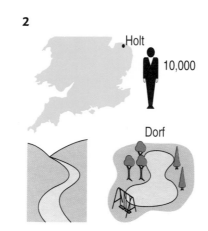

Holt 10,000

Dorf

3

Hamburg 200,000

Großstadt

Ich wohne in …			
Das ist	eine	Kleinstadt/Großstadt.	
	ein	Dorf.	
… liegt in	Nordengland/Ostschottland/Südwales/Westirland/Nordirland.		
In (Logostadt)	gibt es haben wir	einen	Bahnhof/Dom/Fluss/Marktplatz/Park/Supermarkt/Zoo.
		eine	Kirche/Tankstelle/Universität.
		ein	Krankenhaus/Rathaus/Einkaufszentrum/Museum/Schloss.
		viele einige	Geschäfte. Schulen.
(Logostadt) hat ungefähr (6 000) Einwohner.			

4 **Beschreib deine Stadt.**

Beispiel:

Ich wohne in Ringwood.
Das ist eine Kleinstadt in Südengland.
In Ringwood gibt es einen Marktplatz und einen Fluss.
Ringwood hat ungefähr 6 000 Einwohner.

2 Logostadt

Saying what there is to do

LESEN
1a Was passt zusammen?
Beispiel: 1 b

1 Es gibt ein Schloss und einen Dom.
2 Man kann gut einkaufen.
3 Man kann Sport treiben.
4 Es gibt Discos und Clubs.
5 Es gibt nicht viel zu tun.
6 Man kann gut essen gehen.

HÖREN
1b Hör zu. Was gibt es zu tun? (1–6)
Beispiel: 1 f

> Man kann gut / nicht gut essen gehen.
> Man kann gut / nicht gut Sport treiben.
> Man gut / nicht gut einkaufen.
> Es gibt viele Geschäfte. / Es gibt nicht viele Geschäfte.
> Es gibt (k)ein Kino / (k)ein Jugendzentrum / (k)eine Disco, usw.

SPRECHEN
2a Partnerarbeit.

Beispiel:
▲ Was gibt es in Southington zu tun?
● ✔ Man kann gut essen gehen.
✗ Man kann nicht gut Sport treiben.
▲ Kann man in Southington gut einkaufen?
● [✔ Ja, es gibt viele Geschäfte.
▲ Ist Southington gut für Kinder?
● ✗ Nein, es gibt nicht viele Parks.
▲ Ist Southington gut für junge Leute?
● JUGENDZENTRUM ✔ Ja, es gibt ein Jugendzentrum.

1 Southington	2 Eastington	3 Daddeldorf

2b Beantworte die Fragen in Übung 2a für DEINE Stadt.

Ich wohne in (York).
Dort kann man gut ...
Man kann nicht gut ...
(York) ist gut / nicht gut für ...
Es gibt ...

G Wiederholung

A reminder of two of the most useful expressions you will ever use:
Man kann ... (You can ...) plus the verb at the end:
  Man kann gut einkaufen.
Es gibt ... (There is/are ...):
  Es gibt einen/keinen Bahnhof.

3a Wie kommt man nach Logostadt? Was passt zusammen?
Beispiel: **1** a

1 mit dem Flugzeug	**3** mit dem Zug	**5** zu Fuß
2 mit dem Bus	**4** mit dem Auto	**6** mit dem Rad

 3b Hör zu. Wer kommt wie nach Logostadt? (1–6)
Beispiel: **1** f

 4a Partnerarbeit. Und du? Wie kommst du in die Stadt?
Beispiel: **1** ▲ Wie kommst du in die Stadt?
         ● Ich (fahre mit dem Bus).

 4b Schreib die Sätze aus.
Beispiel: **1** Ich fahre mit dem Bus.

G Wiederholung

It may sound odd to say **mit dem Bus** (with the bus), but it's correct. In English, we say "on the bus", which is pretty strange too.
mit is followed by: masculine (**der**) feminine (**die**) neuter (**das**)
                              dem   **der**   **dem**

Lern weiter ▶ 10b, Seite 192

Ich	fahre	mit dem Bus/Zug/Auto/Rad.
	gehe	zu Fuß.
	fliege	mit dem Flugzeug.

Kursarbeit: Seite 156–157

 Rückblick   Rückblick

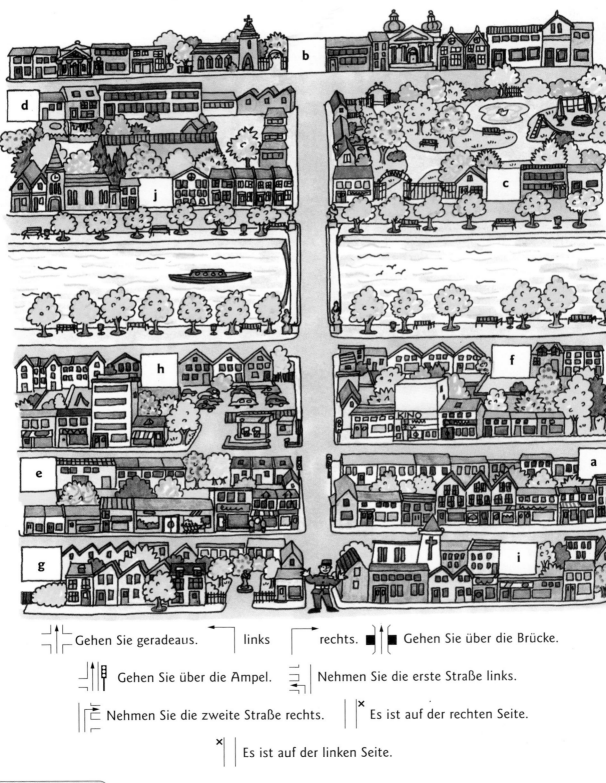

Gehen Sie geradeaus. links rechts. Gehen Sie über die Brücke.

Gehen Sie über die Ampel. Nehmen Sie die erste Straße links.

Nehmen Sie die zweite Straße rechts. Es ist auf der rechten Seite.

Es ist auf der linken Seite.

1a **Lies die Sätze und finde die Gebäude.**
Beispiel: **1** d

2

3

4

5

> Gehen Sie geradeaus und nehmen Sie die fünfte Straße links. Der Bahnhof ist am Ende der Straße.

> Nehmen Sie die erste Straße rechts. Die Bushaltestelle ist auf der rechten Seite.

> Nehmen Sie die dritte Straße rechts und das Rathaus ist auf der rechten Seite.

> Der Supermarkt? Nehmen Sie die zweite Straße links.

> Nehmen Sie die vierte Straße rechts. Die Sparkasse ist auf der linken Seite.

 1b **Hör zu. Finde die Gebäude. (1–5)**
Beispiel: **1** b

Wie komme ich am besten	zum	Bahnhof/Markt/ Krankenhaus/Dom/ Informationsbüro/ Supermarkt/Hotel?
	zur	Tankstelle/Jugendherberge/ Bushaltestelle?

 **G**rammatik

zum/zur   to the …
If it's a masculine (**der**) or neuter (**das**) word, say **zum**.
If it's a feminine (**die**) word, say **zur**:
> Wie komme ich am besten **zum** Supermarkt?
> Wie komme ich am besten **zur** Kirche?

2a **Partnerarbeit.**
Beispiel: **1** ▲ Entschuldigen Sie, wie komme ich am besten (zum Rathaus)?
● (Nehmen Sie die dritte Straße links.)

1 ▲ … (das) Rathaus?
● **3** ←

2 ▲ … (der) Dom?
● ↑

3 ▲ … (die) Jugendherberge?
● **2** ←

4 ▲ … (die) Sparkasse?
● **4** →

5 ▲ … (der) Bahnhof?
● **1** →

6 ▲ … (das) Hotel?
● **2** ←

 2b **Schreib die Antworten aus Übung 2a auf Deutsch auf.**
Beispiel: **1** Nehmen Sie die dritte Straße links.

4 Transportmöglichkeiten

Getting around by public transport

1 **Im Informationsbüro. Wer möchte was?**
Beispiel: **1** b

1 Wie fahre ich am besten zum Hauptbahnhof?

2 Wo ist die nächste Toilette?

3 Ist das weit von hier?

4 Haben Sie einen Fahrplan für die U-Bahn?

5 Kann ich hier eine Fahrkarte kaufen?

6 Haben Sie eine Broschüre über die Stadt?

a 500m? **1km?** 2km?

b

c ?

d

e Köln

f U-Bahn

2 **Hör zu. Welches Bild passt zu welchem Dialog? (1-5)**
Beispiel: **1** e

a 12 S

b

c 25

d 2

e 5

Grammatik

When going to a named town, use **nach**:
    nach Berlin
Otherwise, use **zum/zur**:
    zum Bahnhof (with **der** or **das** words)
    zur Kirche (with **die** words)

3 **Partnerarbeit.**
Beispiel: **1** ▲ Wie fahre ich am besten (zum Schloss)?
● Fahren Sie mit (dem Bus Linie 3).

1 ▲ Wie fahre ich ...?
● 3 Fahren Sie mit ...

2 ▲ ✈ Wie fahre ich ...?
● S 9 Fahren Sie mit ...

3 ▲ Wie fahre ich ...?
● 2 Fahren Sie mit ...

4 ▲ Hamburg Wie fahre ich ...?
● Fahren Sie mit ...

5 ▲ Wie fahre ich ...?
● 4 Fahren Sie mit ...

Wie fahre ich am besten		zum	Hafen? Flughafen?
		zur	Stadtmitte?
		nach	Berlin? Leipzig? Frankfurt?
Fahren Sie	mit dem	Bus/Zug (Nummer …).	
	mit der	U-Bahn/S-Bahn/Straßenbahn.	

„Ich fahre mit der Straßenbahn."

4 Was kostet das?

Beispiel: 1 € 1,00

1 Haben Sie eine Broschüre über Berlin?
2 Haben Sie einen Stadtplan von Frankfurt?
3 Haben Sie einen Fahrplan für die Busse?
4 Haben Sie einen Fahrplan für die Bundesbahn?
5 Haben Sie eine Hotelliste?
6 Haben Sie einen Fahrplan für die S-Bahn?

If something is free, say *kostenlos*.

Busse
€ 0,50

die Bahn
€ 2,50

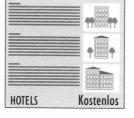
HOTELS   Kostenlos

BERLIN
€ 1,00

S-Bahn
Kostenlos

FRANKFURT
€ 1,50

5 Partnerarbeit.

Beispiel: 1 ▲ Haben Sie (eine Hotelliste)?
      ● (Ja, bitte schön.)

1 ▲
  ● Ja, bitte schön.

2 ▲  HAMBURG
  ● Nein, leider nicht.

3 ▲ DORTMUND
  ● Ja, bitte schön.

4 ▲ **Busse**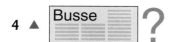
  ● Nein, leider nicht.

5 ▲ **die Bahn**
  ● Ja, bitte schön.

Im Verkehrsbüro

Haben Sie	eine Broschüre (über Berlin)? eine Hotelliste?	
Haben Sie	einen Fahrplan für	die Bundesbahn? die Straßenbahn? die S-Bahn? die U-Bahn? die Busse?
	einen Stadtplan (von Berlin)?	

5 Die Bundesbahn

Asking for information at a train station

1a **Hör zu und lies. Wähle die richtige Antwort.**
Beispiel: **1** Bornholm

Am Bahnhof

Kunde:	Guten Tag! Wann fährt der nächste Zug nach Bornholm?
Beamtin:	Um 14.30 Uhr.
Kunde :	Von welchem Gleis?
Beamtin :	Gleis 4.
Kunde :	Einmal bitte.
Beamtin :	Einfach oder hin und zurück?
Kunde :	Hin und zurück. Was kostet die Karte?
Beamtin :	€ 10,50.
Kunde :	Wann kommt der Zug in Bornholm an?
Beamtin :	Um 16.45 Uhr.
Kunde :	Muss ich umsteigen?
Beamtin :	Ja, in Strande.

1 Der Herr fährt nach Bromberg / Bornholm / Berlin.
2 Der Zug fährt um 4 Uhr 30 / 14 Uhr 30 / 14 Uhr 40.
3 Der Zug fährt von Gleis 4 / 21 / 14 ab.
4 Die Fahrkarte ist einfach / hin und zurück.
5 Die Fahrkarte kostet € 10,15 / € 15,00 / € 10,50.
6 Der Zug kommt um 16 Uhr 45 / 16 Uhr 54 / 14 Uhr 54 an.
7 Der Herr muss in Bornholm / in Strande / nicht umsteigen.

1b **Hör zu und wähle die richtige Antwort. (1–7)**
Beispiel: **1** Bromberg

> Wann fährt der (nächste) Zug nach (Berlin)?
> Von welchem Gleis?
> Und wann kommt er in (Berlin) an?

2 **Partnerarbeit.**
Beispiel: **1** ▲ Wann fährt der Zug nach (Nordenham)?
● Um (10.00) Uhr.
▲ Und wann kommt er an?
● Um (12.33) Uhr.
▲ Von welchem Gleis?
● Von Gleis (2).

Fahrplan ab Bremen

	Ab	An	Gleis
1	10.00	Nordenham 12.33	2
2	10.10	Cloppenburg 13.23	4
3	10.42	Oldenburg 12.18	8
4	10.59	Jever 13.10	6
5	11.06	Hamburg 13.01	3
6	11.12	Bremerhaven 12.57	7

3a Schreib die Gespräche auf.

Beispiel: **1** ▲ (Einmal) nach (Stuttgart), bitte.
● Einfach oder hin und zurück?
▲ (Einfach.)
● Erste oder zweite Klasse?
▲ (Zweite) Klasse, bitte.
● Bitte schön.
▲ Was kostet die Karte?
● (24),- DM.
▲ Muss ich umsteigen?
● (Ja, in Koblenz.)

1 Stuttgart / ⟶ / 2 Kl. / €12,00 / Koblenz
2 Wismar (x2) / ⟷ / 2 Kl / €90,00 / nein
3 Kiel / ⟶ / 1 Kl / €36,00 / Hamburg

Man kann auch Fahrkarten vom Automaten kaufen.

3b Übe die Gespräche aus Übung 3a mit einem Partner / einer Partnerin.

Here are some points to remember when buying train tickets:
– Always say whether you want a single or a return:
  einfach ⟶
  hin und zurück ⟷
– Check whether you are going to have to change trains:
  Muss ich umsteigen?
– Say how many tickets you want:
  einmal
  zweimal
  dreimal, etc.
You can use all of the expressions above for buying bus and plane tickets.
Note: *Wann fährt der Bus? usw.*
But: *Wann fliegt die Maschine?* (for planes)

Der Zug nach Offenburg fährt um 16 Uhr 34 ab.

4 Welche Schilder haben welche Bedeutung?
Beispiel: **1** c

1 Einstieg   **2** Ausstieg   **3** Zu den Gleisen

4 Nichtraucher   **5** Fahrscheine   **6** Abfahrt

7 Ankunft   **8** Fahrplan

9 Auskunft   **10** Raucher

a Smoking
b Non-smoking
c Where to get on
d Where to get off
e Departures
f Arrivals
g Timetable
h Information
i To the platforms
j Tickets

6 Willkommen in unserer Stadt

Describing a town

1 **Welche Stadt ist das? Schreib** *Bridport*, *Engelberg* **oder** *Delmenhorst*.

Beispiel: 1 Bridport

1 Eine Stadt in Großbritannien.
2 Eine deutsche Stadt.
3 Eine große Stadt.
4 Eine kleine Stadt.

5 Eine sehr historische Stadt.
6 Eine moderne Stadt.
7 Nicht gut für junge Leute.
8 Ganz gut für Kinder.

ENGELBERG

Willkommen in Engelberg! Engelberg ist eine ziemlich große Stadt in der Schweiz. Engelberg hat 30 000 Einwohner und ist ziemlich alt und sehr historisch. Engelberg ist ziemlich ruhig: gut für Kinder und auch für Eltern!

Willkommen in Bridport! Bridport ist eine hübsche Kleinstadt. Sie liegt in Dorset in Südengland. Bridport hat 10 000 Einwohner und ist sehr alt und historisch. Bridport ist sehr ruhig: ideal für alte Leute!

Delmenhorst

Herzliche Grüße aus Delmenhorst. Delmenhorst ist eine große Stadt in Norddeutschland. Delmenhorst hat 60 000 Einwohner und ist ganz modern und nicht besonders historisch. Delmenhorst ist sehr lebendig: perfekt für junge Leute!

Grammatik

Komparativ *Comparatives*

(Hamburg) ist besser / schlechter / größer / kleiner / älter / moderner / ruhiger / lebendiger / teurer / billiger als (Düsseldorf).

Lern weiter ▶ 3.3, Seite 185

2 **Partnerarbeit**

Beispiel: 1 ▲ Welcher Ort ist größer, New York oder Mahndorf?
● New York ist größer.

1 größer?
2 moderner?
3 historischer?
4 lebendiger?

 Mahndorf

 New York

3 **Vergleiche Bridport und Delmenhorst.**

Beispiel: 1 Delmenhorst ist größer als Bridport.

1 Welche Stadt ist größer?
2 Welche Stadt ist kleiner?
3 Welche Stadt ist älter?
4 Welche Stadt ist moderner?
5 Welche Stadt ist ruhiger?
6 Welche Stadt ist lebendiger?

Stadt:	Bridport	Delmenhorst
Einwohner:	10 000	60 000
Alter:	alt	modern
Atmosphäre:	ruhig	lebendig

4 **Hör zu und lies. Schreib *England* oder *Deutschland*.**

Beispiel: 1 England

Interviewer: Der Schauspieler Freddi Frapp dreht einen Film in London. Na, Freddi, wie findest du England?

Freddi Frapp: England ist toll, aber London ist unheimlich teuer! Mein Hotel kostet £150 pro Nacht. Die Hotels in Deutschland sind billiger. Aber das englische Frühstück ist toll, mit Schinken, Spiegelei und Toast. Das ist viel besser als das deutsche Frühstück, mit nur Brötchen, Marmelade und Käse.
Es regnet viel in England. Das englische Wetter ist schrecklich. In Deutschland gibt es nicht so viel Regen. Aber in Deutschland ist es kalt.
Die Städte in England sind oft schmutzig. Das finde ich nicht gut. Deutschland ist ein sauberes Land. Aber die Leute in England sind immer nett und freundlich.

1 Welches Land ist teurer?
2 Welches Land hat ein besseres Frühstück?
3 Welches Land hat mehr Regen?
4 Welches Land ist kälter?
5 Welches Land ist schmutziger?
6 Welches Land ist freundlicher?

5 **Beschreib diese Städte.**

Kronberg

Süddeutschland
Kleinstadt
30 000 Einwohner
historisch
ruhig
kleiner als Frankfurt

Frankfurt

Großstadt
Süddeutschland
modern
650 000 Einwohner
lebendig
größer als Kronberg

Wörter

Talking about where you live

Ich wohne in (Hamburg).	*I live in (Hamburg).*
Das ist eine Großstadt.	*It's a large town.*
Das ist eine Kleinstadt.	*It's a small town.*
Das ist ein Dorf.	*It's a village.*
(Newcastle) liegt in …	*(Newcastle) is situated in …*
Nordengland.	*North England.*
Ostschottland.	*East Scotland.*
Südwales.	*South Wales.*
Westirland.	*West Ireland.*
Nordirland.	*Northern Ireland.*
In (Nottingham) gibt es / haben wir …	*In (Nottingham) there is/we have …*
einen Bahnhof.	*a train station.*
einen Dom.	*a cathedral.*
einen Fluss.	*a river.*
einen Marktplatz.	*a market place.*
einen Park.	*a park.*
einen Supermarkt.	*a supermarket.*
einen Zoo.	*a zoo.*
eine Kirche.	*a church.*
eine Tankstelle.	*a petrol station.*
eine Universität.	*a university.*
ein Krankenhaus.	*a hospital.*
ein Rathaus.	*a town hall.*
ein Einkaufszentrum.	*a shopping centre.*
ein Museum.	*a museum.*
ein Schloss.	*a castle.*
viele Geschäfte.	*lots of shops.*
einige Schulen.	*a few schools.*
(Dundee) hat ungefähr (60 000) Einwohner.	*(Dundee) has about (60,000) inhabitants.*
Was kann man in (Cardiff) machen?	*What can you do in (Cardiff)?*
Was gibt es in (Dover) zu tun?	*What is there to do in (Dover)?*
Man kann gut essen gehen.	*It's good for eating out.*
Man kann nicht gut Sport treiben.	*It's not good for sport.*
Man kann gut / nicht gut einkaufen.	*It's good / not good for shopping.*
Es gibt viele / nicht viele Geschäfte.	*There are lots of / not many shops.*
Es gibt ein Kino.	*There is a cinema.*
Es gibt ein Jugendzentrum.	*There is a youth centre.*
Es gibt keine Disco.	*There is no disco.*
Wie kommst du in die Stadt?	*How do you get into town?*
Ich fahre mit dem Bus/Zug/Auto/Rad.	*I go by bus/train/car/bike.*
Ich gehe zu Fuß.	*I walk.*
Ich fliege mit dem Flugzeug.	*I go by plane.*

Giving and understanding directions and requests

Wie komme ich …?	*How do I get to …?*
Gehen Sie …	*Go …*
geradeaus.	*straight on.*
über die Brücke / die Ampel.	*over the bridge/traffic lights.*
Nehmen Sie …	*Take …*
die erste Straße links.	*the first left.*
die zweite Straße rechts.	*the second right.*
Er/Sie/Es ist auf der rechten/linken Seite.	*It's on the right/left.*
Gibt es hier in der Nähe (ein Krankenhaus)?	*Is there (a hospital) near here?*
Gibt es (ein Informationsbüro) in der Stadt?	*Is there (an information office) in the town?*

Ist (das Museum) weit von hier?	*Is (the museum) far from here?*
Wo ist die nächste Post?	*Where is the nearest post office?*
Wie komme ich zur Sparkasse?	*How do I get to the bank?*
Wie komme ich am besten …	*What's the best way …*
zum Markt?	*to the market?*
zum Krankenhaus?	*to the hospital?*
zum Dom?	*to the cathedral?*
zum Informationsbüro?	*to the information office?*
zum Supermarkt?	*to the supermarket?*
zum Hotel?	*to the hotel?*
zur Tankstelle?	*to the petol station?*
zur Jugendherberge?	*to the youth hostel?*
zur Bushaltestelle?	*to the bus stop?*
Wie fahre ich am besten …	*What's the best way to travel …*
zum Hauptbahnhof?	*to the station?*
zum Hafen?	*to the port?*
zum Flughafen?	*to the airport?*
zur Stadtmitte?	*to the town centre?*
nach Berlin?	*to Berlin?*
Wo ist die nächste Toilette?	*Where is the nearest toilet?*
Ist das weit von hier?	*Is it far from here?*
Haben Sie einen Fahrplan für die U-Bahn/ Bundesbahn/Straßenbahn/S-Bahn / die Busse?	*Do you have a timetable for the underground/railway/ tram/suburban railway / the buses?*
Kann ich hier eine Fahrkarte kaufen?	*Can I buy a ticket here?*
Haben Sie eine Hotelliste?	*Have you got a list of hotels?*
Haben Sie eine Broschüre über die Stadt?	*Have you got a leaflet about the town?*

Coping at the railway station

Wann fährt der (nächste) Zug nach (Berlin)?	*When's the (next) train to (Berlin)?*
Von welchem Gleis?	*From which platform?*
Wann kommt der Zug in (Berlin) an?	*When does the train get to (Berlin)?*
Muss ich Zuschlag zahlen?	*Do I have to pay a supplement?*
Muss ich umsteigen?	*Do I have to change?*

einmal nach (Stuttgart)	*one to (Stuttgart)*
zweimal nach (Saarbrücken)	*two to (Saarbrücken)*
einfach	*single*
hin und zurück	*return*
erste Klasse	*first class*
zweite Klasse	*second class*
Einstieg	*entrance*
Ausstieg	*exit*
Zu den Gleisen	*to the platforms*
Fahrscheine	*tickets*
Abfahrt	*departures*
Ankunft	*arrivals*
Fahrplan	*timetable*
Auskunft	*information*
Raucher	*smoking*
Nichtraucher	*non-smoking*
verboten/untersagt/ nicht erlaubt / nicht gestattet	*not allowed*

Comparatives

besser	*better*
schlechter	*worse*
größer	*bigger*
kleiner	*smaller*
älter	*older*
moderner	*more modern*
ruhiger	*quieter*
historischer	*more historic*
lebendiger	*more lively*
teurer	*more expensive*
schmutziger	*dirtier*
billiger als …	*cheaper than …*

6 Einkaufen

1 Geschäfte und Öffnungszeiten

Shops and opening times

der Supermarkt 08.00 – 18.30

die Apotheke 07.30 – 19.00

die Bäckerei 06.30 – 17.30

die Buchhandlung 09.00 – 18.00

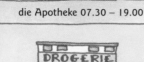

die Drogerie 09.00 – 18.30

die Metzgerei 07.45 – 18.00

das Kaufhaus 08.30 – 19.00

die Konditorei 08.15 – 17.30

das Schreibwarengeschäft 09.30 – 18.00

LESEN

1a Welches Geschäft ist das?
Beispiel: **1** die Apotheke

HÖREN

1b Hör zu. Welches Geschäft ist das? (1–5)
Beispiel: **1** die Metzgerei

Times

It's easy to get confused with *halb*. We think of it as half way past the previous hour, the Germans think of it as half way to the next hour. Therefore, "half past five" is *halb sechs*. Try 1–5.

With *Viertel*, it's more straightforward: *Viertel vor* is quarter to, and *Viertel nach* is quarter past, as in English. Try 6–10.

Really deadly are the 25s: 4.25 is *fünf vor halb fünf*, 6.35 is *fünf nach halb sieben*! Try 11–15.

1 11.30 **2** 2.30 **3** 7.30
4 10.30 **5** 12.30

11 12.25 **12** 3.35 **13** 5.25
14 7.35 **15** 9.25

Viertel vor acht

acht Uhr

Viertel nach acht

halb neun

achtzehn Uhr

achtzehn Uhr dreißig

Rückblick Rückblick

2 Partnerarbeit.

Beispiel: 1 ▲ Wo ist (die nächste Apotheke)?
● In der (Meyerstraße).
▲ Wann macht (die Apotheke) auf?
● Um (8 Uhr).
▲ Wann macht (die Apotheke) zu?
● Um (18 Uhr).

1 Bären-Apotheke, Meyerstr. 12, Öffnungszeiten 8-18 Uhr.

2 Supermarkt Magnus, Bergstr. 21, Öffnungszeiten 0900-1900

3 Konditorei Krüger, Marktstr. 47, Geschäftszeiten 0930-1700

4 Schreibwaren Traudel, Isarstr. 14, Öffnungszeiten 0900-17.30

5 Bäckerei am Bahnhof, Bahnhofstr. 1, Geschäftszeiten 0700-1700

Wir bleiben draußen!

wegen Krankheit geschlossen

Wo ist der Laden?		
Wo ist	der nächste	Supermarkt?
	die nächste	Apotheke? Bäckerei? Buchhandlung? Drogerie? Konditorei? Metzgerei?
	das nächste	Kaufhaus? Schreibwarengeschäft?

Wann macht die Drogerie **auf**?
Wann macht die Metzgerei **zu**?

3 Was passt zusammen?

Beispiel: 1 g

1 geschlossen

2 geöffnet

3 Ruhetag

a No smoking
b Stationery
c Open
d Cash desk
e Dogs not allowed
f Day off
g Closed
h Escalator
i Food
j Lift

4 Kasse

5 Schreibwaren ▷

6 Lebensmittel ▲

7 Hunde dürfen nicht hinein

8 Rauchen verboten

9 Aufzug

10 Rolltreppe

Rückblick Rückblick

2 | Preise, usw

Numbers, prices and food

1a Was kann man hier kaufen?
Beispiel: 1 Tomaten

1b Partnerarbeit.

Grammatik

Quantities

Asking for individual items:
ein Ei/Brötchen
zwei/drei/ Eier/Brötchen

Asking for specific amounts:
100g = **hundert Gramm**
250g = **zweihundertfünfzig Gramm**
500g = **fünfhundert Gramm**

Ich möchte	250 Gramm 500 Gramm ein Kilo zwei Kilo	Äpfel/Bananen. Apfelsinen/Orangen. Erdbeeren/Kirschen. Kartoffeln/Tomaten. Butter/Zucker.
	... Scheiben	Käse/Salami/Schinken.
	eine Packung / zwei Packungen	Chips/Kekse.
	eine Dose / zwei Dosen	Cola/Limonade/ Sprudel/Bockwurst.
	eine Flasche / zwei Flaschen	Mineralwasser/Bier/ Rotwein/Weißwein.
	eine Tüte / zwei Tüten	Milch/Apfelsaft/ Orangensaft.

Beispiel: 1 ▲ Bitte schön?
● (Eine Flasche Limonade), bitte.

Rückblick   Rückblick

2 Hör zu. Was kosten die Picknicksachen? Schreib die Preise auf.

Beispiel: 1

€ 0,99

€ 1,48   € 1,75   € 3,30   € 0,75   € 0,99   € 1,60

1   2   3   4   5   6

3 Partnerarbeit.

Beispiel: 1
- ▲ Guten Tag, was kann ich für Sie tun?
- ● Guten Tag. Ich möchte bitte (ein Kilo Birnen).
- ▲ Bitte schön. Sonst noch etwas?
- ● Ja, ich möchte auch (eine Flasche Rotwein).
- ▲ Bitte schön. Ist das alles?
- ● Ja. Was macht das?
- ▲ € 3,50.

1 € 3,50

1 Kilo

3 € 1,50

5 € 2,10

2 € 2,20

5 Kilo

4 € 1,80

500g

6 € 1,99

4 Schreib eine Einkaufsliste.

Beispiel:

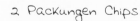

2 Packungen Chips

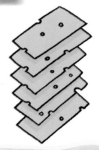

3 Im Kleidungsgeschäft

Shopping for clothes

1 **Welche Farbe haben die Sachen? Schreib Sätze.**

Beispiel: **1** Das Hemd ist gelb.

I das Hemd

2 die Hose

3 der Rock

4 die Bluse

5 die Jeans

6 die Krawatte

blau   grün   weiß   rot   grau   gelb

2 **Hör zu. Was kaufen diese Personen? Schreib die Tabelle ab und füll sie aus.**

Konversation I

Kunde: Guten Tag! Ich möchte ein Hemd, bitte.
Verkäuferin: Welche Größe bitte?
Kunde: Größe 41.
Verkäuferin: Und welche Farbe?
Kunde: Weiß, bitte.
Verkäuferin: Dieses Hemd hier kostet € 20,00.

	Kleidungsstück	Größe	Farbe	Preis
1	Hemd	41	weiß	€ 20,00
2				
3				
4				

Grammatik

masculine (**der**): Ich möchte einen roten (Mantel).
feminine (**die**): Ich möchte eine rote (Bluse).
neuter (**das**): Ich möchte ein rotes (Hemd).

Lern weiter 3.1, Seite 184

Ich möchte	einen	roten grünen	Schal/Rock/Mantel/Pullover.
	eine	graue schwarze	Hose/Jacke/Bluse/Jeans/Krawatte.
	ein	gelbes blaues	Hemd/Kleid.
		weiße braune	Socken/Schuhe/Handschuhe.

3 Wünsche dir diese Sachen zu Weihnachten.

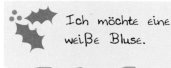

Ich möchte eine weiße Bluse.

4 Partnerarbeit.
Beispiel:

1 ▲ Ich möchte (eine Hose).
   ● Welche Farbe?
   ▲ (Schwarz.)
   ● Welche Größe?
   ▲ (36.)
   ● Bitte schön.
   ▲ Was kostet das?
   ● (€32.50)

Gr. 36, €32,50

Gr. 40, €125,00

Gr. 32, €17,50

Gr. 34, €95,00

Gr. 40, €5,00

Gr. 30, €47,50

Gr. 42, €60,00

Gr. 38, €25,00

5a Was sagen diese Personen?

1

2

3

Der Pullover ist zu groß.

Der Rock ist zu teuer!

Die Hose ist zu klein.

5b Hör zu und wähle die richtige
Antwort (1–3).
zu groß?
zu klein?
zu teuer?

Kann ich	einen Rock eine Hose ein Hemd	anprobieren?
Er/Sie/Es ist (mir) zu	groß/klein/teuer.	

5c Partnerarbeit.
Beispiel: 1 ▲ Kann ich (eine Bluse) anprobieren?
   ● Ja.
   ▲ Nein, (sie ist zu groß).

1 Bluse, zu groß
2 Kleid, zu klein
3 Mantel, zu teuer

4 Taschengeld

Spending pocket money and finding your way around a store

LESEN
1a Was passt zusammen?

Beispiel: 1 g

a b c d e f g h

1 Getränke 2 Computerspiele 3 CDs 4 Bonbons 5 Zeitschriften

6 Kassetten 7 Kleidung 8 Schreibwaren

HÖREN
1b Hör zu. Wer bekommt was? Schreib die Tabelle ab und füll die Lücken aus.

	Name	Wie viel Geld?	Kauft...
1	Ines	€ 10	f
2	Roland	€ ...	
3	Anni	€ ...	
4	Sven	€ ...	
5	Paul	€ ...	

Wie viel Taschengeld bekommst du?	
Ich bekomme € ...	pro Monat. pro Woche.
Was kaufst du damit?	
Ich kaufe	Kassetten. CDs. Bonbons. Kleidung, usw.
Ich spare für	die Ferien. ein Auto, usw.

SPRECHEN
2 Partnerarbeit.

Beispiel: 1 ▲ Wie viel Taschengeld bekommst du?
● (€ 30) pro Monat.
▲ Was kaufst du damit?
● Ich kaufe (CDs).

1 € 30,00 / Monat / CDs
2 € 22,50 / Woche / Kassetten
3 € 45,00 / Monat / Computerspiele
4 € 75,00 / Monat / Kleidung

LESEN
3a Lies die E-Mail. Schreib die Sprechblase ab und füll die Lücken aus.

Ich bekomme ..... pro ...... Ich spare .... Euro für .... Ich kaufe ..... , ... und ..... .

Hallo James!
Ich bekomme 60 Euro Taschengeld pro Monat. Ich spare 25 Euro für einen Computer. Ich kaufe Zeitschriften, Bonbons und Kleidung.
Und du? Wie viel Taschengeld bekommst du? Was kaufst du damit?
Herzliche Grüße,
Antonia

3b Jetzt bist du dran! Schreib eine E-Mail zurück.

Ich bekomme ... Pfund pro Monat. Ich
kaufe ... Ich spare für ...

This is a good subject to choose for a presentation for the Speaking Test. Include plenty of information and learn it by heart.

 4 **Wo findet man diese Sachen?**
Beispiel: 1 in der Herrenabteilung

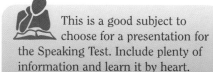

1 Jacke

2 Tennisschläger

3 Kulis

Erdgeschoss: Süßwarenabteilung

1. Etage: Schuhabteilung

2. Etage: Sportabteilung

3. Etage: Herrenabteilung

4. Etage: Damenabteilung

5. Etage: Schreibwarenabteilung

(Erdgeschoss = *ground floor*)

4 Kleid

5 Schuhe

6 Bonbons

Wo ist die	Herrenabteilung/Damenabteilung/Lebensmittelabteilung/ Kinderabteilung/Süßwarenabteilung/Schreibwarenabteilung/ Schuhabteilung/Sportabteilung, usw.?
im	Erdgeschoss
in der	ersten/zweiten/dritten Etage

 5 **Hör zu. Wo ist die Abteilung? (1–6)**
Beispiel: 1 in der vierten Etage

in der ersten Etage

im Erdgeschoss

in der zweiten Etage

in der dritten Etage

in der vierten Etage

in der fünften Etage

5 Auf der Post

At the post office

1 **Was sagt man?**

Beispiel: 1 Wie viel kostet dieses Paket nach Frankreich?

> Ich möchte fünf Briefmarken zu fünfzig Cent.

> Was kostet ein Brief nach Großbritannien?

> Wie viel kostet dieses Paket nach Frankreich?

> Was kostet eine Postkarte nach Amerika?

1  **2**  **3** **4**

2 **Hör zu und wähle die richtige Antwort.**

Beispiel: 1 a

1 Der Tourist schickt   **a** 1 Brief   **b** 2 Briefe   **c** 3 Briefe

2 Eine Briefmarke für einen Brief kostet   **a** 50 Cent   **b** 70 cent   **c** 75 Cent

3 Eine Briefmarke für eine Postkarte kostet   **a** 65 Cent   **b** 15 Cent   **c** 85 Cent

4 Der Tourist schickt   **a** 15 Postkarten   **b** 5 Postkarten   **c** 50 Postkarten

5 Das Päckchen wiegt   **a** 6g   **b** 60g   **c** 600g

6 Das Päckchen kostet   **a** € 2,35   **b** € 3,25   **c** € 325,00

7 Der Tourist zahlt   **a** € 6,25   **b** € 7,25   **c** € 2,25

Was kostet	ein Brief eine Postkarte dieses Paket dieses Päckchen	nach	England? Schottland? Irland? Wales? Australien? Amerika?
Ich möchte	eine Briefmarke zwei Briefmarken, usw.	zu	fünfzig Cent. fünfundsiebzig Cent. einen Euro, usw.

Eine Ansichtskarte is a picture postcard.

There's no point in learning *Was kostet ein Paket nach ...?*, because the price will vary according to the weight. Just plonk it on the scales and say *Was kostet dieses Paket* (this parcel) *nach ...?*

3 Partnerarbeit.

Beispiel: **1** ▲ Was kostet (eine Ansichtskarte)
nach (Schottland)?
● (€0,75)
▲ Ich möchte (drei Briefmarken)
zu (fünfundsiebzig Cent), bitte.

1 ▲ Schottland
● €0,75
▲ x 3

3 ▲ Grosßbritannien
● €7,45
▲ €3,50 x 2 €0,45 x 1

2 ▲ Amerika
● €1,50
▲ x 5

4 ▲ Irland
● €2,90
▲ €1,50 x 1. €1,40 x 1

 4a Hör zu. Was passt zusammen? (1–4)
Beispiel: **1** d

a   b   c   d

 4b Partnerarbeit.

Beispiel: **1** ▲ Kann man hier (eine E-Mail schicken)?
● Ja, natürlich!

1 ▲   **2** ▲   **3** ▲   **4** ▲

Kann man hier Wo kann man	telefonieren? einen Brief einwerfen? eine E-Mail schicken?
Ich möchte	ein Fax schicken.

> Useful expressions asking if you
> can do something:
> *Kann ich bitte …?*
> *Kann man …?*
> *Wo kann man …?*
> All have the infinitive at the end of the sentence:
> *Kann ich bitte fünf Briefmarken haben?*

 4c Schreib die Fragen aus Übung 4b auf.
Beispiel: **1** Kann man hier eine E-Mail schicken?

 5 Was passt zusammen?
Beispiel: **1** c

1 Wo kann ich einen Brief einwerfen?
2 Kann man hier ein Fax schicken?
3 Wo kann ich bitte eine E-Mail schicken?
4 Kann ich bitte drei Briefmarken haben?
5 Kann man hier telefonieren?

a   b   c

d   e

6 Es ist nicht in Ordnung

Complaining in shops

1

Hör zu. Wer hat welches Problem? (1–5)
Beispiel: **1** d

Diese Bluse ist zu groß.

Dieser Pullover ist zu klein.

Dieses Brot ist alt.

Dieses Hemd ist schmutzig.

Diese Handschuhe sind kaputt.

Ich habe	diesen (einen)	Pullover	gekauft.
	diese (eine)	Uhr/Hose	
	dieses (ein)	Portemonnaie	
	diese (–)	Schuhe/Bananen	
Er / Sie / Es	ist	kaputt/alt/schmutzig.	
Sie	sind	zu groß. zu klein.	
Kann ich	einen neuen Pullover eine neue Uhr/Hose ein neues Portemonnaie neue Schuhe/Bananen		haben?

„Ich habe diese Schuhe gestern gekauft. Sie sind zu groß."

2 **Partnerarbeit.**

Beispiel: 1 ▲ Ich habe diese Uhr gekauft, aber sie ist kaputt.
● Oh, das tut mir Leid.
▲ Kann ich bitte eine neue Uhr haben?

3 **Lies den Brief und wähle die richtige Antwort.**

Beispiel: 1 teuer

1 Das Kleid war billig / teuer.
2 Es war schön / hässlich.
3 Es war zu groß / klein.
4 Es war kaputt / nicht kaputt.
5 Es war sauber / schmutzig.
6 Der Direktor muss das Geld / muss das Geld nicht zurückgeben.

IHRE VERBRAUCHERRECHTE

Liebe Verbraucher-Zeitschrift,

ich habe für meine Tochter zu Weihnachten ein neues Kleid gekauft. Es war sehr teuer, aber auch sehr schön.

Zu Hause habe ich entdeckt, dass das Kleid gar nicht so toll war. Es gab drei Probleme: Es war zu klein, es war schmutzig und es war kaputt. Aber der Direktor vom Kaufhaus sagt, ich kann mein Geld nicht zurückhaben. Darf er das sagen?

Helga Hoppe, *Augsburg*

Liebe Frau Hoppe,

das darf er NICHT sagen. Er MUSS das Kleid zurücknehmen und Ihnen das Geld zurückgeben. Sprechen Sie mit dem Direktor!

4 **Schreib die Sätze aus Übung 2 auf.**

Beispiel: 1 *Ich habe diese Uhr gekauft, aber sie ist kaputt. Kann ich bitte eine neue Uhr haben?*

Of course, you can always ask for your money back:
Ich möchte mein Geld zurück!
Or you can ask to see the manager:
Ich möchte mit dem Direktor sprechen.

Wörter

Telling the time (further information)

| halb sechs | Viertel vor zwei | Viertel nach acht | fünf vor halb fünf | fünf nach halb sieben |

Talking about shops

Wo ist der Laden?	*Where is the shop?*
Wo ist der nächste Supermarkt?	*Where's the nearest supermarket?*
Wo ist die nächste …	*Where's the nearest …*
Apotheke/Bäckerei?	*chemist's/baker's?*
Buchhandlung/Drogerie?	*bookshop/drug store?*
Konditorei/Metzgerei?	*cake shop/butcher's?*
Wo ist das nächste …	*Where's the nearest …*
Kaufhaus?	*department store?*
Schreibwarengeschäft?	*stationery shop?*
Wann macht die Drogerie auf?	*When does the drug store open?*
Wann macht die Metzgerei zu?	*When does the butcher's close?*

besser	*better*	Lebensmittel	*food*
geschlossen	*closed*	Hunde dürfen nicht hinein	*dogs not allowed*
geöffnet	*open*	Rauchen verboten	*no smoking*
Ruhetag	*day off*	Aufzug	*lift*
Kasse	*cash desk*	Rolltreppe	*escalator*
Schreibwaren	*stationery*		

Asking for items in shops

Ich möchte 250 Gramm / 500 Gramm / ein Kilo / zwei Kilo …	*I'd like 250 grams / 500 grams / a kilo / two kilos of …*
Äpfel/Apfelsinen/Bananen/Erdbeeren/Kirschen/ Kartoffeln/Tomaten/Butter/Zucker.	*apples/oranges/bananas/strawberries/cherries/potatoes/ tomatoes/butter/sugar.*
fünf Scheiben Käse/Salami.	*five slices of cheese/salami.*
eine Packung Chips/Kekse.	*a packet of crisps/biscuits.*
eine Dose Cola/Limonade/Sprudel.	*a can of Coke/lemonade/fizzy drink.*
eine Flasche Mineralwasser/Bier/Rotwein/Weißwein.	*a bottle of mineral water/beer/red wine/white wine.*
eine Tüte Milch/Apfelsaft/Orangensaft.	*a carton of milk/apple juice/orange juice.*

Talking about clothes and colours

Ich möchte …	*I'd like …*
einen Schal/Rock/Mantel/Pullover.	*a scarf/skirt/overcoat/pullover.*
eine Hose/Jacke/Bluse/Jeans/Krawatte.	*a pair of trousers / a jacket / a blouse / a pair of jeans / a tie.*
ein Hemd/Kleid.	*a shirt / dress.*
Socken/Schuhe/Handschuhe.	*some socks/shoes/gloves.*

| rot | blau | grün | gelb | braun | schwarz | weiß | lila | rosa | orange |

Die Hose ist zu klein.	*The trousers are too small.*
Der Pullover ist zu groß.	*The pullover is too big.*
Der Rock ist zu teuer!	*The skirt is too expensive.*
Kann ich (einen Pullover) anprobieren?	*Can I try on (a pullover)?*

Dealing with money

Wie viel Taschengeld bekommst du?
Ich bekomme 50 Euro pro Monat/Woche.
Was kaufst du damit?
Ich kaufe Kassetten/CDs/Bonbons/Kleider/Zeitschriften/
  Getränke/Schreibwaren.
Ich spare für ...
  die Ferien.
  Computerspiele.
  ein Auto.

How much pocket money do you get?
I get 50 euros a month/week.
What do you buy with it?
I buy cassettes/CDs/sweets/clothes/magazines/
  drinks/stationery.
I'm saving for
  the holidays.
  computer games.
  a car.

Going to a department store

Wo ist die ...
  Süßwarenabteilung?
  Schuhabteilung?
  Sportabteilung?
  Herrenabteilung?
  Damenabteilung?
  Schreibwarenabteilung?
  Sportabteilung?
  Lebensmittelabteilung?
  Kinderabteilung?
in der ersten Etage / zweiten Etage, usw.
im Erdgeschoss
in der Schuhabteilung/ Sportabteilung, usw.

Where is the ...
  sweets department?
  shoe department?
  sports department?
  men's department?
  ladies' department?
  stationery department?
  sports department?
  food department?
  children's department?
on the first/second floor, etc.
on the ground floor
in the shoe/sports department, etc

Coping at the post office

Was kostet ein Brief nach England?
Was kostet eine Postkarte / eine Ansichtskarte
  nach Amerika?
Ich möchte eine Briefmarke zu zwei Euro.
Ich möchte zwei Briefmarken zu einem Euro.
Wie viel kostet dieses Paket nach Frankreich?
Kann man hier telefonieren?
Ich möchte ein Fax schicken.
Wo kann ich einen Brief einwerfen?
Kann ich eine E-Mail schicken?

How much is a letter to England?
How much is a postcard / a picture postcard
  to America?
I'd like a two euro stamp.
I'd like two one euro stamps.
How much does this parcel cost to France?
Can you phone from here?
I'd like to send a fax.
Where can I post a letter?
Can I send an E-mail?

Complaining

Ich habe	diesen Pullover diese Uhr/Hose dieses Portemonnaie diese Schuhe/Bananen	gekauft.

I bought	*this pullover.* *this watch/these trousers.* *this purse.* *these shoes/bananas.*

Er/Sie/Es/ist kaputt/alt/schmutzig/zu groß/zu klein.

It is broken/old/dirty/too big/too small.

Kann ich	einen neuen Pullover eine neue Uhr/Hose ein neues Portmonnaie neue Schuhe/Bananen	haben?

Can I have	*a new*	*pullover?* *watch/pair of trousers?* *purse?* *new shoes/bananas?*

5 Meine Stadt

Gespräch

- ▲ Wo wohnst du?
- ▲ Wo liegt (Leeds)?
- ▲ Was für eine Stadt ist (Leeds)?
- ▲ Wie viele Einwohner hat (Leeds)?
- ▲ Was gibt es in (Leeds)?
- ▲ Was kann man in (Leeds) machen?

- ● Ich wohne in ... (Leeds).
- ● (Leeds) liegt in ...
- ● (Leeds) ist ...
- ● (Leeds) hat ... Einwohner.
- ● Es gibt ... *(3 Antworten)*
- ● Man kann ... *(3 Antworten)*

> If you write down the answers to the Conversation, you will have much of the material you need for a presentation (*Vortrag*) about your local area. Add information about places you have visited recently (past tense) and those you intend to visit soon (future tense).

Rollenspiel 1

- ▲ Wie kommst du in die Stadt?   ●
- ▲ Wie kommst du zur Schule?   ●
- ▲ Und wie kommst du nach Hannover?   ●

Rollenspiel 2

- ▲ Wie komme ich am besten ...? 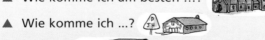   ●
- ▲ Wie komme ich ...? 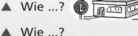   ●   Es ist ...
- ▲ Wie ...?    ●
- ▲ Wie ...?   ●

Rollenspiel 3

- ▲ Wie fahre ich am besten ...?    ● Fahren Sie ...
- ▲ Wie ...?   ●
- ▲ Wie ...?   ●
- ▲ Wie ...?   ●

Rollenspiel 4

- ▲ Bitte schön?   ● Haben Sie ...?
- ▲ Natürlich.   ● Haben Sie ...?
- ▲ Bitte schön.   ● ?
- ▲ Hier.   ● ?

Rollenspiel 5

▲ Guten Tag.
▲ 11.15.
▲ 6.
▲ Bitte schön. €17,50.
▲ 14.21.
▲ Nein.

● *(Ask when the next train to Leipzig leaves.)*
● *(Find out what platform it goes from.)*
● *(Ask for a return ticket to Leipzig.)*
● *(Find out when the train gets to Leipzig.)*
● *(Find out if you have to change.)*

6 Einkaufen

Gespräch

▲ Wie viel Taschengeld bekommst du?
▲ Was kaufst du mit deinem Taschengeld?
▲ Sparst du dein Geld?

● Ich bekomme …
● Ich … *(3 Antworten)*
● Ja, ich … *Oder:* Nein …!

Rollenspiel 1

▲ Wann macht  auf?

▲ Wann …  auf?

▲  ?

● Sie macht um 🕘 auf und um 🕐 zu.

● Sie … 🕗 … und … 🕐 …

● 🕘   🕐

Rollenspiel 2

▲ Bitte schön?
▲ Sonst noch etwas?
▲ Bitte schön.
▲ Selbstverständlich.
▲ Ist das alles?

● Ich möchte …
● Ja, …
● …
● …
● Ja, danke.

Rollenspiel 3

▲ Guten Tag.
▲ … Größe …?
▲ … Farbe?
▲ … €35,00.

● Guten Tag. Ich möchte …
● 34/34.
● Grau.

Rollenspiel 4

▲ Bitte schön?
▲ €0,75
▲ €1,00
▲ Moment … €6,45.
▲ Natürlich.
▲ Nein, gehen Sie ins Internet-Café.

● Was kostet …?
● Und …?
● …?
● Kann man …?
● Kann ich …?

1 Imbiss und Café

Ordering a drink and a snack

LESEN 1a Was passt zusammen?
Beispiel: 1 k

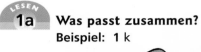
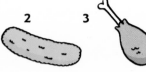

1
2
3
4
5
6
7
8
9
10
11
12

a Senf
b Schnitzel
c Pommes frites
d Kartoffelsalat
e Ketchup
f Mayonnaise
g Bratwurst
h Limonade
i Hähnchen
j Cola
k Bockwurst
l Hamburger

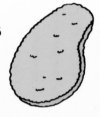

HÖREN 1b Hör zu. Wer bestellt was?
Beispiel: Carla: g, c, ..., ...
Andreas: ..., ..., ..., ..., ...

SCHREIBEN 1c Schreib Sätze.

Carla isst eine ... mit ... und ... . Sie trinkt ... .
Andreas isst ... mit ... und ... und ... . Er trinkt ... .

LESEN 2a Wie viel bezahlen diese Personen?
Beispiel: 1 € 4,25

1 2 3 4 5 6 7 8 9 10

Ollis Imbiss

Wir bieten:	€
Riesenbratwurst	1,70
Currywurst	1,80
Bockwurst	1,65
Schaschlik	2,30
Hamburger	2,00
Wiener Schnitzel	3,30
1/2 Hähnchen	2,95
Kartoffelsalat	1,40
Pommes frites	1,30
Mayonnaise	-, 20
Ketchup	-, 20
Cola/Fanta/Sprite	1,15
Limonade/Mineralwasser	1,20

2b **Partnerarbeit. Bestellt die Sachen aus Übung 2a.**

Beispiel: 1 ▲ Bitte schön?
● Ich möchte bitte (ein halbes Hähnchen mit Pommes frites).

 2c **Du bist der Kellner / die Kellnerin. Schreib die Bestellungen auf.**

Beispiel: 1 Ein halbes Hähnchen mit Pommes frites.

 3 **Hör zu und lies den Dialog. Wähle a, b oder c.**

Im Café

Frau Meyer: Guten Tag, Frau Schlüter. Was nehmen Sie heute?
Frau Schlüter: Ich möchte ein Glas Tee.
Frau Meyer: Möchten Sie auch Kuchen, Frau Schlüter?
Frau Schlüter: Ach ja, ich möchte ein Stück Apfelkuchen. Und Sie, Frau Meyer?
Frau Meyer: Ich nehme eine Tasse Kaffee.
Frau Schlüter: Und möchten Sie auch Kuchen, Frau Meyer?
Frau Meyer: Ja, ich möchte ein Stück Erdbeertorte mit Sahne. Fräulein!

1 Frau Schlüter möchte a  b c

2 Frau Schlüter möchte a 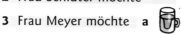 b c

3 Frau Meyer möchte a b c

4 Frau Meyer möchte a b c

 4 **Partnerarbeit.**

Beispiel: 1 ▲ Bitte schön?
● Ich habe Hunger. Ich möchte bitte (ein Stück Apfelkuchen mit Sahne).

1   2   3   4

Ich habe Durst/Hunger.

Ich	möchte / nehme	eine Portion	Kartoffelsalat Pommes (frites)	mit	Mayonnaise/Ketchup/Senf.
		ein	Wiener Schnitzel.		
		eine	Bratwurst/Bockwurst/Cola/Limonade.		
		ein halbes Hähnchen.			
		einen	Apfelsaft/Orangensaft.		
		ein Stück	Apfelkuchen	mit/ohne	Sahne.
		eine	Tasse	Kaffee/Schokolade/Tee	mit Sahne/Milch.
		ein	Kännchen/Glas		

2 Im Restaurant

Going out for a meal

LESEN 1

Wer sagt was?
Beispiel: 1 c

a Ich möchte bitte einen Tisch für vier Personen.

b Herr Ober! Kann ich bitte die Speisekarte sehen?

c Herr Ober! Was für Suppen haben Sie?

d Herr Ober! Ich möchte ein Glas Weißwein.

e Herr Ober! Was für Eis haben Sie?

f Herr Ober! Kann ich bitte eine Gabel haben?

g Herr Ober! Kann ich bitte zahlen?

1   2   3   4   5   6   7

HÖREN 2

Hör zu. Wer möchte was? (1–10)
Beispiel: 1 Hühnersuppe

Mineralwasser   Hühnersuppe   Pizza

Erbsensuppe   Weißwein   Spaghetti Bolognese   Erdbeereis   Fisch   Cola   Lasagne

1 If you have had enough, say *Ich bin satt.*
2 The word for menu is *die Speisekarte.*
Don't say *Menü*. It means something else (a set meal).

Herr Ober!/Fräulein!		
Was für	Getränke/Eis/Suppen usw.	haben Sie?
Ich möchte	Erbsensuppe/Hühnersuppe/Fisch/Spaghetti/Steak/Eis.	

Rückblick   Rückblick

3 Partnerarbeit.

Beispiel: 1 ▲ (Fräulein!)
● Ja?
▲ Was für (Suppen) haben Sie?
● (Erbsensuppe, Hühnersuppe ...)
▲ Ich möchte bitte (Hühnersuppe).

2 ▲
● Ja?
▲ Was für ?
●
▲ Ich möchte bitte

1 ▲
● Ja?
▲ Was für  ?
●
▲ Ich möchte bitte

3 ▲
● Ja?
▲ Was für ?
●
▲ Ich möchte bitte

4 Hör zu. Wer sagt was? (1–4)
Beispiel: 1 Andreas

Messer
Gabel
Löffel
Salz und Pfeffer

Kann ich bitte	die Speisekarte die Rechnung einen Löffel eine Gabel ein Messer Salz und Pfeffer das Brot	haben?

When asking to pay, just say either *Ich möchte zahlen* or simply *Zahlen bitte*.

Salz, Pfeffer und Brot

5 Stell Fragen.
Beispiel: 1 Kann ich bitte die Speisekarte haben?

1 2 3 4 5 6

6 Entwerfe eine Speisekarte für ein italienisches Restaurant ODER ein deutsches Restaurant.

3 Wir gehen aus!

Finding out details about entertainment

1 Was passt zusammen?

Beispiel: 1 c

1 Eintracht Frankfurt : Werder Bremen
Fußballspiel

2

Scream 5
Horrorfilm

3 Liebe im Sommer
Liebesfilm

4 Polizeiinspektor Müller
Krimi

5 Jesus Chr Superst
Musical

a

b

c

d

e

2 Hör zu. Schreib die Formulare ab and füll sie aus.

1 – Hallo, hier das Appollo-Kino.
– Guten Tag. Was läuft heute, bitte?
– „Emma".
– Was für ein Film ist das?
– Das ist ein Liebesfilm.
– Wann beginnt die Vorstellung?
– Um 20 Uhr.
– Und was kostet der Eintritt?
– € 4,00.
– Also, 20 Uhr, € 4,00. Danke schön!

Beispiel: **1**

Appollo-Kino

Filmtitel: Emma
Filmtyp: Liebesfilm
Beginn: 20 Uhr
Preis: € 4,00

2 Königstheater

Titel:
Typ:
Beginn:
Preis:

3 Olympiastadion München

Sport:
München gegen …:
Beginn:
Preis:

Berlin

„Cats"

Fußball

15.00

14.30

€ 12,50

€ 22,50

Musical

3 Beantworte die Fragen auf Deutsch.

Beispiel: 1 a Ein Horrorfilm
b Das Biest

2

> ## Sportzentrum Nienhausen
> Sonntag, 15 Uhr. Handballtournier für Jugendliche. Eintritt frei!

I

> ## Regina-Kino
> Täglich um 18.00, 20.30, 23.00
> DAS BIEST – Horror vom Feinsten!
> Mit Aldo Franco und Sabrina La Plante.
> Eintritt: € 5,50

3

> ### Delfina Elmshorn
> Freizeitbad.
> Montag – Samstag 08.00 - 20.00
> Sonntag 09.00 – 18.00. Eintritt:
> Erwachsene € 2, 50 Kinder und
> Jugendliche € 1, 75

4

> ### Goethe-Theater
> Unsere neue Vorstellung: Romeo und Julia von W. Shakespeare.
> Täglich um 19.30.
> Eintritt € 11,00

I a Was für ein Film läuft?
b Wie heißt der Film?
c Wann beginnt die erste Vorstellung? – Um ... Uhr.
d Wann beginnt die letzte Vorstellung? – ...
e Wie viel kostet der Eintritt? – € ... .

2 a Was für ein Spiel gibt es?
b Wann beginnt das Turnier?
c Wie viel kostet der Eintritt?

3 a Wann macht das Schwimmbad auf (am Montag)?
b Wann macht das Schwimmbad zu (am Sonntag)?
c Wie viel kostet der Eintritt (für ein Kind)?

4 a Wie heißt das Theaterstück?
b Wann beginnt es?
c Wie viel kostet der Eintritt?

Ein Horrorfilm — *23 Uhr* — *Romeo und Julia* — *Das Biest* — *15 Uhr* — *19.30 Uhr* — *Ein Handballspiel* — *8 Uhr* — *18 Uhr* — *€ 1,75* — *€ 5,50* — *€ 11,00* — *nichts*

Deutsche Fragen *German questions*
Don't worry about giving German answers at Foundation Level. Normally, it's just a matter of a couple of words or a number. You don't need to write a full, grammatically correct sentence, but you do need to recognise the questions:
Was für ...? – What kind of ... ?
Wie heißt ...? – What is ... called?
Wann ...? – When ...?
Wie viel ...? –How much ...?

Was läuft im	Kino/Theater/Stadion?
Was ist das?	
Das ist ein	Krimi/Liebesfilm/ Horrorfilm/Musical/ Volleyballspiel, usw.
Wann beginnt es?	
Was kostet der Eintritt?	

4a Partnerarbeit.
▲ Was läuft?
● „Susi Sonntag" / Kiel gegen Hannover / „Lion King" / „Der Detektiv"
▲ Was ist das?
● Ein Liebesfilm / Ein Handballspiel / Ein Musical / Ein Krimi
▲ Wann beginnt es?
● Um 15 Uhr / Um 18 Uhr / Um 20 Uhr / Um 20.30 Uhr
▲ Was kostet der Eintritt?
● € 9,00 / € 5,00 / € 22,00 / € 7,50

4b Schreib die Dialoge auf.
Beispiel:

Was läuft? – „Susi Sonntag".
Was ist das? – Ein Liebesfilm.
Wann beginnt er? – Um 15 Uhr.
Was kostet der Eintritt? – € 9.

4 Geld!

Managing money

Hör zu und lies. Was passt zusammen?
Beispiel: 1 c

I ein Zwanzigeuroschein	**5** ein Fünfzigeuroschein
2 ein Eurostück	**6** ein Fünfeuroschein
3 ein Zehncentstück	**7** ein Fünfzigcentstück
4 ein Zweieurostück	**8** ein Hunderteuroschein

 There are two words for "coin", *Stück* and *Münze*. You say *ein Zweieurostück*, but just "a coin" is *eine Münze*.

2

Hör zu und lies. Beantworte die Fragen.

**Andreas war in England. Er hat englisches Geld.
Er geht in die Bank.**

Beamtin: Guten Tag. Bitte schön?
Andreas: Ich möchte englisches Geld in Euro wechseln.
Beamtin: Ja. Wie viel Pfund haben Sie?
Andreas: Sechzig Pfund.
Beamtin: Moment ...hundert Euro. Bitte schön, ein Fünfzigeuroschein, zwei Zwanzigeuroscheine und ein Zehneuroschein.
Andreas: Oh, kann ich für zehn Euro Kleingeld haben?
Beamtin: Hier ... ein Fünfeuroschein, ein Zweieurostück und drei Eurostücke.

I Wie viel Pfund hat Andreas?
2 Wie viele Scheine bekommt er?
3 Wie viele Münzen bekommt er?

 4 ? 60

3 Vervollständige die Sätze.

Beispiel: 1 David möchte englisches Geld in Euro wechseln.

1 £ → € David möchte englisches Geld …

2 € 100 → Carla möchte für € 100 …

3 € 50 → Beate möchte …

4 € 400 → £ Herr Müller möchte 400 Euro …

> in Pfund Sterling wechseln

> in Euro wechseln

> Kleingeld haben

> für € 50 Kleingeld haben

	(englisches) Geld (deutsches)	wechseln.
Ich möchte	einen	Zehneurochein. Zwanzigeuroschein. Fünfzigeuroschein. Hunderteuroschein.
	zwei Zehnmarkscheine. ein Zweieurostück. zwei Fünfzigcentstücke. einen Reisescheck. usw.	

4 Hör zu und wähle die richtige Antwort.

Beispiel: 1 Carla hat fünfundzwanzig Pfund.

1 Carla hat zwanzig / fünfundzwanzig / fünfzehn Pfund.
2 Sie bekommt dreiundfünfzig / fünfunddreißig / dreißig Euro.
3 Sie bekommt einen Zehneurochein / zwei Zehneurocheine / drei Zehneurocheine
4 Sie bekommt ein Zweieurostück / zwei Zweieurostücke / drei Zweieurostücke

5 Was sagen diese Personen?

Beispiel: 1 Ich möchte einen Zehneuroschein wechseln.

1	2	3	4	5

  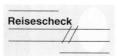 

5 Was hast du gemacht?

Talking about activities in the past

1a Carlas Abend. Was passt zusammen?
Beispiel: 1 e

1 Ich bin zu einer Party gegangen.

2 Ich bin um 12 Uhr ins Bett gegangen.

3 Ich habe Hausaufgaben gemacht.

4 Ich habe Bier getrunken.

5 Ich bin nach Hause gekommen.

6 Ich habe getanzt.

7 Ich habe eine Bratwurst gegessen.

8 Ich habe ferngesehen.

1b Hör zu und ordne die Sätze. (1–8)
Beispiel: 1 f

1c Schreib die Sätze in der richtigen Reihenfolge auf.
Beispiel: 1 Ich bin nach Hause gekommen.

Ich habe	ferngesehen. Musik gehört. Hausaufgaben gemacht. Spaghetti gegessen. getanzt.	
	Computer Fußball	gespielt.
Ich bin	ins Bett	gegangen.

G Wiederholung

Talking about something you did in the past:

haben/sein		past participle
Ich habe Wir haben	Tischtennis	gespielt.
Ich bin Wir sind	ins Kino	gegangen.

Use the table on the left to make more sentences in the past.

Lern weiter ▶ 9, Seite 190

2 Partnerarbeit.
Beispiele: 1 ▲ Was hast du gestern Abend gemacht?
   ● Ich habe ferngesehen.
   2 ▲ Was hast du gestern Abend gemacht?
   ● Ich bin in die Stadt gegangen.

HÖREN

3 **Hör zu und ordne die Sätze. (1–7)**
Beispiel: **1** f

a  b  c  d  e  f  g

Ich habe	am Wochenende am Samstag gestern am Abend	(Pizza) (Schuhe) (einen Film) (Karten)	gegessen. gekauft. gesehen. gespielt.
Ich bin		in die Stadt ins Restaurant	gegangen.
		nach (Hamburg)	gefahren.
			gewandert.

SPRECHEN

4a **Ein Interview. Partnerarbeit.**
Beispiel: ▲ Was hast du (am Freitag) gemacht?
● Ich habe (am Freitag Karten gespielt).

▲ Was hast du am Freitag gemacht?

● Ich ... am Freitag ....

▲ Was hast du am Abend gemacht?

● Ich ... am Abend ... ...

▲ Was hast du am Samstag gemacht?

● Ich ... am Samstag nach ... ...

▲ Was hast du am Sonntag gemacht?

KINO

● Ich ... am Sonntag ... ...

Grammatik

The order is: time, then place.
Ich bin **am Samstag ins Kino** gegangen.

Lern weiter ▶ 11.4, Seite 195

SCHREIBEN

4b **Schreib das Interview (4a) auf.**

SCHREIBEN

5 **Schreib Sätze.**
Beispiel: **1** Das Hotel war gut.

Wiederholung

The simple way to say "was":
Ich/Es **war**

Das Wetter
Das Essen **war** gut/schlecht/toll/super/furchtbar.
Das Hotel

Lern weiter ▶ 9.4, Seite 192

Kursarbeit: Seite 158–159

6 Können Sie mir helfen?

Dealing with a car breakdown

1 **Hör zu. Wer hat welches Problem? (1–5)**
Beispiel: 1 c

a

b

Der Motor ist nicht in Ordnung.

c

Mein Motorrad hat kein Benzin.

Die Lampen sind kaputt.

d

e

Die Batterie ist leer.

Die Bremsen sind kaputt.

Ich habe eine Panne.		
Mein	Auto / Motorrad	ist kaputt. hat kein Benzin mehr.
Der Motor	ist	kaputt. nicht in Ordnung.
Die Bremsen Die Lampen	sind	
Die Batterie ist leer.		

2 **Partnerarbeit.**
Beispiel: 1 ▲ Haben Sie ein Problem?
● Ja, die Lampen sind kaputt.
▲ Das ist Nummer 4.
● Richtig!

2

3

1

4

3 **Verbinde die Satzteile.**

Beispiel: 1 Können Sie mir bitte helfen?

1	Können Sie mir	a	auf der Bundesstraße.
2	Der Motor	b	Mechaniker herschicken?
3	Mein Auto steht	c	eine Panne.
4	Können Sie einen	d	ist nicht in Ordnung.
5	Ich habe	e	bitte helfen?

> Hallo, ist das die Reparaturwerkstatt? Guten Tag. Ich habe eine Panne. Mein Auto steht auf der Bundesstraße 3, fünf Kilometer von Delmenhorst. Der Motor ist nicht in Ordnung. Er ist kaputt. Können Sie mir bitte helfen? Können Sie bitte einen Mechaniker herschicken? Vielen Dank!

Wo ist die nächste Reparaturwerkstatt / Tankstelle?	
Können Sie	mir helfen?
	einen Mechaniker herschicken?
	mein Auto reparieren?
	die Polizei rufen?
Mein Auto steht auf der Bundesstraße ..., ... Kilometer von ...	

 4 **Partnerarbeit.**

Beispiel: 1 ▲ Können Sie mir helfen?
  ● Natürlich.

1 ▲  SOS! ?
  ● Natürlich.

2 ▲  ?
  ● Hameln

3 ▲  ?
  ● B56 Hameln 5km

4 ▲ ?
  ● Vielleicht.

 5 **Partnerarbeit.**

Beispiel: 1 ▲ Ich habe einen Unfall gehabt.
  ● Oh, das tut mir Leid.

1 ▲
  ● Oh, das tut mir Leid.

2 ▲
  ● Wie furchtbar!

3 ▲
  ● Natürlich.

 You might have an accident and need to call for emergency services. Please learn these in case!

Hilfe! – Help!
Ich habe einen Unfall gehabt. – I've had an accident.
Ich habe mich verletzt. – I'm injured.
Können Sie einen Krankenwagen rufen?
– Can you call an ambulance?
Können Sie einen Arzt rufen?
– Can you call a doctor?
Können Sie einen Erste-Hilfe-Kasten finden?
– Can you find a first aid box?

Wörter

Going out

Was läuft im Kino/Theater/Stadion?
Was ist das?
Das ist ein Krimi/Liebesfilm.
Das ist ein Horrorfilm/Musical.
Das ist ein Volleyballspiel.
Wann beginnt es?
Was kostet der Eintritt?

What's on at the cinema/theatre/stadium?
What's that?
It's a crime film / love film.
It's a horror film / musical.
It's a volleyball match.
When does it start?
What's the admission price?

Eating out in a café

Ich habe Durst.
Ich habe Hunger.
Ich möchte ein Stück …
  Apfelkuchen/Erdbeertorte/Kirschtorte.
mit/ohne Sahne
Ich nehme eine Portion …
  Pommes frites/Kartoffelsalat.
mit Mayonnaise/Ketchup/Senf
Ich möchte …
  ein Wiener Schnitzel.
  eine Bratwurst/Bockwurst.
  ein halbes Hähnchen.
  einen Apfelsaft/Orangensaft.
  eine Cola/Limonade.
  eine Tasse Schokolade.
  ein Kännchen Kaffee.
  ein Glas Tee mit Milch.

I'm thirsty.
I'm hungry.
I'd like a piece of …
  apple cake/strawberry tart/cherry tart.
with/without cream
I'll have a portion of …
  chips/potato salad.
with mayonnaise/ketchup/mustard
I'd like …
  a "Schnitzel" (breaded veal cutlet)
  a fried/boiled sausage.
  half a chicken.
  an apple juice / orange juice.
  a Coke/lemonade.
  a cup of chocolate.
  a pot of coffee.
  a glass of tea with milk

Eating out in a restaurant

Herr Ober!/Fräulein!
Ich möchte einen Tisch für vier Personen.
Kann ich bitte die Speisekarte sehen?
Was für Suppen (usw.) haben Sie?
Ich möchte bitte ein Glas Weißwein.
Kann ich bitte … haben?
  einen Löffel/eine Gabel/ein Messer
  die Rechnung
  Salz und Pfeffer/das Brot
Kann ich bitte zahlen?
Als Hauptspeise möchte ich Lasagne.
Als Nachtisch möchte ich Erdbeereis.

Waiter!/Waitress!
I'd like a table for four.
Please can I see the menu?
What kinds of soup (etc.) have you got?
I'd like a glass of white wine, please.
Please may I have …
  a spoon/a fork/a knife?
  the bill?
  salt and pepper/the bread?
Please can I pay?
For my main course I'd like lasagne.
For dessert I'd like strawberry ice cream.

Ich möchte …
  Erbsensuppe/Hühnersuppe.
  Weißwein.
  Spaghetti Bolognese.
  Mineralwasser.
  Pizza/Fisch/Cola/Steak.
  Erdbeereis.

I'd like …
  pea soup/chicken soup.
  white wine.
  spaghetti bolognese.
  mineral water.
  pizza/fish/coke/steak.
  strawberry ice cream.

Ich bin satt.
Ich möchte zahlen. / Zahlen bitte.

I've had enough.
Can I pay?

Changing money

ein Fünfzigcentstück	*a 50 cent piece*
ein Eurostück	*a euro coin*
ein Zweieurostück	*a two euro coin*
ein Zehneuroschein	*a ten euro note*
ein Fünfzigeuroschein	*a 50 euro note*
ein Hunderteuroschein	*a 100 euro note*
ein Euro	*a euro*

Ich möchte englisches Geld in Euro wechseln.
I'd like to change English money into euros.
Kann ich für zehn Euro Kleingeld haben?
Can I have change for ten euros?
Ich möchte deutsches Geld wechseln.
I'd like to change German money.
Ich möchte einen Zehneuroschein/
einen Reisescheck wechseln.
*I'd like to change a ten euro note /
a traveller's cheque.*

Talking about recent activities

Ich habe / Wir haben …
I/We …
  ferngesehen.   *watched TV.*
  Musik gehört.   *listened to music.*
  Hausaufgaben gemacht.   *did homework.*
  Spaghetti gegessen.   *ate spaghetti*
  Tischtennis/Fußball gespielt.   *played table tennis/football.*
  Computer gespielt.   *played a computer game.*
Ich bin / Wir sind …
I/We …
  ins Kino gegangen.   *went to the cinema.*
  in die Stadt gegangen.   *went into town.*
  ins Bett gegangen.   *went to bed.*
Ich habe am Wochenende Pizza gegessen.
At the weekend I ate pizza.
Ich habe am Samstag Schuhe gekauft.
On Saturday I bought some shoes.
Ich habe gestern einen Film gesehen.
Yesterday I saw a film.
Ich habe am Abend Karten gespielt.
In the evening I played cards.
Ich bin gestern (usw.) …
Yesterday (etc.) I …
  in die Stadt gegangen.   *went into town.*
  nach Hamburg gefahren.   *went to Hamburg.*

Das Wetter war (toll).   *The weather was (great).*
Das Essen war (schlecht).   *The weather was (bad).*
Das Hotel war (furchtbar).   *The hotel was (terrible).*

Breakdown

Ich habe eine Panne.   *I've broken down.*
Mein Auto ist kaputt.   *My car has broken down.*
Mein Motorrad hat kein Benzin mehr.   *The motorbike has run out of petrol.*
Der Motor ist nicht in Ordnung.   *The engine isn't working.*
Die Bremsen / Die Lampen sind nicht in Ordnung.   *The brakes/ lights aren't working.*
Die Batterie ist leer.   *The battery is flat.*
Wo ist die nächste Reparaturwerkstatt/Tankstelle?   *Where's the nearest garage/petrol station?*

Können Sie	mir helfen?		Could you	help me?
	einen Mechaniker herschicken?			*send a mechanic?*
	mein Auto reparieren?			*repair my car?*
	die Polizei rufen?			*ring the police?*

Mein Auto steht auf der Bundesstraße …,
… Kilometer von …
My car is on the B …, …kilometres from …
Ich habe einen Unfall gehabt.   *I've had an accident.*
Ich habe mich verletzt.   *I've injured myself.*

Können Sie	einen Krankenwagen rufen?		Could you	call an ambulance?
	einen Arzt rufen?			*call a doctor?*
	einen Erste-Hilfe-Kasten finden?			*find a first aid box?*

8 Mein Leben zu Hause

1 Essen

Information about meals at home

1 **LESEN**

Was passt zusammen?
Beispiel: 1 f

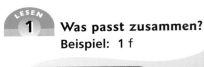

6 Ich trinke eine Tasse Kaffee.

7 Ich esse Hamburger.

8 Ich trinke ein Glas Wasser.

9 Ich esse Salat.

10 Ich esse Toast mit Käse.

1 Ich esse Cornflakes mit Milch.

2 Ich trinke Cola.

3 Ich esse Toast mit Wurst.

4 Ich esse ein Butterbrot.

5 Ich esse Pommes frites mit Ketchup.

2a **HÖREN**

Hör zu. Wer isst und trinkt was?
Beispiel: 1 Oliver: f, a, ... und ...

1 Oliver: ...   2 Sabine: ...   3 Robert: ...

2b **SCHREIBEN**

Jetzt schreib Sätze. Was essen und trinken Oliver, Sabine und Robert?
Beispiel: 1 Oliver isst Cornflakes, Wurst und Käse. Er trinkt Kaffee.

1 Oliver isst ... und ... . Er trinkt ... .
2 Sabine isst ... und ... . Sie trinkt ... .
3 Robert isst ... und ... . Er trinkt ... .

Cornflakes   Salat
Wasser   Pommes   Butterbrot   Kaffee
Hamburger   Wurst
Cola   Käse   Ketchup

Pommes frites is often shortened to just *Pommes*.

Grammatik

Das Präsens   *The present tense*

Ich **esse**	du **isst** (you eat)	er/sie **isst** (he/she eats)
Ich **trinke**	du **trinkst** (you drink)	er/sie **trinkt** (he/she drinks)

Lern weiter ▶ 6.2, Seite 187

Grammatik

gern: you **like** doing something (in this case eating).
lieber: you **prefer** eating something.
am liebsten: that's what you like eating **most**.

Lern weiter ▶ 6.6, Seite 189

Ich esse	gern/lieber/am liebsten	Toast/Brötchen/Salat/Käse usw.
Ich trinke		Kaffee/Tee/Wasser/Wein usw.

3 **Partnerarbeit.**

Beispiel: 1 ▲ Was isst du gern?
● Ich esse gern (Wurst), aber ich esse lieber (Käse) und ich esse am liebsten (Pommes frites).

1 ♥ / ♥♥ / ♥♥♥

2 ♥ / ♥♥ / ♥♥♥

3 ♥ / ♥♥ / ♥♥♥

4a **Was isst und trinkt Olli gern? Schreib *ja* oder *nein*.**
Beispiel: **1** nein

| **1** Wasser | **2** Cola | **3** Fleisch | **4** Fisch | **5** Gemüse | **6** Obst | **7** Kaffee | **8** Limonade |

Englandaustausch: Anmeldeformular

Name: _Olli Meyer_   Klasse: _10a_

Was isst du gern? _Ich esse gern Obst und Fleisch._

Was isst du nicht gern? _Ich esse nicht gern Fisch und Gemüse._

Was trinkst du gern? _Ich trinke gern Cola und Limonade._

Was trinkst du nicht gern? _Ich trinke nicht gern Kaffee und Wasser._

4b **Schreib das Formular ab und füll es FÜR DICH aus.**

Was isst du Was trinkst du	zum	Frühstück/Mittagessen/Abendessen?		
Ich esse Ich trinke	Butterbrot/Toast/Fisch/Fleisch/Salat Wasser/Cola usw.		zum	Frühstück/Mittagessen/ Abendessen.

5 **Partnerarbeit.**

Beispiel: 1 ▲ Was isst du zum (Frühstück)?
● Ich esse (Toast zum Frühstück).
▲ Was trinkst du zum (Frühstück)?
● Ich trinke (Kaffee zum Frühstück).

1 ▲ Was isst du zum ... ?

● Ich esse ...

▲ Was trinkst du zum ...?

● Ich trinke ...

2 ▲ Was isst du zum ... ?

● Ich esse ...

▲ Was trinkst du zum ...?

● Ich trinke ...

3 ▲ Was isst du zum ... ?

● Ich esse ...

▲ Was trinkst du zum ...?

● Ich trinke ...

2 Mein Alltag

Talking about day-to-day activities

1a Fatimas Tag. Was sagt Fatima? Trag die Sätze ins Heft ein.

Beispiel: **1** Ich putze mir um 8 Uhr die Zähne.

1 `08.00` 2 `22.30` 3 `21.00` 4 `07.15` 5 `08.15`

6 `07.00` 7 `19.00` 8 `07.30` 9 `18.00` 10 `07.45`

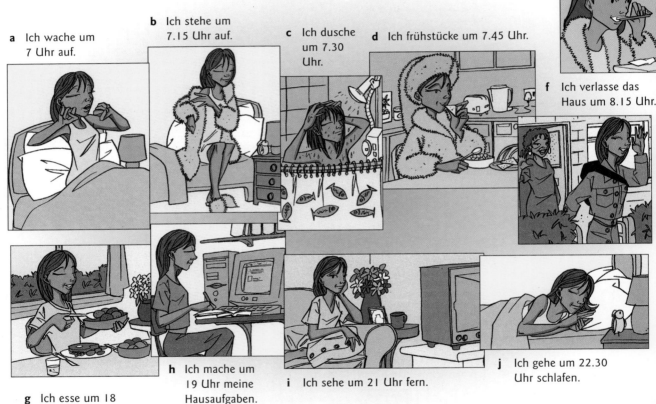

e Ich putze mir um 8 Uhr die Zähne

a Ich wache um 7 Uhr auf.

b Ich stehe um 7.15 Uhr auf.

c Ich dusche um 7.30 Uhr.

d Ich frühstücke um 7.45 Uhr.

f Ich verlasse das Haus um 8.15 Uhr.

g Ich esse um 18 Uhr Abendbrot.

h Ich mache um 19 Uhr meine Hausaufgaben.

i Ich sehe um 21 Uhr fern.

j Ich gehe um 22.30 Uhr schlafen.

1b Berndts Tag. Hör zu und notiere die Uhrzeit. (1–10)

Beispiel: **1** 6.30.

> Ich wache um ... Uhr auf.
> Ich stehe um ... Uhr auf.
> Ich dusche um ... Uhr.
> Ich frühstücke um ... Uhr.
> Ich putze mir um ... Uhr die Zähne.
> Ich verlasse das Haus um ... Uhr.
> Ich esse um ... Uhr Abendbrot.
> Ich mache um ... Uhr meine Hausaufgaben.
> Ich sehe um ... Uhr fern.
> Ich gehe um ... Uhr schlafen.

Rückblick   Rückblick

2a **Partnerarbeit. Gib Informationen über deinen Alltag.**
Beispiel: 1 ▲ Wann wachst du auf?
● Ich wache um halb acht auf.

1 ▲ Wann wachst du auf?
● Ich wache um ... auf. `7.30`

2 ▲ Wann stehst du auf?
● Ich stehe um ... auf. `7.45`

„Ich putze mir die Zähne."

3 ▲ Wann duschst du?
● Ich dusche um ... `8.00`

4 ▲ Wann frühstückst du?
● Ich frühstücke um ... `8.15`

5 ▲ Wann putzt du dir die Zähne?
● Ich putze mir um ... die Zähne. `8.30`

6 ▲ Wann verlässt du das Haus?
● Ich verlasse das Haus um ... `9.00`

„Ich esse Abendbrot."

7 ▲ Wann isst du Abendbrot?
● Ich esse um ... Abendbrot. `18.30`

8 ▲ Wann machst du deine Hausaufgaben?
● Ich mache um ... Uhr meine Hausaufgaben. `19.15`

9 ▲ Wann siehst du fern?
● Ich sehe um ... Uhr fern. `20.45`

10 ▲ Wann gehst du schlafen?
● Ich gehe um ... Uhr schlafen. `22.30`

„Ich gehe schlafen."

Try to learn the answers about your daily routine by heart. As with any of the speaking activities, it will help if you record the conversation.

2b **Jetzt gib DEINE Antworten.**

2c **Jetzt schreib die Informationen über DEINEN Alltag auf. Schreib 10 Sätze.**
Beginn: *Ich wache um ... Uhr auf. Ich stehe um ... Uhr auf (usw).*

Rückblick   Rückblick

3 Hausarbeiten

Talking about jobs in the home

HÖREN
1a **Hör zu. Wer macht was? (1–7)**
Beispiel: **1** g

> Be careful not to confuse *Hausarbeit* (housework) with *Hausaufgabe* (homework). They aren't the same at all!

a Ich wasche ab.

b Ich trockne ab.

c Ich sauge Staub.

d Ich kaufe ein.

e Ich räume mein Zimmer auf.

f Ich decke den Tisch.

g Ich bügle.

SCHREIBEN
1b **Jetzt schreib die Antworten auf.**
Beispiel: **1** Ich bügle.

SPRECHEN
2 **Partnerarbeit.**
Beispiel: **1** ▲ Was für Hausarbeiten machst du?
  ● Ich (trockne ab).
  ▲ Was machst du nicht?
  ● Ich (bügle) nicht.

Was für Hausarbeiten machst du?	
	wasche nicht ab.
	trockne nicht ab.
	sauge keinen Staub.
Ich	kaufe nicht ein.
	räume mein Zimmer nicht auf.
	decke den Tisch nicht.
	bügle nicht.

I ✔ ✗

2 ✔ ✗

3 ✔ ✗

4 ✔ ✗

Grammatik

Separable verbs

A lot of these verbs are called "separable" because they consist of two parts, like "wash up" or "tidy up". The "separate" part comes at the end:

Ich **räume** mein Zimmer **auf**.

Ich **trockne ab**.

When you say you **must** do these things, the parts come together again at the end of the sentence. If you add **nicht** after **muss**, it means you don't have to do the tasks (not that you mustn't do them).

Ich muss (nicht)	abwaschen.
	abtrocknen.
	Staub saugen.
	einkaufen.
	(mein Zimmer) aufräumen.
	den Tisch decken.
	bügeln.

Lern weiter ▶ 6.4, Seite 188

3 **Was muss Morten machen? Wähle die richtigen Bilder.**

Beispiel: d, ... , ...

a  b   c

d   e   f

Lieber Morten,
ich bin in der Stadt.
Nicht vergessen! Du musst:
– aufräumen.
– Staub saugen.
– den Tisch decken.
Ich bin um sechs Uhr
wieder zu Hause.
Mutti

4 **Partnerarbeit.**

Beispiel: ▲ Musst du abwaschen?
● Ja, ich muss abwaschen.
▲ Musst du abtrocknen?
● Nein, ich muss nicht abtrocknen.

1 ▲ Musst du Staub saugen?
● Nein, ich ...

2 ▲ Musst du dein Zimmer aufräumen?
● Ja, ich ...

3 ▲ Musst du bügeln?
● ...

5 **Was für Hausarbeiten machst du?**

Was machst du? **Ich** ...
Was machst du nicht? **Ich** ...
Was musst du machen? **Ich muss** ...
Was hasst du? **Ich hasse** ...

Most people hate housework. It's easy to say this: *Ich hasse ...* plus the expression, just like with *Ich muss* (but start the word for the activity with a capital letter): *Ich hasse Abtrocknen!* Choose the things you hate doing and say so!

4 Aua!

Illness and injury

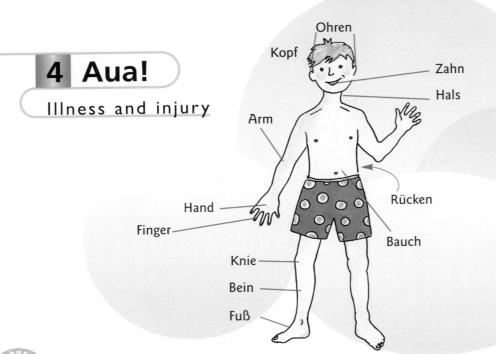

Ohren
Kopf
Zahn
Hals
Arm
Hand
Finger
Knie
Bein
Fuß
Rücken
Bauch

1

Hör zu. Wer sagt was? (1–10)
Beispiel: **1** d

a b c d e f g h i j

2

Lies den Brief. Wo tut es Timo weh?
Schreib *ja* **oder** *nein*.
Beispiel: **1** nein

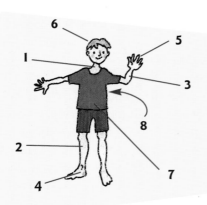

6
1
5
3
8
2
7
4

An Frau Golinski, Klassenlehrerin 10b,
Heinrich-Heine-Realschule

Liebe Frau Golinski,
es tut mir Leid, ich kann heute nicht in
die Schule kommen. Ich habe
Kopfschmerzen und Bauchschmerzen. Mein
Bein tut weh und mein Fuß auch. Ich
bleibe heute im Bett!

Timo Blank

Just as in English we say "I've got a stomach
ache" or "My foot hurts", so in German there
are also two ways of complaining about pain:
Ich habe (Bauch)schmerzen.
Mein (Fuß) tut weh.

„Ich habe
Bauchschmerzen"

3 Partnerarbeit. Was sagen diese Personen?

Beispiel:
▲ Was hast du?
● Mein Bein tut weh.
▲ Du bist Nummer 6.
● Richtig!

4 Schreib an den Sportlehrer. Du bist SEHR, SEHR krank!!

Beispiel:

> Herr Klein,
> ich kann keinen Sport treiben. Ich habe
> Rückenschmerzen, ich habe Zahnschmerzen, …

(Benutze die Wörter aus Übung 3!)

Ich habe	Ohrenschmerzen. Bauchschmerzen Kopfschmerzen. Halsschmerzen. Rückenschmerzen. Zahnschmerzen.	
Mein	Arm Bein Finger Fuß Knie	tut weh.
Meine	Hand	

5 Wer hat welches Problem?

Beispiel: **1** Tanita

> Liebe Ute!
> Vielen Dank für die Einladung. Leider können wir am
> Wochenende nicht kommen. Wir sind krank! Frank hat
> Fieber (39 Grad!). Er hat eine Grippe. Susanne hat
> Durchfall. Ich habe einen Sonnenbrand und ich bin sehr
> müde. Und Klaus hat Schnupfen. Wir müssen zu Hause
> bleiben. Es tut mir Leid!
> Bis bald,
> Tanita

6 Partnerarbeit.

Partner(in) A ist der Arzt / die Ärztin.
Partner(in) B ist der Patient / die Patientin.

Beispiel:
1 ▲ Was ist los?
● Ich habe eine Grippe.

Ich habe Klaus hat	Durchfall. Fieber. Schnupfen. eine Grippe. einen Sonnenbrand.
Ich bin Klaus ist	müde. krank.

5 Feste

Festivals in Germany

Feste in Deutschland

Ostern ist lustig - aber nicht sehr gesund! Man isst zu viel Schokolade. Der Osterhase bringt die Ostereier ... oder vielleicht bringen die Eltern die Eier, wer weiß?

A

A Finde die deutschen Wörter.

1 Easter eggs 2 perhaps 3 the parents 4 healthy 5 Easter bunny 6 fun
7 who knows?

Weihnachten in Deutschland. Das große Essen und die Geschenke gibt es am 24. Dezember, nicht am 25. Dezember, wie in Großbritannien! Das heißt die Bescherung. Der 24. Dezember heißt Heiligabend. Der 31. Dezember heißt Silvester und der 1. Januar heißt Neujahr.

B

B Finde die deutschen Wörter.

1 New Year 2 Christmas 3 giving out the presents
4 New Year's Eve 5 the presents 6 Great Britain
7 Christmas Eve

C

Fasching. Man feiert Karneval vor allem in Süddeutschland, zum Beispiel in Köln oder im Rheinland. Karneval heißt auch Fasching und beginnt am elften elften um elf Uhr elf!

C Finde die deutschen Wörter.

1 Cologne 2 South Germany 3 another word for Karneval 4 the Rhine area 5 11th November at eleven minutes past eleven!

D Wähle ein Fest und beschreib es auf Englisch!

2a Hör zu. Was ist dein Lieblingsfest? Schreib *Ostern*, *Karneval* oder *Weihnachten*.
Beispiel: 1 Peter: Karneval

1 Peter:
2 Olaf:
3 Susanne:
4 Maike:
5 Andrea:

2b Was sagen diese Personen? Schreib *richtig* oder *falsch*.
Beispiel: 1 richtig

1 **Peter**: „Fasching ist gut."
2 **Olaf**: „Fasching ist gut."
3 **Susanne**: „Weihnachten ist doof."

4 **Maike**: „Ostern ist toll!"
5 **Andrea**: „Ostern ist toll!"

3a Was passt zusammen?
Beispiel: 1 d

1 Heiligabend ist am
2 Silvester ist
3 Es gibt Geschenke
4 Der Osterhase bringt
5 Karneval beginnt
6 Köln ist
7 Schokolade ist
8 Der 1. Januar

a am 11. November.
b nicht gesund.
c heißt Neujahr.
d 24. Dezember.
e bei der Bescherung.
f die Ostereier.
g am 31. Dezember.
h in Süddeutschland.

3b Jetzt schreib die Sätze auf.
Beispiel: 1 Heiligabend ist am 24. Dezember.

4 Partnerarbeit.
● Wie findest du Weihnachten?
▲ Weihnachten ist toll!!
● Was ist dein Lieblingsfest?
▲ Mein Lieblingsfest ist Ostern

> You can say what your favourite thing is just by adding *Lieblings-* to the word:
> *mein Lieblingsfach* – my favourite subject
> *mein Lieblingsfilm* – my favourite film
> *meine Lieblingsgruppe* – my favourite group, etc.

Weihnachten   Ostern   Karneval

doof   wunderbar   toll   furchtbar

6 So bleibt man fit!

Discussing health issues

1 **Hör zu. Wer macht was? (1–6)**
Beispiel: 1 b

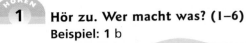

a

Ich gehe joggen.

b

Ich sehe viel fern.

Ich gehe zum Squash-Club.

c

d

Ich trinke viel Bier.

e

Ich rauche 20 Zigaretten pro Tag.

f

Ich arbeite oft am Computer.

Was machst du, um fit zu bleiben?		
Ich	gehe joggen/spiele Squash/esse viel Salat. arbeite nicht viel mit dem Computer. rauche nicht. trinke keinen Alkohol. sehe nicht viel fern.	
Was ist gesund/ungesund?		
Sport/Joggen/Gemüse ist gesund.		
Rauchen/Faulenzen/Fernsehen	ist	ungesund.
Pommes frites/Bonbons	sind	

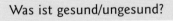

2 **Wer lebt gesund? Wer lebt ungesund?**
Beispiel: 1 Lara lebt ungesund.

1	2	3	4	5	6

Lara	Mohammed	Carolin	Marcel	Felix	Wiebke

3a **Partnerarbeit.**
Beispiel: 1 ▲ Was machst du, um gesund zu bleiben?
● Ich esse viel Salat.

1   2 3

3b **Partnerarbeit.**
Beispiel: 1 ▲ Was ist gesund und was ist ungesund?
● Sport ist gesund und Bonbons sind ungesund.

1   2   3

4 Schreib deine Meinung über diese Sätze.

Schreib: **Das stimmt.** (That's right.) / **Das stimmt nicht** (That's not right.)/
Das ist wahr. (That's true.) / **Das ist nicht wahr.** (That isn't true.)
Beispiel: 1 Das ist nicht wahr.

1 Faulenzen ist gesund.
2 Alkohol ist gesund.
3 Gemüse ist gesund.
4 Pommes frites sind ungesund.
5 Sport ist gut, um fit zu bleiben.

**5 Welche Artikel gibt es im *Fitness-Spezial*?
Schreib *ja* oder *nein*.**
Beispiel: 1 nein

Artikel über:

1 Rauchen.   4 Sport.
2 Schlankheit.   5 Ungesundes Leben.
3 Gesundes Essen.

**6 Was machst du, um fit zu bleiben?
Schreib auf!**
Beispiel: 1 Ich spiele Squash.

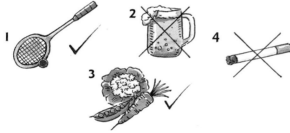

Gesund essen!
Diät-Tipps für ein
gesundes Leben.

Was sollte man essen?
Was ist gut für die
Figur und die Haut?

Sportliches Leben!
Bleiben Sie schlank
und fit mit Squash!

Achtung!
Fernsehen, faulenzen,
Fett essen: So bleibt
man nicht fit!

**7 Bring die Anweisungen in die richtige
Reihenfolge.**

Beginn: Schälen Sie die Äpfel. Dann ...

Eiersalat
Fit bleiben mit unserem Sommer-Rezept!

Zutaten:
5 Eier
Gemüse (Tomaten, Kopfsalat, Gurke)
2 Äpfel
Salz, Pfeffer, Essig, Öl

Dann schneiden Sie die Eier und das Gemüse.
Gießen Sie zum Schluss Essig und Öl darüber.
Stellen Sie den Salat in den Kühlschrank.
Schälen Sie die Äpfel.
Mischen Sie die Zutaten.
Fügen Sie Salz und Pfeffer dazu.

Bitte schön: ein leckeres und gesundes Essen!

Wörter

Talking about festivals

Ostern	*Easter*
der Osterhase	*the Easter Bunny*
die Ostereier	*the Easter Eggs*
Weihnachten	*Christmas*
die Bescherung	*giving out the presents*
Heiligabend	*Christmas Eve*
der erste Weihnachtstag	*Christmas Day*
der zweite Weihnachtstag	*Boxing Day*
Silvester	*New Year's Eve*
Neujahr	*New Year's Day*
Fasching	*carnival*
Karneval	*carnival*
Mein Lieblingsfest ist ...	*My favourite festival is ...*

Eating at home

Ich esse (gern) ...	*I eat (like eating) ...*
Cornflakes mit Milch.	*corn flakes with milk.*
Toast mit Wurst.	*toast with sausage.*
ein Butterbrot.	*a sandwich.*
Pommes mit Ketchup.	*chips with ketchup.*
Salat.	*salad.*
Toast mit Käse.	*toast with cheese.*
Ich trinke (gern) ...	*I drink (like drinking) ...*
eine Tasse Kaffee.	*a cup of coffee.*
ein Glas Wasser.	*a glass of water.*
Ich frühstücke.	*I eat breakfast.*
Ich esse Mittagessen.	*I eat lunch.*
Ich esse Abendbrot.	*I eat an evening meal.*
Was isst du zum Frühstück?	*What do you eat for breakfast?*
Was trinkst du zum Frühstück?	*What do you drink at breakfast?*
Was isst du zum Mittagessen?	*What do you eat for lunch?*
Was trinkst du zum Abendessen?	*What do you drink with your evening meal?*
Ich esse gern Wurst, aber ich esse lieber Käse und ich esse am liebsten Pommes frites.	*I like eating sausage, but I prefer eating cheese and I most enjoy eating chips.*

Expressing preference

Ich esse gern Pizza.	*I like eating pizza.*
Ich esse lieber Spaghetti.	*I prefer eating spaghetti.*
Ich esse am liebsten Pommes frites.	*I like eating chips most of all.*

Talking about daily routine

Ich wache um 7 Uhr auf.	*I wake up at 7 o'clock.*
Ich stehe um 7.15 Uhr auf.	*I get up at 7.15.*
Ich dusche um 7.30 Uhr.	*I have a shower at 7.30.*
Ich frühstücke um 7.45 Uhr.	*I have breakfast at 7.45.*
Ich putze mir um 8 Uhr die Zähne.	*I clean my teeth at 8 o'clock.*
Ich verlasse das Haus um 8.15 Uhr.	*I leave the house at 8.15.*
Ich esse um 18 Uhr Abendbrot.	*I have an evening meal at 6pm.*
Ich mache um 19 Uhr meine Hausaufgaben.	*I do my homework at 7pm.*
Ich sehe um 21 Uhr fern.	*I watch TV at 9pm.*
Ich gehe um 22.30 Uhr schlafen.	*I go to sleep at 10.30pm.*

Talking about jobs in the house

Was für Hausarbeit machst du?
Ich …
  wasche ab.
  trockne ab.
  sauge Staub.
  kaufe ein.
  räume mein Zimmer auf.
  decke den Tisch.
  bügle.
Ich muss (nicht) …
  abwaschen.
  abtrocknen.
  Staub saugen.
  einkaufen.
  mein Zimmer aufräumen.
  den Tisch decken.

What do you do in the way of household chores?
I …
  wash up.
  dry up.
  hoover.
  go shopping.
  clear up my room.
  lay the table.
  do the ironing.
I have to (don't have to) …
  wash up.
  dry up
  do the hoovering.
  go shopping.
  tidy my room.
  lay the table.

Talking about illnesses

Mein Bein/Finger tut weh.
Mein Knie/Fuß tut weh.
Mein Arm tut weh.
Meine Hand tut weh.
Ich habe / Er hat / Sie hat …
  Halsschmerzen.
  Bauchschmerzen.
  Kopfschmerzen.
  Ohrenschmerzen.
  Rückenschmerzen.
  Durchfall.
  Fieber/Schnupfen.
  eine Grippe.
  einen Sonnenbrand.
Ich bin müde/krank.
Er/Sie ist krank.

My leg/finger hurts.
My knee/foot hurts.
My arm hurts.
My hand hurts.
I've got / He's got / She's got …
  a sore throat.
  a stomach ache.
  a headache.
  earache.
  backache.
  diarrhoea.
  a temperature/a cold.
  flu.
  sunburn.
I am tired/ill.
He/She is ill.

Fitness

Was machst du, um fit zu bleiben?
Ich gehe joggen.
Ich spiele Squash.
Ich esse viel Salat.
Ich arbeite nicht viel mit dem Computer.
Ich rauche nicht.
Ich trinke keinen Alkohol.
Ich sehe nicht viel fern.
Sport/Joggen/Gemüse ist gesund.
Rauchen/Trinken/Faulenzen/Fernsehen ist ungesund.
Pommes Frites/Bonbons sind ungesund.

What do you do to keep fit?
I go jogging.
I play squash.
I eat lots of salad.
I don't work on the computer much.
I don't smoke.
I don't drink alcohol.
I don't watch much TV.
Sport/Jogging/Vegetables is/are healthy.
Smoking/Drinking/Lazing around/Watching TV is unhealthy.
Chips/Sweets are unhealthy.

True or false

Das stimmt.
Das stimmt nicht.
Das ist wahr.
Das ist nicht wahr.

That's right.
That's not right.
That's true.
That isn't true.

7 Freizeit und Urlaub

Gespräch

▲ Was hast du gestern Abend gemacht?
▲ Was hast du am Freitagabend gemacht?
▲ Wohin bist du am Samstag gegangen?
▲ Wohin bist du am Sonntag gefahren?

● Ich habe ... *(3 Antworten)*
● Ich habe ... *(3 Antworten)*
● Ich bin ...
● Ich bin ...

Rollenspiel 1

▲ Bitte schön?
▲ Mit Kartoffelsalat?
▲ Und etwas dazu?
▲ Möchten Sie etwas trinken?

● Ich möchte ...
● Nein, ...
● Ja, ...
● Ja, ...

Rollenspiel 2

▲ *(Attract the waiter's attention.)*
▲ *(Ask for the menu.)*
▲ *(Ask what kind of soup they have.)*
▲ *(Order chicken soup.)*
▲ *(Ask for a spoon.)*
▲ *(Ask for the bill.)*

● Ja?
● Bitte schön.
● Hühnersuppe und Erbsensuppe.
● Bitte schön.
● (seufz!) Bitte schön.
● Gern!

Rollenspiel 3

▲ Was läuft ...?
▲ Was ist das?
▲ Wann beginnt er?
▲ ?

● ,,Einsatz in Hamburg".
●
● 18.30.
● €7,00.

Rollenspiel 4

▲ Bitte schön?
▲ Wie viel Pfund?
▲ Das macht €70,00.
   Bitte schön: ...

▲ Bitte schön: ...

● Ich möchte ...   £ → €

● £50.

● Kann ich für €5,00 haben?

⑧ **Mein Leben zu Hause**

Gespräch 1

- ▲ Was isst/trinkst du gern?
- ▲ Was isst/trinkst du nicht gern?
- ▲ Was isst/trinkst du lieber?
- ▲ Was isst/trinkst du am liebsten?

- ● Ich esse/trinke gern …
- ● Ich esse/trinke nicht gern …
- ● Ich esse/trinke lieber …
- ● Ich esse/trinke am liebsten …

Gespräch 2

- ▲ Wann wachst du auf?
- ▲ Wann stehst du auf?
- ▲ Wann frühstückst du?
- ▲ Was isst du normalerweise zum Frühstück?
- ▲ Wann verlässt du das Haus?
- ▲ Wann isst du Abendbrot?
- ▲ Was isst du normalerweise zum Abendbrot?
- ▲ Wann machst du deine Hausaufgaben?
- ▲ Wann gehst du schlafen?

- ● Ich wache um … auf.
- ● Ich stehe um … auf.
- ● Ich frühstücke …
- ● Ich esse …

- ● Ich verlasse das Haus um …
- ● Ich esse um … Abendbrot.
- ● Ich esse …

- ● Ich mache um … meine Hausaufgaben.
- ● Ich gehe um … schlafen.

If you write down the answers to Conversation 2, you will have much of the material you need for a presentation (*Vortrag*) about daily routine. Add information about when you went to bed last night (past tense) and what time you will get up on Saturday/Sunday (future tense).

Gespräch 3

- ▲ Was ist dein Lieblingsfest?
- ▲ Was ist dein Lieblingsfilm?
- ▲ Und was ist dein Lieblingsfach?

- ● Mein Lieblingsfest ist …
- ● Mein …
- ● Mein …

Rollenspiel 1

- ▲ Musst du …?
- ▲ Musst du …?
- ▲ Was für Hausarbeiten hasst du?

- ● Ja, …
- ● Nein, …
- ● Ich hasse …!

Rollenspiel 2

- ▲ Bist du krank?
- ▲ Ist das alles?
- ▲ Sonst noch ein Problem?
- ▲ Was? Noch etwas?
- ▲ Dann musst du im Bett bleiben!

- ● Ja, ich …
- ● Nein, ich …
- ● Ja, …
- ● Ja, …

9 Die Arbeit

1 Was machst du?

Talking about jobs

LESEN
1a **Was passt zusammen?**
Beispiel: 1 h

| 1 Kellner | 2 Ärztin | 3 Hausfrau | 4 Krankenpfleger | 5 Lehrer | 6 Mechaniker |

| 7 Polizist | 8 Sekretärin | 9 Verkäuferin | 10 Zahnarzt |

SCHREIBEN
1b **Schreib Sätze.**

Beispiele: 1 Er ist Kellner.
2 Sie ist Ärztin.

HÖREN
2 **Hör zu. Was für ein Beruf ist das? (1–10)**

Beispiel: 1 4

Hören
- When listening, remember that you don't have to understand everything. Sometimes it is enough to understand just one word. For example, in number 7, you will hear *Ich arbeite in einer Werkstatt und repariere Autos.* The only word you need to understand is *Autos*.
- Another useful thing is that words often sound similar to their English equivalents. *Ich repariere ...* obviously means "I repair ...".

Ich bin	Arzt/Ärztin.
	Beamter/Beamtin.
	Hausmann/Hausfrau.
	Kellner/Kellnerin.
	Krankenpfleger/Krankenschwester.
	Lehrer/Lehrerin.
Mein Vater/Bruder/Onkel ist	Mechaniker/Mechanikerin.
Meine Mutter/Schwester/	Polizist/Polizistin.
Tochter ist	Schüler/Schülerin.
	Student/Studentin.
	Sekretär/Sekretärin.
	Verkäufer/Verkäuferin.
	Zahnarzt/Zahnärztin.
	arbeitslos.

Notice that, in most cases, the word to use ends in *–in* if you are talking about a female.

„Ich bin Kellner."

Grammatik

Don't put an article (**eine, ein** etc) in front of the word for a job:
English: I am **a** policeman.
German: **Ich bin Polizist.**

3 Partnerarbeit.

Beispiel: 1 ▲ Was macht deine Mutter?
● Meine Mutter ist Polizistin.

1 Meine Mutter

2 Anton

3 Mein Bruder

4 Ich

5 Herr Müller

6 Sabrina

Ich arbeite
Mein Vater (usw.) arbeitet

in der Schule.
bei der Polizei.
im Krankenhaus.
in einem Büro.
in einem Geschäft.
in einem Restaurant.
zu Hause.

 4 Wer arbeitet wo?

Beispiel: 1 Eine Krankenschwester arbeitet im Krankenhaus.

1 Wo arbeitet eine Krankenschwester?
Eine Krankenschwester arbeitet ...
2 Wo arbeitet eine Sekretärin?
Eine Sekretärin arbeitet ...
3 Wo arbeitet ein Kellner?
Ein Kellner arbeitet ...

4 Wo arbeitet eine Hausfrau?
Eine Hausfrau arbeitet ...
5 Wo arbeitet ein Polizist?
Ein Polizist arbeitet ...
6 Wo arbeitet eine Lehrerin?
Eine Lehrerin arbeitet ...

 5 Jetzt du. Wer macht was in deiner Familie?

Mein Vater ist ...
Meine Mutter ist ...
Mein Bruder ist ...
Meine Schwester ist ...
usw.

„Ich bin Sekretärin."

ⓖ Wiederholung

Das Präsens	*The present tense*	
Ich **bin** ...	(I am ...)	Ich arbeite ... (I work ...)
Er/Sie **ist**...	(he/she is ...)	Er/Sie arbeit**et** ... (he/she works ...)

Lern weiter ▶ 6.2, Seite 187

If a member of your family has an unusual job not listed here, either ask your teacher or make up a different job!

Rückblick   Rückblick

2 Teilzeitjobs

Part-time work

1 **Wie viel Prozent sagen ...?**
Beispiel: 1 e, 5%

Jobs

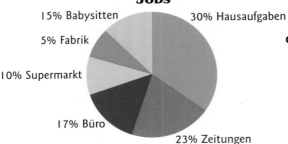

15% Babysitten
5% Fabrik
10% Supermarkt
17% Büro
23% Zeitungen
30% Hausaufgaben

1 „Ich arbeite in einer Fabrik."
2 „Ich arbeite in einem Büro."
3 „Ich trage Zeitungen aus."

4 „Ich arbeite als Babysitter."
5 „Ich mache Hausaufgaben."
6 „Ich arbeite in einem Supermarkt."

Hast du einen Teilzeitjob?		
Nein, ich habe keinen Job.		
Ja, ich arbeite	am Samstag am Wochenende einmal/zweimal in der Woche jeden Tag	in einem Büro. in einem Supermarkt. in einer Fabrik. als Babysitter.
Ich trage Zeitungen aus.		

2 **Hör zu. Wann macht man das? (1–6)**
Beispiel: 1 e   a **7 / 7**   b **3 / 7**   c **2 / 7**   d **am Samstag und Sonntag**

e **am Samstag**   f **X**

3a **Partnerarbeit.**
Beispiel: ▲ Was machst du?
● Ich trage Zeitungen aus.
▲ Wann?
● Jeden Tag.
▲ Du bist Nummer 3.
● Richtig!

1
am Wochenende

2
am Sonntag

3
7/7

3b **Jetzt schreib die Sätze auf.**
Beispiel: **1** Ich arbeite am Wochenende im Supermarkt.

4
2/7

5
1/7

Rückblick   Rückblick

4 Hör zu und kalkuliere. Wie viel verdienen diese Personen?

Beispiel: 1 Katharina: €48

1 Katharina:
2 Ines:
3 Felix:
4 Lars:
5 Björn:
6 Wiebke:

€45 €30 €48

€15 €56 €0

5 **Wer sagt was? Schreib *Frank* oder *Sonja*.**

Beispiel: 1 Sonja

> Ich arbeite am Samstag und Sonntag in einer Fabrik in Saarbrücken. Es ist furchtbar! Ich arbeite acht Stunden pro Tag und ich verdiene nur 120 Euro.

Frank

> Ich arbeite als Babysitter. Was? Wie oft? Ach, am Dienstag und am Donnerstag. Wie viel ich verdiene? Ich verdiene nichts! Ich babysitte meine kleine Schwester.

Sonja

1 Ich verdiene kein Geld.
2 Ich arbeite am Wochenende.
3 Ich arbeite 8 Stunden pro Tag.

4 Ich arbeite in meiner Familie.
5 Ich verdiene 60 Euro pro Tag.
6 Ich arbeite zweimal in der Woche, aber nicht am Wochenende.

Ich arbeite ... Stunden.
Ich verdiene € ... .

6 **Partnerarbeit.**

Beispiel: 1 ▲ Wie viele Stunden arbeitest du?
● Ich arbeite (6) Stunden.
▲ Wie viel verdienst du?
● Ich verdiene (35 Pfund).

1 6 Stunden, £35.00

2 2 Stunden, €12,00

3 8 Stunden, £40.00

4 12 Stunden, € 65.00

5 5 Stunden, € 30,00

6 3 Stunden, € 10.00

7 **Und du? Hast du einen Job?**

Ich habe ...
Wo arbeitest du? Ich arbeite ...
Wann arbeitest du? Ich arbeite ...
Wie viele Stunden? Ich arbeite ...
Wie viel verdienst du? Ich verdiene ...

 To help you to express opinions about your job, look at page 130.
To help you say what you spend your money on, look at page 84.

Rückblick **Rückblick**

3 Am Apparat

Making and understanding phone calls

HÖREN 1 **Hör zu. Wer hat welche Telefonnummer? (1–10)**
Beispiel: 1 f

Phone numbers
In German, phone numbers are given in groups of two. This can be confusing, because with numbers over 20, the second number comes first (e.g. *einundzwanzig*). (For full information on numbers, see page 18.)

a 88-23-19-12

b 15-16-12-99

c 28-42-93-76

d 98-89-42-24

e 21-41-38-90

f 62-41-94-21

g 73-62-39-49

h 71-45-20-72

i 31-24-63-82

j 44-43-28-11

SPRECHEN 2 **Partnerarbeit.**

Beispiel: ▲ Wie ist deine Telefonnummer?
● Meine Telefonnummer ist 46-37-52-61.
▲ Das ist Nummer 3.
● Richtig!

1 32-46-82-77
2 19-21-31-12
3 46-37-52-61
4 73-44-18-13
5 51-72-63-40

When giving your own phone number, the code is said "normally", i.e. not in groups of two: 01973-216577 = *null, eins, neun, sieben, drei - einundzwanzig, fünfundsechzig, siebenundsiebzig*. But you probably only need to say your own number, so work it out and learn it!

3 Partnerarbeit. Jetzt erfindet Telefonnummern.

 4 Im Büro. Hör zu und lies. Finde die
Wörter oder Ausdrücke.
Beispiel: 1 zurückrufen

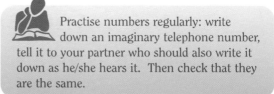

Practise numbers regulary: write
down an imaginary telephone number,
tell it to your partner who should also write it
down as he/she hears it. Then check that they
are the same.

Sekretärin:	Meyer.
Kunde:	Guten Tag. Kann ich bitte Herrn Schulz sprechen?
Sekretärin:	Herr Schulz ist nicht hier. Kann ich etwas ausrichten?
Kunde:	Ja. Mein Name ist Richter. R - I - C - H - T - E - R. Meine Telefonnummer ist 49-32-66-14. Herr Schulz soll mich bitte zurückrufen.
Sekretärin:	Danke, Herr Richter. Geht in Ordnung.

1 call back

2 do something

3 speak

4 phone number

5 all right

 5a Partnerarbeit.

Beispiel: 1 ▲ (Fritz.)
● Guten Tag. Kann ich bitte (Frau/Herrn Schmidt) sprechen?
▲ (Frau/Herr Schmidt) ist nicht hier. Soll sie/er zurückrufen?
● Ja. Mein Name ist (Koch) und meine Telefonnummer ist (33-44-26-20).

1 Fritz / Schmidt / Koch / 33-44-26-20
2 Jensen / Brockmann / Schlitz / 26-14-93-19
3 Roland / Dorn / Haase / 69-96-44-32
4 Polter / Trinks / Werners / 72-18-42-41

When answering the phone in German, it is
usual just to give your name (just the
surname). Don't say "Hallo" or give the phone number.
If you want to say "Speaking!", say *Am Apparat!*

Schülertelefon

 5b Schreib die Gespräche (5a) auf.

 6 Finde die deutschen Ausdrücke.
Beispiel: 1 f

a Hörer abnehmen
b Münze einwerfen oder Telefonkarte einstechen
c Vorwahlnummer wählen
d Nummer wählen
e Geldrückgabe
f Notruf/Polizei: 110

1 Emergency number
2 Money return
3 Dial number
4 Dial code
5 Lift receiver
6 Insert money or phone card

Talking about work experience

1 Lies das Interview und wähle die richtige Antwort.

Beispiel: 1 Gottlieb

Interviewer: Wo haben Sie Ihr Betriebspraktikum gemacht?
Robert: Ich war bei der Firma Gottlieb.
Interviewer: Was für eine Stelle war das?
Robert: Ich habe in einer Fabrik gearbeitet.
Interviewer: So? Und wie sind Sie dahin gekommen?
Robert: Mit dem Bus.
Interviewer: Wie lange hat die Fahrt gedauert?
Robert: Zwanzig Minuten.
Interviewer: Wann hat der Arbeitstag begonnen?
Robert: Um 8 Uhr.
Interviewer: Und wann war der Tag zu Ende?
Robert: Um 5 Uhr.
Interviewer: Wie haben Sie die Arbeit gefunden?
Robert: Sehr interessant.

1 Robert war bei der Firma Gottschalk / Gottlieb.
2 Er hat in einer Fabrik / in einem Supermarkt gearbeitet.
3 Er ist mit dem Bus / mit dem Zug gefahren.
4 Die Fahrt hat 20 Minuten / 2 Stunden gedauert.
5 Der Tag hat um 9 Uhr / 8 Uhr begonnen.
6 Der Tag war um 4 Uhr / 5 Uhr zu Ende.

2 Hör zu. Welche Wörter fehlen? Schreib Martinas Text ab und trag die Wörter ein.

Martina: Mein Betriebspraktikum war in einer .... . Das war ein ..... Ich bin mit dem ... gefahren. Die Fahrt hat ... Minuten gedauert. Der Arbeitstag hat um ... begonnen und war um ... Uhr zu Ende. Ich habe die Arbeit ... gefunden.

ein   fünfzehn   Gymnasium

ziemlich schwer   Rad

Schule   Viertel vor acht

Ich war bei der Firma Schmidt/Brock/Lindt usw.

Ich habe	in einer	Fabrik Schule	gearbeitet.
	in einem	Geschäft usw.	
Ich bin	mit	dem Bus dem Rad usw.	gefahren.

Der Tag hat um (9) Uhr begonnen.
Der Tag war um (5) Uhr zu Ende.

| Ich habe die Arbeit | langweilig interessant schwer leicht | gefunden. |

3 Partnerarbeit. Mach mit deinem Partner / deiner Partnerin Interviews.
Beispiel:

1 ▲ Wo hast du dein Betriebspraktikum gemacht?   ● Ich war bei (der Firma Krüger).
    ▲ Was für eine Stelle war das?   ● Ich habe (in einem Geschäft) gearbeitet.

    ▲ Wie bist du gefahren?   ● Ich bin (mit dem Auto) gefahren.
    ▲ Wann hat der Arbeitstag begonnen?   ● Um (7.30).
    ▲ Wann war der Tag zu Ende?   ● Um (4.30).
    ▲ Wie hast du die Arbeit gefunden?   ● Ziemlich interessant.

1 Krüger / in einem Geschäft / Auto / 7.30 / 4.30 /

2 Grimm / in einem Supermarkt / Rad 7.00 / 4.00 /

3 Hasemann / in einem Büro / Zug / 8.30 / 6.00 /

 G **Wiederholung**

Das Perfekt
Perfect tense reminder:

Ich **habe gearbeitet.**	I **worked.**
Der Tag **hat** um 7 Uhr **begonnen.**	The day **started** at 7 o'clock.
Ich **bin gefahren.**	I **went.**

Don't forget: was = **war**, had = **hatte.**

Lern weiter   9, Seite 190

 4a Schreib die Antworten aus Übung 3 in ganzen Sätzen auf.
Beispiel: Ich war bei der Firma Krüger.

 4b Jetzt du. Wie war dein Betriebspraktikum? Schreib sechs Sätze über dein Betriebspraktikum.

In the exam, you're likely to have to talk or write about your work experience. When you have written your own details, learn them. If your work experience was complicated, either consult your teacher or "simplify" the truth! Don't forget to give at least one opinion.

„Ich habe in einem Sportgeschäft gearbeitet."

Kursarbeit: Seite 160–161

5 Pläne für die Zukunft

Discussing career plans

1 **Hör zu und lies die Gespräche. Beantworte die Fragen mit *ja* oder *nein*.**
Beispiel: **1** ja

I – Was willst du machen, wenn du 18 bist, Margret?
– Ich will auf die Uni gehen.
– Was willst du studieren?
– Medizin.
– Was für einen Beruf willst du haben?
– Ich will Ärztin werden.

2 – Und du, Jana? Willst du studieren?
– Nein, ich will mir eine Stelle suchen.
– Was für einen Beruf willst du denn haben?
– Ich will Programmiererin werden.

3 – Was willst du denn machen, Adrian?
– Ich will eine Lehre machen.
– Was für eine Lehre?
– Eine Lehre als Mechaniker.

I a Will Margret studieren?
b Will sie Zahnärztin werden?

2 a Will Jana studieren?
b Will sie Ärztin werden?

3 a Will Adrian eine Lehre machen?
b Will er Programmierer werden?

2 **Hör zu. Wer will was werden? Wähle das richtige Bild. (1–8)**
Beispiel: **1** f

a   b

c   d

e   f

g   h

Grammatik

Das Futur   *The future tense*
- To talk about what you **want** to do in the future, you can say:
  Ich will ... (I want to ...).
  The infinitive goes at the end:
  Ich will in einer Fabrik **arbeiten**. (I want to work in a factory.)
  Be careful not to confuse the German **Ich will** (I want) with the English "I will".
- Remember, you can also say **Ich möchte** ... (I'd like to ...):
  Ich möchte Sekretärin werden. (I would like to become a secretary.)
- Finally, you can also say **Ich werde** ... This is the "real" future form. You are more likely to hear it in the exam than to need to use it yourself:
  Ich werde Kunst studieren. (I will study Art.)

Lern weiter ▶ 6.5, Seite 188

3 Partnerarbeit.

Beispiel: 1 ▲ Was willst du machen, wenn du 18 bist?
● Ich will reisen.
▲ Das ist Nummer 5.
● Richtig!

Was willst du werden?*		
Ich will	auf die Uni(versität)	gehen.
	zur Hochschule/technischen Hochschule	
	... studieren/eine Lehre* machen/in einer Fabrik arbeiten.	
	Arzt/Ärztin Lehrer/Lehrerin Programmierer/Programmiererin (usw.)	werden.
	reisen/heiraten/Kinder haben.	

* werden = *to become*
* eine Lehre = *an apprenticeship*

4 Wer will was machen? Schreib *Dieter*, *Anja* oder *Birte*.

Beispiel: 1 Birte.

Dieter
Ich will an der Universität Bristol Englisch studieren. Dann möchte ich in Südengland in einer Schule als Lehrer arbeiten.

Anja
Ich will bei der Firma Mackintosh eine Lehre machen. Dann möchte ich in Manchester in einem Geschäft arbeiten.

Birte
Ich will an der Technischen Hochschule Informatik studieren. Dann möchte ich in London in einem Büro arbeiten.

I Wer will in einem Büro arbeiten?
2 Wer möchte Informatik studieren?
3 Wer will in einem Geschäft arbeiten?

4 Wer möchte als Lehrer arbeiten?
5 Wer will an der Universität studieren?
6 Wer möchte eine Lehre machen?

5 Was willst du werden?

Beispiel: Ich will … Dann möchte ich …

I
Technische Hochschule
Informatik
Programmierer

2
Universität
Medizin
Ärztin

3 Und jetzt du: Was willst du werden?

You'll certainly need to talk or write about your future plans.
Remember, you'll always get better marks if you add in extra details:
Frage: – Was willst du machen, wenn du 18 bist?
OK: – Studieren.
Besser: – Ich will an der Universität Mathe studieren.
Sehr gut: – Ich will an der Universität Manchester Mathe studieren. Dann möchte ich in London in einem Büro als Programmierer arbeiten.

Wörter

Talking about jobs

Ich bin …	*I am …*
Mein Vater/Bruder/Onkel ist …	*My father/brother/uncle is …*
Meine Mutter/Schwester/Tante ist …	*My mother/sister/aunt is …*
Arzt/Ärztin.	*a doctor.*
Beamter/Beamtin.	*a civil servant.*
Hausmann/Hausfrau.	*a househusband/housewife.*
Kellner/Kellnerin.	*a waiter/waitress.*
Krankenpfleger/Krankenschwester.	*a nurse.*
Lehrer/Lehrerin.	*a teacher.*
Mechaniker/Mechanikerin.	*a mechanic.*
Polizist/Polizistin.	*a policeman/policewoman.*
Sekretär/Sekretärin.	*a secretary.*
Verkäufer/Verkäuferin.	*a salesperson.*
Zahnarzt/Zahnärztin.	*a dentist.*
arbeitslos.	*unemployed.*

Ich arbeite …	*I work …*
Mein Vater (usw.) arbeitet …	*My father (etc.) works …*
in der Schule.	*at school.*
bei der Polizei.	*for the police.*
im Krankenhaus.	*in hospital.*
im Büro.	*in an office.*
in einem Geschäft.	*in a shop.*
in einem Restaurant.	*in a restaurant.*
zu Hause.	*at home.*
Ich arbeite in einer Fabrik.	*I work in a factory.*
Ich trage Zeitungen aus.	*I deliver newspapers.*
Ich arbeite als Babysitter.	*I do babysitting.*
Ich mache Hausaufgaben.	*I do homework.*
Ich arbeite in einem Supermarkt.	*I work in a supermarket.*
Ich habe keinen Job.	*I haven't got a job.*
Ich arbeite (vier) Stunden.	*I work for (four) hours.*
Ich verdiene 75 Euro.	*I earn 75 euros.*

Making a telephone call

Meine Telefonnummer ist null, eins, neun, sieben, drei, zweiundsechzig, einundvierzig, vierundneunzig, einundzwanzig.

Kann ich bitte Herrn Schulz sprechen?
Kann ich etwas ausrichten?
Herr Schulz soll mich bitte zurückrufen.
Mein Name ist ... und meine Telefonnummer ist ... .
Am Apparat!
Auf Wiederhören!

My phone number is 01973-62-41-94-21.

May I speak to Herr Schulz, please?
Can I pass on a message?
Ask Herr Schulz to ring me back.
My name is ... and my phone number is ...
Speaking!
Goodbye. (on the phone)

Talking about work experience

Mein Betriebspraktikum war in einem Geschäft.
Ich war bei der Firma (Schmidt).
Ich habe in einer Fabrik/Schule gearbeitet.
Ich habe in einem Geschäft gearbeitet.
Ich bin mit dem Bus/Rad gefahren.
Der Tag hat um (8) Uhr begonnen.
Der Tag war um (4) Uhr zu Ende.
Ich habe die Arbeit langweilig gefunden.
Ich habe die Arbeit interessant gefunden.
Das war leicht/schwer.

My work experience was in a shop.
I was at (Schmidts).
I worked in a factory/school.
I worked in a shop.
I travelled by bus/bike.
The day began at (8) o'clock.
The day finished at (4) o'clock.
I found the work boring.
I found the work interesting.
It was easy/difficult.

Talking about future plans

Ich möchte Programmierer (usw.) werden.
Ich werde in einer Fabrik arbeiten.
Ich will Kunst studieren.
Ich will auf die Universität gehen.
Ich will zur Hochschule gehen.
Ich möchte ...
  eine Lehre machen.
  reisen.
  die Welt sehen.
  heiraten.
  Kinder haben.

I'd like to become a programmer (etc.).
I will work in a factory.
I want to study Art.
I want to go to university.
I want to go to college.
I'd like ...
  to do an apprenticeship.
  to travel.
  to see the world.
  to get married.
  to have children.

1 Bist du doof?

Talking about personalities and pets

1a **Was passt zusammen?**
Beispiel: 1 d

1 lustig	6 streng
2 laut	7 faul
3 fleißig	8 launisch
4 intelligent	9 doof
5 freundlich	10 ruhig

Ich	bin	oft	
Mein Vater		manchmal	faul/launisch/doof/freundlich/lustig/laut/
Meine Freundin	ist	sehr	ruhig/fleißig/intelligent/streng/nett.
Mein Hund		ziemlich	

1b **Hör zu und schreib a, b, c, usw. (1–10)**
Beispiel: 1 i

Sie ist launisch.

2 **Partnerarbeit.**
Beispiel: 1 ▲ Wie ist (dein Bruder)?
● (Er ist doof.)

1 ▲ Bruder?		4 ▲ Mutter?	
● doof		● intelligent	
2 ▲ Schwester?		5 ▲ Lehrer?	
● faul		● streng	
3 ▲ Freundin?		6 ▲ Freund?	
● fleißig		● lustig	

Grammatik

Comparisons

	größer	
	kleiner	
	schlanker	
Er/Sie ist	dicker	als ich.
	älter	
	jünger	
	intelligenter	

Lern weiter ▶ 3.3, Seite 185

3 Was sagen diese Personen? Schreib es auf.
Beispiele: 1 Er ist größer als ich.
2 Sie ist kleiner als ich.

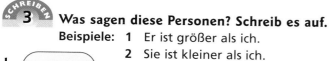

4 Hör zu. Wer hat welches Tier? (1–7)
Beispiel: 1 c

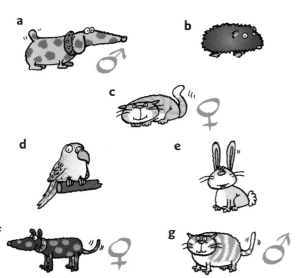

	eine	Katze. Hündin, usw.
Ich habe	einen	Kater. Hund. Wellensittich, usw.
	ein	Kaninchen. Meerschweinchen, usw.
Er/Sie ist	süß. niedlich. unartig. hübsch.	

Maybe you only know the words *Hund* for dog and *Katze* for cat. But if your dog is female, you have to say *Hündin*, and if your cat is male, you have to say *Kater*. Otherwise, it sounds really silly in German.

5 Lies Jessicas Homepage und dann mach eine Homepage für dich.

Hallo! Mein Name ist Jessica. Ich habe einen Bruder. Er heißt Boris und er ist jünger als ich. Aber er ist auch größer als ich! Meine Mutter ist sehr freundlich und mein Vater ist auch nett, aber manchmal streng. Ich habe eine Katze. Sie ist wirklich niedlich.

Mein Name ist ... Ich habe ...
Vater   Mutter   Geschwister   Haustiere

Rückblick   Rückblick

2 Was für ein Haus hast du?

Talking about where you live

1 **Hör zu. Wer wohnt wo? Schreib zwei Buchstaben für jede Person. (1–6)**
Beispiel: 1 b, h

Ich wohne ...

a

auf einem Bauernhof

b

in einer Wohnung

c

in einem Reihenhaus

d

in einem Wohnblock

e

in einem Bungalow

f

in einem Doppelhaus

g

auf dem Land

h

am Stadtrand

i

in einem Dorf

j

in der Stadtmitte

Ich wohne	in einem	Einfamilienhaus/Doppelhaus/Reihenhaus/Bungalow/Wohnblock.
	in einer	Wohnung.
	auf einem	Bauernhof.
	in der Stadtmitte. in einem Dorf. am Stadtrand. auf dem Land. in der Nähe von ... (*near ...*)	

2 Partnerarbeit.

Beispiel: 1 ▲ Wo wohnst du?
● Ich wohne (in einem Reihenhaus in der Stadtmitte).

  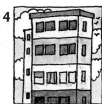 

6
?
Und du?
Wo wohnst du?

3 Lies die Briefe und beantworte die Fragen.

Beispiel: 1 Manja

a
Liebe Susi,
ich habe ein Problem. Mein
Stiefvater hat einen
Bauernhof. Ich wohne auf
dem Land. Aber das ist
langweilig und nicht
interessant. Ich kann nicht
in die Disco gehen. Was
kann ich machen?
Dennis

b
Liebe Susi,
ich wohne in einem
Wohnblock in der Stadtmitte.
Mein Problem: Ich habe eine
Katze, aber ich möchte auch
einen Hund haben. Aber
meine Mutter sagt Nein.
Das ist unfair! Was
sagst du? Hilf mir bitte!
Manja

1 Who wants a pet?
2 Who has a stepfather?
3 Who can't go out into town?
4 Who lives in a tower block?

5 Who lives in the country?
6 Who lives in a town?
7 Who is bored?
8 Who thinks that life isn't fair?

4 Schreib eine Antwort auf Manjas E-Mail.

```
Hallo!
Ich wohne in einem Wohnblock in der
Stadtmitte. Und du? Was für ein Haus
hast du? Wo ist es?
Schreib mir bald,
Manja
```

```
Hallo Manja!
Ich wohne …
```

Rückblick **Rückblick**

3 Das ist ungesund!

Discussing health matters

1 **Was passt zusammen?**
Beispiel: **1** f

1 Ich trinke Bier.
2 Ich rauche nicht.
3 Ich rauche.

4 Ich trinke Wein.
5 Ich nehme keine Drogen.
6 Ich trinke kein Bier.

2 **Hör zu und beantworte die Fragen mit *ja* oder *nein*.**
Beispiel: **1** ja

Werner
1 Rauchst du?
2 Trinkst du Alkohol?
3 Nimmst du Drogen?

Sonja
4 Rauchst du?
5 Trinkst du Alkohol?
6 Rauchst du Haschisch?

Udo
7 Nimmst du Drogen?
8 Rauchst du?
9 Trinkst du Alkohol?

3a **Lies die Zigarettenwerbung. Das stimmt alles nicht! Schreib die Wahrheit (= *the truth!*).**
Beispiel: 1 Rauchen ist **schlecht** für die Gesundheit.

Rauchen Sie Husti-Zigaretten!

1 Rauchen ist gut für die Gesundheit!
2 Tabak ist toll für Sportler!
3 Zigaretten sind gut für die Umwelt!
4 Mädchen finden Raucher super!
5 Tabak ist gut für die Lungen!
6 Zigaretten riechen gut!
7 Rauchen ist billig!
8 Rauchen ist besser als essen!

Here are some adjectives and
their opposites to help you with
Exercise 3a:
gut – schlecht
billig – teuer
toll – schrecklich
super – furchtbar
besser – schlechter

 3b **Jetzt mach ein Poster gegen Zigaretten, Alkohol oder Drogen.**

(G)rammatik

Man sollte ... = you should ...
Like **müssen** and **können**, **sollen** is used with
the infinitive at the end of the sentence:
Man sollte nicht zu viel Fett essen.

Lern weiter ▶ 6.5, Seite 188

In the writing exam you are often
given an example that you can adapt.
Adapt the correct sentences for making your
own **anti-smoking** advert. If you prefer, adapt
the sentences further to make a similar advert
advising against alcohol or drugs.

 4a **Ein gesundes Leben. Was sollte man machen? Was sollte man <u>nicht</u> machen?**
Beispiel: 1 Man sollte viel Sport treiben.

1 viel Sport treiben
2 rauchen
3 gesund essen
4 viel Auto fahren
5 oft zu Fuß gehen
6 viele Hamburger essen

 4b **Partnerarbeit.**

▲ Stellt die Fragen aus Übung 4a.
● Antwortet darauf.

Beispiel: ▲ Sollte man (viel Sport
treiben)?
● Ja, man sollte (viel Sport
treiben).
▲ Sollte man (rauchen)?
● Nein, man sollte nicht
(rauchen).

4 Rettet die Umwelt!

Discussing the environment

1 Hör zu und lies den Text. Finde diese Ausdrücke im Text. Wie heißen sie auf Englisch?

Beispiel: 1 traffic

1 Verkehr
2 Umwelt
3 Abfall
4 Fußgängerzone
5 Abgase
6 Lärm
7 obdachlos
8 Luft
9 atmen
10 Verkehrsmittel

noise   air   traffic   to breathe   environment   litter   exhaust fumes   pedestrian precinct   form of transport   homeless

Guten Tag, meinen Damen und Herren. Hier spricht Jürgen Schiller aus Wurmhausen. Hier ist es sehr laut! Es gibt sehr viel Verkehr. Autos, Motorräder und Busse fahren durch die Stadt. Es ist furchtbar, es gibt viel zu viel Lärm. Das ist ein großes Problem.

Hier gibt es auch sehr viel Abfall. Die jungen Leute essen im Hamburger-Restaurant und werfen das Papier einfach auf die Straße. Hier auf der Straße liegt auch ein junger Mann. Er ist obdachlos. Und die Luft ist sehr schlecht. Hier kann man nicht gut atmen. Die Autos produzieren viele Abgase. Das ist alles schlecht für die Umwelt.

Was können wir tun? Wir müssen
– eine Fußgängerzone bauen.
– öffentliche Verkehrsmittel einführen.
– Abfall mit nach Hause nehmen.

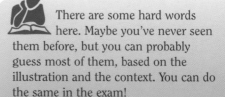 There are some hard words here. Maybe you've never seen them before, but you can probably guess most of them, based on the illustration and the context. You can do the same in the exam!

2 Welcher Satz passt zu welchem Bild?

Beispiel: 1 d

a   b   c   d   e   f

1 Hier gibt es viel Abfall.
2 Der junge Mann ist obdachlos.
3 Hier ist die Fußgängerzone.

4 Die Luft ist so schlecht!
5 Es gibt so viel Verkehr.
6 Der Lärm ist furchtbar!

Grammatik

Notice the expressions **wir müssen** ... (we have to...) and **wir können** ... (we can)
These are the **wir** (plural) forms of **Ich muss** ... / **Ich kann** ...
They behave in the same way, with the infinitive at the end:
    Ich muss zu Hause bleiben.
    Wir müssen zu Hause bleiben.
    Was kann ich tun?
    Was können wir tun?   Lern weiter   6.5, Seite 188

Hier gibt es viel Abfall und Graffiti!

3a Lies den Text in Übung 1 nochmal. Wähle die richtige Antwort.

Beispiel: 1 a

1 Die Autos sind   **a** laut   **b** leise   **c** teuer

2 Der Abfall auf der Straße kommt   **a** von zu Hause   **b** vom Hamburger-Restaurant   **c** von den Autos

3 Der junge Mann ist   **a** müde   **b** betrunken   **c** obdachlos

4 Die Abgase kommen   **a** von der Fußgängerzone   **b** von den Autos   **c** vom Hamburger-Restaurant

3b Schreib die Sätze in 3a auf.

4 Schau die Bilder an und schreib entweder *Gut für die Umwelt* oder *Schlecht für die Umwelt*.

Beispiel: 1 Gut für die Umwelt.

1   2   3   4   5

5 Problemseite

Dealing with teenage problems

 LESEN 1

Lies die Briefe und die Antworten. Welcher Brief passt zu welcher Antwort?
Beispiel: **1** C

Was liegt dir am Herzen?

Hast du ein Problem? Dann schreib an Dr. Karin Koppe.

Brief 1

Liebe Karin,
in meiner Klasse gibt es ein Mädchen.
Sie ist blond, hübsch und sehr
intelligent. Ich möchte sie gern
einladen, aber ich bin zu schüchtern.
Vielleicht sagt sie „Nein"! Was soll ich
tun?
Joschke, 15

Brief 2

Liebe Karin,
am letzten Wochenende war ich auf
einer Party. Es war ganz gut, wir haben
getanzt und geplaudert, aber ich habe
zu viel Wodka mit Cola getrunken. Ich
war total betrunken und ich habe eine
teure Vase zerbrochen. Die Mutter
meiner Freundin sagt, dass ich die Vase
bezahlen muss. Aber ich habe kein
Geld und die Vase kostet €150, –! Was
kann ich tun?
Stefanie, 16

Brief 3

Liebe Karin,
ich bin 17 Jahre alt. Meine Eltern
fahren an die Nordsee auf Urlaub und
sie sagen, ich muss mit. Aber das ist
sooo langweilig. Ich möchte lieber
nach Ibiza fahren. Aber Mutti und Vati
sagen, auf Ibiza gibt es Drogen und
Sex. Was soll ich machen?
Lydia, 17

Brief 4

Liebe Karin,
meine beste Freundin heißt Jana. Ich
mag Jana sehr gern, aber gestern habe
ich sie mit meinem Freund Dennis
gefunden. Er hat Jana geküsst!! Was
kann ich tun? Ich liebe Dennis. Hilf mir
bitte!
Ines, 12

Brief 5

Liebe Karin,
alle meine Freunde haben tolle Kleidung
von Nike, Adidas und Reebok. Diese
Kleidung ist teuer und wir haben nicht viel
Geld, weil mein Vater und meine Mutter
arbeitslos sind. Meine Freunde in der
Schule lachen und sagen, dass ich doof
bin, weil meine Klamotten nicht modern
und modisch sind. Was soll ich tun?
Björn, 15

Brief 6

Liebe Karin,
ich komme aus der Türkei und spreche
nicht sehr gut Deutsch. In der Schule
habe ich Probleme, weil die Lehrer so
schnell sprechen. Ich kann sie nicht gut
verstehen und meine Noten sind nicht
sehr gut. Was soll ich tun?
Samira, 14

Antwort A

Karin antwortet:
Du bist zwölf Jahre alt! Du sagst, Jana ist deine Freundin und Dennis ist dein Freund. Aber Dennis hat Jana geküsst! Du liebst Dennis, aber Dennis liebt dich nicht. Nein, du musst einen neuen Freund und eine neue Freundin finden.

Antwort B

Karin antwortet:
Deutsche Sprache, schwere Sprache! Viele junge Leute aus dem Ausland haben dein Problem. Bitte deine Eltern, einen Brief an die Schule zu schreiben. Die Lehrer sollten nicht so schnell sprechen. Und bitte auch die anderen Schüler, dir zu helfen.

Antwort C

Karin antwortet:
Frag das Mädchen einfach, „Möchtest du ins Kino gehen?" Wenn sie „Nein" sagt, ist das schade. Aber wenn sie „Ja" sagt, ist das toll!

Antwort D

Karin antwortet:
Du hast den Wodka getrunken, also musst du die Vase bezahlen. Vielleicht kannst du abwaschen oder bügeln und Geld verdienen.

Antwort E

Karin antwortet:
Du bist nicht doof, deine Freunde sind doof! Designer-Kleidung ist teuer, aber sie ist nicht besser als normale Kleidung. Deine „Freunde" müssen verstehen, dass dein Charakter wichtiger ist, als deine Kleidung.

Antwort F

Karin antwortet:
Ja, Ibiza ist nicht sehr gut für Mädchen. Fahr lieber mit deiner Familie an die Nordsee. Nächstes Jahr bist du achtzehn, dann kannst du machen, was du willst!

---

2 LESEN

Wer hat welches Problem? Schreib *Joschke, Stefanie, Lydia, Ines, Björn* oder *Samira*.
Beispiel: 1 Björn

1 Seine Kleidung ist billig.
2 Sie hat Probleme mit der Sprache.
3 Sie hat etwas kaputtgemacht.
4 Sie hat Probleme mit ihrem Freund.
5 Sie hat zu viel getrunken.
6 Sie will nicht in Deutschland auf Urlaub fahren.
7 Er liebt ein hübsches Mädchen.
8 Sie hat schlechte Noten.
9 Er ist sehr schüchtern.
10 Sie möchte auf eine sonnige Insel fahren.

3 SCHREIBEN

Schreib den Brief ab und füll die Lücken aus.

Liebe Karin,

ich habe ein … . Mein Deutschbuch heißt … .
Es ist zu … . Ich habe keine Lust, meine … zu machen. Aber meine …. sagt, ich muss sie machen. Was soll ich …?

Elton (15)

LOGO	tun
Problem	schwer
Deutschlehrerin	
Hausaufgaben	

Wörter

Saying what people and animals are like

Ich bin oft faul.	*I am often lazy.*
Mein Vater ist manchmal launisch.	*My father is sometimes moody.*
Meine Freundin ist sehr doof.	*My (female) friend is very stupid.*
Mein Hund ist ziemlich freundlich.	*My dog is quite friendly.*
Er/Sie ist lustig/laut/ruhig/fleißig.	*He/She is funny/noisy/quiet/hard-working.*
Er/Sie ist intelligent/streng/nett.	*He/She is /intelligent/strict/nice.*
Ich habe eine Katze/Hündin.	*I've got a (female) cat/dog.*
Ich habe einen Kater/Hund/Wellensittich.	*I've got a (male) cat/dog/budgie.*
Ich habe ein Kaninchen/Meerschweinchen.	*I've got a rabbit/guinea pig.*
Er/Sie ist süß/niedlich/unartig.	*He/She is sweet/cute/naughty.*
Er/Sie ist größer/kleiner/schlanker/dicker/älter/jünger/ intelligenter als ich.	*He/She is bigger/smaller/slimmer/fatter/older/younger/ more intelligent than me.*

Talking about where you live

Ich wohne …	*I live …*
in einem Einfamilienhaus/Doppelhaus.	*in a detached house/semi-detached house.*
in einem Reihenhaus/Bungalow/Wohnblock.	*in a terraced house/bungalow/block of flats.*
in einer Wohnung.	*in a flat.*
auf einem Bauernhof.	*on a farm.*
in der Stadtmitte.	*in the town centre.*
in einem Dorf.	*in a village.*
am Stadtrand.	*on the edge of town.*
auf dem Land.	*in the country.*
in der Nähe von (Birmingham).	*near (Birmingham).*

Talking about health and lifestyle

Ich rauche. / Ich rauche nicht.	*I smoke. / I don't smoke.*
Ich trinke Wein.	*I drink wine.*
Ich nehme keine Drogen.	*I don't take drugs.*
Ich trinke kein Bier.	*I don't drink beer.*
Man sollte …	*You should …*
viel Sport treiben.	*do lots of sport.*
gesund essen.	*eat healthily.*
oft zu Fuß gehen.	*often walk.*

Discussing the environment

Der Fernseher ist kaputt.	*The TV is broken.*	obdachlos	*homeless*
der Verkehr	*traffic*	die Luft	*air*
die Umwelt	*the environment*	atmen	*to breathe*
der Abfall	*litter*	das Verkehrsmittel	*mode of transport*
die Fußgängerzone	*pedestrian zone*	gut für die Umwelt	*good for the environment*
die Abgase	*exhaust fumes*	schlecht für die Umwelt	*bad for the environment*
der Lärm	*noise*		

Problems

Was liegt dir am Herzen?	*What's on your mind.*
Ich möchte sie gern einladen.	*I'd like to invite her out.*
Was soll/kann ich tun?	*What should/can I do?*
Wir haben getanzt und geplaudert.	*We danced and chatted.*
Ich möchte lieber nach (Ibiza) fahren.	*I'd rather go to (Ibiza).*
Hilf mir bitte!	*Please help me!*
Meine Freunde in der Schule lachen.	*My friends at school laugh.*
Ich spreche nicht sehr gut Deutsch.	*I don't speak German very well.*
In der Schule habe ich Probleme.	*I have problems at school.*
Die Lehrer sprechen so schnell.	*The teachers speak so quicky.*
Ich kann nicht gut verstehen.	*I can't understand well.*

Anweisungen

Arbeite mit einem Partner / einer Partnerin.
Beantworte die Fragen auf Deutsch / Englisch.
Benutze die Antworten aus Übung 2.
Beschreibe deine Schule / deine Stadt / dich.
Das stimmt alles nicht! Schreib die Wahrheit.
Du musst folgende Informationen geben.
Eine Person stellt die Fragen, die andere beantworte sie.
Entwerfe …
Erfinde die Zahlen.
Finde die Wörter oder Ausdrücke.
Finde diese Ausdrücke im Text. Wie heißen sie auf
  Englisch?
Füll die Lücken / Tabelle aus.
Gib Information über ...
Hör (nochmal) zu.
Hör zu und lies / schreib / wiederhole.
Hör zu und notiere die Uhrzeit.
Ist das positiv oder negativ?
Lies den Artikel / die Sätze / den Text.
Lies die E-Mail und schreib **richtig** oder **falsch**.
Mach Interviews / Dialoge.
Ordne die Sätze / Bilder.
Schau die Bilder an.
Schreib die Antworten/Beschreibungen/Bestellungen auf.
Schreib die richtigen Buchstaben auf.
Schreib die Sätze / Wörter / Zahlen auf.
Schreib die Sätze in der richtigen Reihenfolge auf.
Schreib eine E-Mail (zurück).
Schreib einen/den Brief auf Deutsch.
Schreib einen Satz für jede Person.
Schreib R (richtig), F (falsch), ? (Nicht im Text).
Schreib etwas über …
Schreib das Formular ab.
Schreib die Tabelle ab und füll sie aus.
Übe die Gespräche mit einem Partner / einer Partnerin.
Um wie viel Uhr …?
Verbinde die Sätze / Wörter mit den Bildern.
Wähle das richtige Bild / die richtige Antwort.
Was ist die richtige Reihenfolge?
Was passt zusammen?
Was sagt man?
Welche Wörter fehlen?
Welches Bild passt zu welchem Wort/Dialog?
Welches Bild passt zu welcher Frage / Satz?
Wer ist wer?
Wer sagt was?
Wie schreibt man das?
Wie viele …?
Wo findet man …?

Instructions

Work with a partner.
Answer the questions in German / English.
Use the answers from Exercise 2.
Describe your school / your town / yourself.
It's all false! Write the truth.
You must give the following information.
One person asks the questions, the other answers them
Design …
Invent the numbers.
Find the words or expressions.
Find these expressions in the text. What do they mean in
  English?
Fill in the gaps / grid.
Give information about …
Listen (again).
Listen and read / write / repeat.
Listen and note down the time.
Is it positive or negative?
Read the article / the sentences / the text.
Read the E-mail and write **true** or **false**.
Carry out interviews / dialogues.
Put the sentences / pictures in order.
Look at the pictures.
Write down the answers/descriptions/orders.
Write down the correct letters.
Write down the sentences / words / numbers.
Write down the sentences in the right order.
Write an E-mail (back).
Write a/the letter in German.
Write a sentence for each person.
Write R (correct), F (false), ? (not in the text).
Write something about …
Copy out the form.
Copy the table and fill it in.
Practise the conversations with a partner.
At what time … ?
Link the sentences / words to the pictures.
Choose the correct picture / answer.
What is the correct order?
What goes together?
What do you say?
Which words are missing?
Which picture goes with which word / dialogue?
Which picture goes with which question / sentence?
Who is who?
Who says what?
How do you spell it?
How many …?
Where can you find …?

Prüfungstipps

Two pages of useful tips

There are lots of reasons to learn a language. One of them, let's face it, is to do well in exams. These last two pages will help you make the best use of all you have learnt in this book.

THEMEN

In all parts of the exam, you need to be able to say, write and understand a little about each of the topics covered. Here's a checklist to help you with your revision:

1 Ich / Meine Familie / Meine Freunde	6 Die letzten Ferien / Gestern / Letztes Wochenende
2 Meine Schule / Mein Schultag	7 Das Wetter
3 Hobbys / Freizeit (Sport, Fernsehen, Musik)	8 Essen
4 Mein Haus / Mein Zimmer / Die Hausarbeit	9 Taschengeld und Jobs
5 Wo ich wohne (Meine Stadt)	10 Pläne für nächstes Jahr

Rollenspiel

No matter how daunting it may seem, you may as well "go for it". If you don't say anything, you definitely won't get any marks, but if you give it a try, you may. Just by learning the following twelve expressions, you can be guaranteed to tackle some role-play situations:

Haben Sie ...? / Hast du ...?	Have you got ...?
Kann ich ...?	Can I ...?
Kann ich ... haben?	Can I have ...?
Gibt es ...?	Is there ...? / Are there ...?
Willst du ...? / Wollen Sie ...?	Do you want ...?
Ich möchte ...	I'd like ...
Kannst du ...? / Können Sie ...?	Can you ...?
Was kostet ...?	What does ... cost?
Ich nehme ...	I'll have ...
Wie komme ich am besten zum / zur ...?	What's the best way to ...?
Wo ist der/die/das nächste ...?	Where's the nearest ...?
Ist es weit?	Is it far?

Konversation

Make sure you have a couple of things to say about each topic. Then, grab the opportunity to say as much as you can. In this way, you keep control of the interview.

How not to do it:
Lehrer: Wie heißt dein Vater?
Du: Fred.

How to do it:
Lehrer: Wie heißt dein Vater?
Du: Mein Vater heißt Fred. Er ist vierzig Jahre alt. Er hat braunes Haar und er ist ziemlich groß. Er ist sehr intelligent und arbeitet bei der Polizei.

Individual tips:

* You can buy thinking time by saying *Also, ...* at the beginning of your reply. This is like saying "Well, ..." in English.

* Make use of these helpful phrases:

Ich verstehe das nicht.	I don't understand.
Wie bitte?	Pardon?
Wie sagt man ...?	How do you say ...?
Ich weiß nicht.	I don't know.

These can get you out of difficulties <u>and</u> gain you marks.

* Don't forget you get marks for expressing opinions. This can be as simple as saying:

Ich mag ...	I like ...
Ich mag ... nicht.	I don't like ...

* Try and say at least one thing about the **past** and one thing about the **future**. Just one of each will earn you vital points.

Everything you have learnt for the Speaking Test is also useful for the Writing Test. As with Speaking, it can't do any harm to do a bit **more** than you're asked to do. Demonstrate how much vocabulary you know, especially if you are asked to write some kind of list. It might gain you the extra point which would lift you into a higher grade.

* You'll probably have to write a letter. Remember how to start and finish:
Liebe ... (to a female) / **Lieber ...** (to a male)
Vielen Dank für deinen Brief / deine Postkarte / deine E-Mail.

Schreib bald wieder!
deine ... (if you're female) / **dein ...** (if you're male)

* Don't forget opinions (again):
Ich mag ... ? Ich mag nicht ...
Ich finde ... gut/schlecht.

* Try to put in at least one thing indicating the **past** and one indicating the **future**:
Ich habe ... (gemacht).
Ich möchte/will/werde ... (machen).

You can learn a couple of the most common ones (from Chapters ... and ...) and adapt them.

* Try to include one sentence starting **Ich kann ...** or **Ich muss ...** (plus infinitive at the end).

* You often don't need to understand everything. The important thing is to pick out the key words in what you hear. At a simple level, you may hear something like:
Meine Schwester Anke ist vierzehn.
The question could be: **Wie alt is Anke?**
Answer: 14.
But you might also hear:
Ich habe eine Schwester. Sie heißt Anke und sie ist 14 Jahre alt.
The question and the answer are exactly the same.

You have only had to listen out for one piece of information.

* Read the questions carefully, as there is often a clue in the question.

* Often, you are helped by the fact that there's a word which sounds like an English word.

* Never leave a gap in your exam paper. It's better to make a reasonable guess. Who knows, it may be the right answer?

* Often, you'll be asked to explain signs and notices. Look out for clues in the picture and helpful words such as **bitte** (please), **nicht** (not), **verboten** (forbidden), etc.

* Make sure you have read the question carefully and answered it as clearly as you can.

* Whether the question is to be answered in English

or German, you don't need to waste time by answering in a full sentence. Just give the important words to show you have understood.

* Don't worry if there are words and phrases you don't understand. Look for things you <u>do</u> understand and then you may be able to guess some of the rest.

FALSCHE FREUNDE

For both reading and listening, study the following "false friends" which often crop up in exams. They are not what they at first appear to be!

das Boot – boat
der Chef – boss
die Chips – crisps
das Gymnasium – grammar school
der Hausmeister – caretaker
Ich will – I want (**Ich werde** – I will)
der Keks – biscuit
die Marmelade – jam

morgen – tomorrow
der Notausgang – emergency exit
wer? – who?
der See – lake (**die See** – sea)
Sonnabend – Saturday
die Pralinen – chocolates
die Speisekarte – menu

9 Die Arbeit

Gespräch 1

▲ Wo hast du dein Betriebspraktikum
gemacht?

▲ Wie bist du dorthin gefahren?

▲ Wann hat der Tag begonnen?

▲ Wann war der Tag zu Ende?

▲ Wie hast du die Arbeit gefunden?

● Ich habe ...

● Ich bin ...

● Um ...

● Um ...

● Ich habe ...

Gespräch 2

▲ Was willst du nächstes Jahr machen?

▲ Willst du studieren?

▲ Was möchtest du werden?

● Ich will ...

● Ja, ich ... / Nein, ich ...

● Ich möchte ...

Rollenspiel 1

▲ *(Ask your partner for his/her phone
number.)*

▲ *(Make up a number and dictate it.)*

● *(Make up a number and dictate it in
German. Then ask your partner the same
question.)*

**Now check that you have both understood the numbers correctly!
Then repeat the exercise several more times with different numbers.**

Rollenspiel 2

▲ *(Say your surname.)*

▲ *(Explain that she isn't here. Ask whether
you can do something.)*

▲ *(Say that's fine.)*

● *(Ask to speak to Frau Schmidt.)*

● Ja ... *(Give your name and phone number,
dictating both. Say you'd like Frau Schmidt
to phone back.)*

10 Bist du doof?

Gespräch 1

▲ Trinkst du Alkohol?

▲ Rauchst du?

▲ Was sollte man machen, um gesund zu
bleiben?

▲ Was ist gut für die Umwelt?

▲ Was ist schlecht für die Umwelt?

● Ja, ich ... *Oder:* Nein ...!

● Ja, ich ... *Oder:* Nein ...!

● Man sollte ...

● ...

● ...

Gespräch 2

▲ Wo wohnst du?   ● Ich wohne ...

▲ In was für einem Haus wohnst du?   ● Ich wohne in ...

▲ Wie ist dein Vater?   ● Er ist ...

▲ Und deine Mutter?   ● Sie ist ...

▲ Hast du ein Haustier?   ● Ja, ich habe ...

▲ Wie ist er/sie?   ● Er/Sie ist ...

▲ Ist deine Schwester älter oder jünger als   ● Meine Schwester ist ...
   du?

▲ Ist dein Bruder größer oder kleiner als   ● Mein Bruder ist ... *(If you haven't got pets,*
   du?   *brothers or sisters, just pretend you have!)*

▲ Was macht dein Vater?   ● Mein Vater ...

▲ Und deine Mutter?   ● Meine Mutter ...

▲ Hast du einen Teilzeitjob?   ● Ja, ich ...

▲ Wie viele Stunden arbeitest du?   ● Ich arbeite ...

▲ Wie viel verdienst du?   ● Ich ... *(If you haven't got a job, pretend!)*

If you write down the answers to Conversation 2, you will have much of the material you need for a presentation (*Vortrag*) about family and work. Add information about when your family moved to that house, or say that you have always lived there (past tense). Say what you think of your part-time job (opinion) and whether it is something you would like to carry on as a full time job later, or not (future tense).

Rollenspiel 1a

▲ Hast du ein Haustier?   ●

▲ Wie ist es?   ● (süß)

▲ Und hast du einen Bruder?   ● ✓

▲ Wie ist er?   ● (laut)

▲ Ist er älter oder jünger als du?   ●

▲ Hast du eine Schwester?   ● ✓

▲ Wie ist sie?   ● (intelligent)

▲ Ist sie größer oder kleiner als du?   ●

Rollenspiel 1b

▲ Hast du ein Haustier?   ●

▲ Wie ist es?   ● (unartig)

▲ Und hast du einen Bruder?   ● ✓

▲ Wie ist er?   ● (freundlich)

▲ Ist er älter oder jünger als du?   ●

▲ Hast du eine Schwester?   ● ✓

▲ Wie ist sie?   ● (doof)

▲ Ist sie größer oder kleiner als du?   ●

2 Schule

Betrifft: Schule
Datum: 21.11.
Von: Tobias Kopp
An: Jack Smith

Lieber Jack!

Hallo, wie geht's? Es geht mir gut im Moment. Vielen Dank für deine E-Mail. Ich möchte jetzt deine <u>Fragen</u> über meine Schule <u>beantworten</u>.

Die erste Frage: Was für eine Schule besuchst du?
Meine Schule ist eine große Realschule in Hamburg. <u>Es gibt</u> hier <u>ungefähr</u> 900 Schüler, Jungen und Mädchen. Die Schule liegt in der Stadtmitte in der Nähe vom Krankenhaus.

Die zweite Frage: <u>Wie</u> kommst du zur Schule?
Ich fahre mit dem Rad zur Schule, aber ich fahre mit dem Bus, wenn es regnet.

Die dritte Frage: Was sind deine <u>Lieblingsfächer</u>?
Ich finde Englisch super und ich bin gut in <u>Erdkunde</u>, aber es ist <u>schwierig</u>. <u>Kunst</u> ist interessant. Meine Lieblingsfächer sind Sport und <u>Informatik</u>. Ich <u>mag</u> Sport sehr gern und ich finde Informatik super.

Die vierte Frage: Um wie viel Uhr musst du morgens in der Schule sein?
Mein Schultag beginnt <u>früher</u> als in England. Die <u>erste Stunde</u> beginnt um Viertel vor acht. Ich esse mein <u>Frühstück</u> und ich <u>verlasse</u> das Haus um 7:20 Uhr. Ich komme um 7:30 Uhr in der Schule an. Wir haben sechs Stunden pro Tag und <u>jede</u> Stunde dauert 45 Minuten. Die Schule ist um 1:20 Uhr aus!

Die letzte Frage: Hast du viele <u>Hausaufgaben</u>?
Es geht. Ich bekomme <u>jeden Tag</u> in zwei Fächern Hausaufgaben. Ich bin nach <u>anderthalb</u> Stunden <u>fertig</u>. Ich sehe fern <u>oder</u> ich höre Musik.

Morgen ist Samstag und ich spiele für die <u>Schulmannschaft</u> Handball. Am Sonntag fahren wir nach Bremen.

Ich freue mich auf deine nächste E-Mail. Tschüs!
Dein Tobias

was? = what?	warum? = why?
wo? = where?	wer? = who?
wann? = when?	wie viel(e)? = how much? how many?
wie? = how?	um wie viel Uhr? = at what time?
wohin? = where to?	was für? = what sort of?

Hilfe

1 **Schreib die unterstrichenen Wörter auf Deutsch und Englisch hin.**

Beispiel: Fragen = answers

2 **Du bist Tobias. Beantworte die Fragen. Die Antworten sind braun.**

Beispiel: 1 Meine Schule ist eine große Realschule in Hamburg.

1 Was für eine Schule besuchst du?
2 Wie viele Schüler gibt es?
3 Wo ist die Schule?
4 Wie kommst du zur Schule?
5 Wann fährst du mit dem Bus?
6 Wie findest du Kunst?
7 Was sind deine Lieblingsfächer?
8 Um wie viel Uhr beginnt die erste Stunde?
9 Wann verlässt du das Haus?
10 Um wie viel Uhr bist du in der Schule?
11 Wie viele Stunden hast du pro Tag?
12 Wann ist die Schule aus?
13 Hast du viele Hausaufgaben?
14 Was machst du nach den Hausaufgaben?

3 **Jetzt beantworte die Fragen für dich.**

Beispiel: 1 Meine Schule ist eine große Gesamtschule in Manchester.

4 **Schreib eine E-Mail an deinen Brieffreund/deine Brieffreundin. Beschreib deine Schule.**

Siehe Hilfe

◆ If you use your answers to the questions in Activity 3, you will already have written most of your text.

◆ Start with *Lieber* if you are writing to a boy, and *Liebe* for a girl.

Examples:

Lieber Peter	Dear Peter
Liebe Nathalie	Dear Nathalie

◆ You can finish a letter to a friend in different ways.

Examples:

Liebe Grüße von John	Best wishes from John
Bis bald. Viele liebe Grüße.	See you soon.
Dein John/Deine Karola	Fond greetings from John/Karola

◆ You will gain higher marks for your coursework if you use simple linking words such as *und* (and) and *aber* (but) to lengthen your sentences.

Examples:

*Ich lerne gern Englisch **und** ich bin gut in Erdkunde.*	I like learning English **and** I'm good at Geography.
*Ich fahre mit dem Rad zur Schule, **aber** ich fahre mit dem Bus, wenn es regnet.*	I go to school by bike, **but** I travel by bus when it's raining.

◆ An easy way of saying that you like something is *Ich mag* (I like).

Example: *Ich mag Sport.*   I like P.E./sport.

◆ Try to use simple adjectives to express opinions.

Examples:

Kunst ist interessant.	Art is interesting.
Erdkunde ist schwierig.	Geography is hard.
Informatik ist super.	ICT is great.

◆ Another easy way to give an opinion is to use *Ich finde … .*

Example:

Ich finde Deutsch prima.   I think German is great.

Use this grid to make up more examples.

Ich finde	Sport Deutsch Geschichte Englisch Mathe	toll. prima. nützlich. langweilig. schwierig.

4 Die Ferien

Mein <u>Urlaub</u> in Österreich
Von Udo Hamann

Ich mag die <u>Sommerferien!</u> Ich bin sehr <u>sportlich</u> und ich finde Tennis und Schwimmen prima. Radfahren ist auch super. Ich spiele Tennis, gehe oft schwimmen und fahre in den Ferien Rad.

<u>Manchmal</u> fahren wir nach England, aber das Wetter ist nicht sehr gut. Meine Schwester mag <u>Spanien</u> und <u>Griechenland</u>, aber ich finde <u>Dänemark</u> oder <u>Schweden</u> besser.

Meine Familie und ich sind dieses Jahr für zwei <u>Wochen</u> nach Kitzbühel gefahren. Kitzbühel ist eine kleine, <u>hübsche</u> Stadt in <u>Österreich</u>.

Wir sind sehr früh mit dem Auto von zu Hause losgefahren und sind drei Stunden <u>später</u> am <u>Flughafen</u> in Hamburg angekommen. Wir sind dann direkt nach Salzburg in Österreich geflogen. Der <u>Flug</u> war sehr gut und nicht zu lang. Ich habe Hähnchen und Pommes frites gegessen und Cola getrunken.

Wir sind vom Flughafen mit einem <u>Reisebus</u> zum Hotel in Kitzbühel gefahren. Das Hotel war am <u>Stadtrand</u> und war super. Ich hatte ein Zimmer mit Balkon. Das Essen war spitze und die anderen <u>Gäste</u> im Hotel waren sehr freundlich.

Jeden Tag habe ich viel gemacht. Ich bin oft im <u>Freibad</u> geschwommen. Ich habe <u>Radtouren</u> gemacht und wir haben zu Mittag in einem herrlichen Restaurant gegessen.

Das Wetter war <u>meistens</u> gut, aber es hat ab und zu geregnet. Es war <u>nie</u> kalt und ich habe <u>immer</u> Shorts und T-Shirts getragen.

Am letzten Tag war ich sehr <u>traurig.</u> Dieser Urlaub war prima. <u>Hoffentlich</u> fahren wir <u>nächstes Jahr</u> wieder nach Österreich.

1

Schreib die unterstrichenen Wörter auf Deutsch und Englisch hin.

Beispiel: Urlaub = holiday

2

Schreib diese Ausdrücke auf Deutsch. Sie sind im Text grün

Beispiel: 1 Ich mag die Sommerferien.

1 I like the summer holidays.
2 I'm very sporty.
3 We go to England sometimes.
4 My family and I spent two weeks in Kitzbühel this year.
5 The flight was very good.
6 The hotel was on the edge of town.
7 The food was great.
8 I often swam in the open-air pool.
9 The weather was mostly good.
10 This holiday was great.

3

Du bist Udo. Beantworte diese Fragen.

Beispiel: 1 Ja, ich bin sehr sportlich.

1 **Bist du sportlich?**
Ja, ich ___ sehr ___ .
2 **Was machst du in den Sommerferien?**
Ich ___ Tennis, ___ oft schwimmen und ___ in den Ferien Rad.
3 **Was ist Kitzbühel?**
Kitzbühel ist eine ___ , ___ Stadt in ___ .
4 **Wie war der Flug?**
Der ___ war sehr ___ und nicht zu ___ .
5 **Wie bist du vom Flughafen zum Hotel gekommen?**
Wir ___ vom Flughafen mit ___ Reisebus ___ Hotel gekommen.
6 **Wo war das Hotel?**
Das Hotel ___ am ___ .
7 **Wie war das Wetter?**
Das ___ war meistens ___ .
8 **Wie war der Urlaub?**
Dieser Urlaub ___ ___ .

4

Schreib einen Bericht über deinen Urlaub.

Siehe Hilfe

Hilfe

✦ Make sure that you set out your piece of writing in a logical order with an introduction, a main middle section and an ending. Remember to say:
  – **when** your holiday was
  – **how** you travelled
  – **who** went with you
  – **what** the journey was like
  – a description of your **accommodation**
  – **what you did** during the holiday and **where**. Mention the **weather** too!

✦ Start some sentences with a time phrase and remember to put the verb straight afterwards.

Examples:

Manchmal fahren wir nach England. — **Sometimes** we go to England.

Jeden Tag haben wir viel gemacht. — **Every day** we did lots of things.

Am letzten Tag waren wir sehr traurig. — **On the last day** we were very sad.

Here is some practice. See how many sentences you can make up from this grid.

Gestern	haben wir	Fußball	gespielt.
Am Montag	sind wir	an die Küste	gefahren.
Letztes Jahr	habe ich	ein Eis	gegessen.
Später	bin ich	eine Cola	getrunken.
Um 8 Uhr		nach Spanien	geflogen.
Am Wochenende		im Freibad	geschwommen.

✦ Opinions need only be simple, but make sure that you have included some.

Examples:

Ich finde Tennis und Schwimmen prima. — I think tennis and swimming are great.
Der Flug war gut. — The flight was good.
Das Essen war spitze. — The food was super.

Kommen Sie nach Marburg!

Herzlich willkommen in Marburg!
Was sagen Touristen über Marburg?

Eine herrliche Stadt!

Super!

Marburg war toll!

Das war ein schöner Tag!

Prima!

Freundliche Leute!

Wo liegt Marburg? In der Nähe von Frankfurt und dreißig Kilometer von Gießen entfernt [siehe Karte]. Man kann mit der Bahn oder mit dem Auto nach Marburg fahren.

Was kann man hier machen und sehen? Beginnen wir mit dem Marktplatz. Hier findet man das Rathaus [1512-27]. Es ist sehr attraktiv. Das schöne Schloss ist über 400 Jahre alt. Vergessen Sie nicht den Fotoapparat! Die alten Häuser sind so schön.

Andenken kaufen? Kein Problem! Hier kann man etwas für Oma finden. Die Einkaufsstraßen und die vielen Geschäfte sind herrlich.

Wir haben auch die Sportler nicht vergessen. Es gibt Tennisplätze, Freibäder, Stadien für Fußball und für Leichtathletik und vieles mehr. Ja, hier ist immer was los!

Wo übernachten? Wir haben hier viele gute Hotels und Pensionen. Alle sind preiswert. Bitten Sie um eine Hotelliste [gratis] im Verkehrsamt.

Hungrig oder durstig? Hier finden Sie schöne Restaurants und Gasthäuser. Möchten Sie vielleicht Pizza oder etwas Griechisches? Kein Problem in Marburg!

Viel Spaß in unserer Stadt. Bis bald!

1 **Finde diese Ausdrücke im Text. Sie sind grün.**
Beispiel: 1 Andenken

1 Souvenirs
2 Shopping streets
3 Don't forget your camera
4 By rail
5 A lovely town
6 Friendly people
7 There's always something going on here
8 30km from Gießen
9 In the tourist office
10 A warm welcome to Marburg!

2 Beantworte die Fragen auf Deutsch. Wähle *a*, *b* oder *c*.
Beispiel: **1 b** Marburg liegt in der Nähe von Frankfurt.

1 Marburg liegt:
   a in der Nähe von München.
   b in der Nähe von Frankfurt.
   c in Ostdeutschland.

2 Das Rathaus ist:
   a am Marktplatz.
   b in der Fußgängerzone.
   c gegenüber der Universität.

3 Das Schloss ist:
   a über 700 Jahre alt.
   b 200 Jahre alt.
   c über 400 Jahre alt.

4 Die Touristen dürfen:
   a Oma nicht vergessen.
   b den Fotoapparat nicht vergessen.
   c das Verkehrsamt nicht vergessen.

5 Man kriegt eine Hotelliste:
   a im Verkehrsamt.
   b im Fußballstadion.
   c im Schloss.

6 Für Sportler gibt es:
   a Restaurants.
   b Pensionen.
   c Tennisplätze und Freibäder.

7 Man kann:
   a in den Restaurants und Gasthäusern essen.
   b im Stadion essen.
   c im Rathaus essen.

8 Die Hotels sind;
   a teuer.
   b preiswert.
   c furchtbar.

3 Schreib eine Broschüre über eine andere Stadt.

Siehe Hilfe

1 Wo liegt die Stadt?
   [____ liegt in *Norddeutschland/Süddeutschland/Ostdeutschland/Österreich/der Schweiz*.]

2 Ist die Stadt groß oder klein?
   [____ ist *groß/klein/sehr groß/ziemlich klein*.]

3 Wie kommt man am besten nach ...?
   [Man kommt am besten *mit der Bahn / mit dem Auto / mit dem Bus* nach ...]

4 Was kann man in der Stadt sehen?
   [Man kann *den Marktplatz/die Kirche/die Geschäfte/den Fluss/die Altstadt* sehen.]

5 Was kann man in der Stadt machen?
   [Man kann *einkaufen gehen/schwimmen/im Restaurant essen/Tennis spielen*.]

6 Wo kann man wohnen?
   [Es gibt *Hotels/Pensionen*.]

7 Wo kann man gut essen?
   [Es gibt *Restaurants/Gasthäuser/Cafés*.]

8 Wo findet man Informationen über die Stadt?
   [Man findet Informationen über die Stadt *im Verkehrsamt/im Rathaus/am Bahnhof*.]

Hilfe

◆ Practise borrowing and adapting ideas and language from other similar texts. You can use expressions from the text on Marburg and from the other activities that you have done. You mustn't copy every word, of course, but you can make a selection of words and expressions to make your work more attractive and convincing.

◆ Asking questions and using short quotations in your writing can help to make your work more professional. Look at the tourist quotations at the beginning of the piece about Marburg. Could you change some of them slightly and make them your own?

Examples:
   Eine **herrliche** Stadt   →   Eine **schöne** Stadt
   Freundliche **Leute**   →   Freundliche **Menschen**

Find four questions in the text on Marburg and try and adapt them for use in your piece of work.

◆ When writing a piece about a town, you could include some small labelled illustrations showing areas of interest or importance. They won't get you more marks, but they will help to make your piece of work look better.

7 Freizeit

Hamburg, den 15. Juli

Liebe Sara!

Grüß dich! Wie geht's? Es tut mir Leid, dass ich nicht früher geschrieben habe. Wir haben jetzt Ferien. Ich habe jeden Tag viel gemacht. Hier ist ein normaler Tag für mich in den Ferien.

Ich stehe um 8 Uhr auf. Nach dem Frühstück gehe ich schwimmen. Ich spiele dann mit meinen Freunden Tennis oder Badminton. Am Nachmittag höre ich Musik oder ich lese ein bisschen. Ich gehe auch einkaufen und fahre Rad. Am Abend sehe ich fern, telefoniere mit Freunden oder ich gehe ins Kino. Das ist viel, nicht?

Ich bin jetzt besser in Tennis. Ich spiele jeden Tag mit Tom und heute habe ich gewonnen. Das war fantastisch!

Ich höre oft Popmusik. Ich bekomme jetzt 15 Euro Taschengeld pro Woche. Ich spare mein Geld und ich habe jetzt 45 Euro. Ich möchte am Wochenende drei CDs kaufen.

Ich habe letzte Woche in Lübeck Handball für die Schulmannschaft gespielt Mein Team war im Halbfinale, aber wir haben verloren. Es war super und hat viel Spaß gemacht. Es gibt ein sehr gutes, neues Freibad hier in der Nähe und ich gehe oft schwimmen.

Vielen Dank für die nette Geburtstagskarte, Sara. Das T-Shirt ist auch prima. Ich habe zum Geburtstag ein Fahrrad von meinen Eltern bekommen. Es ist spitze! Kirsten, Thomas und ich fahren oft im Park Rad.

Ich muss jetzt Schluss machen. Ich gehe in zwanzig Minuten mit Karin und Sven ins Konzert. Meine Lieblingsband spielt heute Abend in der Stadthalle.

Schreib bitte bald! Tschüs.

Viele liebe Grüße, deine

Karola

1 Schreib die Sätze mit den richtigen Verben auf.

Beispiel: 1 Es tut mir Leid, dass ich nicht früher geschrieben habe.

1 Es tut mir Leid, dass ich nicht früher *gegessen/gespielt/geschrieben* habe.
2 Ich *trinke/stehe/lese* um 8 Uhr auf.
3 Nach dem Frühstück *gehe/höre/spiele* ich schwimmen.
4 Am Abend *trinke/sehe/schreibe* ich fern.
5 Ich *gehe/spiele/höre* oft Tennis.
6 Ich habe das Tennisspiel *gelesen/gewonnen/gefunden*.
7 Ich möchte drei CDs *sparen/essen/kaufen*.
8 Ich habe letzte Woche Handball *geschlagen/gegangen/gespielt*.
9 Es hat viel Spaß *gelesen/gemacht/gespielt*.
10 Ich habe zum Geburtstag ein Fahrrad *bekommen/gefunden/gemacht*.

2 Du bist Karola. Schreib Sätze. Die Antworten sind grün.

Beispiel: 1 Ich habe jeden Tag viel gemacht.

1 Was hast du jeden Tag gemacht?
2 Wann stehst du auf?
3 Was machst du nach dem Frühstück?
4 Was machst du am Nachmittag?
5 Was machst du am Abend?
6 Wie war das Tennisspiel mit Tom?
7 Wie viel Taschengeld bekommst du?
8 Was möchtest du am Wochenende kaufen?
9 Was hast du letzte Woche gespielt?
10 Was hast du zum Geburtstag von deinen Eltern bekommen?

3 Schreib einen Brief an deinen Brieffreund/ an deine Brieffreundin. *Siehe Hilfe*

- **Freizeit**
  [Ich spiele Badminton. / Ich höre in meiner Freizeit Musik.]
- **Meinung**
  [Ich finde Fußball prima. / Schwimmen ist super.]
- **Mit wem?**
  [Ich habe Tennis *mit Freunden / mit meinem Bruder* gespielt.]
- **Und dann?**
  [Ich habe dann *Eis gegessen / Cola getrunken / Musik gehört*.]
- **Heute Abend?**
  [Heute Abend *sehe ich fern / gehe ich ins Kino / lese ich ein Buch*.]
- **Nächstes Wochenende?**
  [Nächstes Wochenende *fahre ich nach London / spiele ich Rugby*.]

Hilfe

✦ When writing a letter to a friend, don't forget to start with *Lieber* if you are writing to a boy or a man, and *Liebe* for a girl or a woman.

✦ You can finish a letter to a friend in different ways.

Examples: *Herzliche Grüße*   Best wishes
  Alles Gute   All the best

✦ Remember to show that you can use the perfect tense. Your coursework should include examples of the present, the perfect and the future tense.

✦ In sentences when you say when, where and what you did, put the ideas in the following order:
1 when   2 how   3 where/where to

Example:
Ich bin/am Montag/mit dem Zug/nach Bremen/gefahren.
  when   how   where to

Try to use two or three sentences in your writing which follow this pattern. Use this grid to help you.

Ich bin	vorgestern	zu Fuß	in die Stadt gegangen.
Ich habe	am Dienstag	in der Sporthalle	Handball gespielt.
Wir haben	vor zwei Wochen	im Sportgeschäft	Sportschuhe gekauft.
Wir sind	am Wochenende	mit dem Auto	nach Lübeck gefahren.

9 Betriebspraktikum

Mein Betriebspraktikum

Familienname: Bäcker
Vorname: Nils
Alter: 15
Firma: Hundert Prozent Sport AG
Stadt: Bremen
Von: 12. Mai
Bis: 16. Mai
Arbeit: Kunden helfen, putzen, Kaffee kochen

Mein Tagebuch

Montag
Mein Wecker hat um halb sieben geklingelt und ich bin sofort aufgestanden. Ich habe schnell geduscht und gefrühstückt. Ich habe das Haus um Viertel nach sieben verlassen. Ich bin mit dem Bus ins Stadtzentrum gefahren. Das Sportgeschäft liegt in der Nähe vom Rathaus in der Fußgängerzone. Die Arbeit hat um 8 Uhr begonnen. Ich habe heute nicht viel gemacht. Herr Meyer, der Chef, hat mir alles erklärt. Mein erster Tag war sehr gut.

Dienstag
Ein langer Vormittag! Ich habe mit vielen Kunden gesprochen und habe so viele Fragen beantwortet. Ich war um 12 Uhr sehr müde. Es war furchtbar! Ich konnte um 16 Uhr nach Hause gehen. Danke schön, Herr Meyer!

Mittwoch
Viel besser heute. Ich habe im Büro Staub gesaugt und Kaffee gekocht. Um 12 Uhr habe ich Butterbrote für meine Kollegen geholt. Am Nachmittag habe ich mit dem Computer gearbeitet. Ich habe Briefe geschrieben. Heute war es prima!

Donnerstag
Ich habe heute sehr fleißig gearbeitet. Herr Meyer war sehr froh. Ich habe viele Kunden bedient und viele *Tennisschläger, *Jogginganzüge und *Schwimmsachen verkauft. Ich war durstig und ich habe viel Cola getrunken!

Freitag
Mein letzter Tag. Es hat geregnet und ich war ein bisschen traurig. Das Geschäft war heute ruhig. Ich habe im Büro *aufgeräumt und *geputzt. Wir haben zu Mittag in einem Restaurant gegessen. Das war schön!

Ich habe bei meinem Praktikum viel gelernt. Es hat auch sehr viel Spaß gemacht. Eine interessante Woche. Viel besser als die Schule!

Tennisschläger =	*tennis rackets*
Jogginganzüge =	*tracksuits*
Schwimmsachen =	*swimming things*
aufgeräumt =	*tidied*
geputzt =	*cleaned*

1 Du bist Nils. Welches Bild passt zu welchem Tag?
Beispiel: **1** Dienstag

2 Du bist Nils. Beantworte die Fragen.
Beispiel: **1** Mein Wecker hat um halb sieben geklingelt.

1 Wann hat dein Wecker geklingelt?
Mein Wecker ___ um ___ sieben ___ .

2 Um wie viel Uhr bist du aufgestanden?
Ich bin um ___ ___ aufgestanden.

3 Wie bist du zum Sportgeschäft gekommen?
Ich bin ___ ___ Bus zum ___ gekommen.

4 Wo liegt das Sportgeschäft?
Das Sportgeschäft ___ in der Nähe vom ___ in der ___ .

5 Wann hat die Arbeit begonnen?
Die Arbeit ___ um ___ Uhr begonnen.

6 Wie war dein erster Tag?
Mein erster Tag war ___ ___ .

7 Was hast du am Mittwoch Nachmittag gemacht?
Am Mittwoch Nachmittag ___ ich mit dem ___ gearbeitet.

8 Wie war das Wetter am letzten Tag?
Es ___ geregnet.

3 Schreib ein Tagebuch über dein Betriebspraktikum. Diese Fragen helfen dir.

Siehe Hilfe

1 Wo hast du gearbeitet? [Ich habe … gearbeitet.]
2 Wie lange warst du da? [Ich war … .]
3 Um wie viel Uhr hat die Arbeit begonnen? [Die Arbeit hat … begonnen.]
4 Was hast du in der Woche gemacht? [Ich habe … .]
5 Wie war der Chef? [Der Chef war … .]
6 Was hast du gut gefunden? [Ich habe … gut gefunden.]
7 Was hast du nicht gut gefunden? [Ich habe … nicht gut gefunden.]
8 Um wie viel Uhr bist du nach Hause gegangen? [Ich bin … gegangen.]
9 Wie waren deine Kollegen? [Meine Kollegen waren … .]
10 Hast du mit einem Computer gearbeitet? [Ich habe … gearbeitet.]

Hilfe

✦ Look at the expressions underlined in blue and try to adapt them for your own work experience account.

✦ Include a form with your piece of writing, summarising the main details of your work experience. Look at Nils' form as a guide.

✦ Remember to include some opinions in your work. Two simple ways of giving an opinion are:

Es war gut/interessant/ langweilig/prima. — It was good/interesting/ boring/great.
Ich habe es gut gefunden. — I liked it.
Ich habe es nicht gut gefunden. — I didn't like it.

Use this grid to help you work out some opinions.

Mein Betriebspraktikum Der erste Tag Der letzte Tag Die Arbeit	hat mir	gut gefallen. nicht gut gefallen.
Der Chef Der Nachmittag	war	interessant. langweilig.
Meine Kollegen Die Kunden	waren	prima / gut. freundlich.

Ferienhaus in Österreich

Wohnung im Ferienhaus – Zimmer und Schlafzimmer (mit zwei Betten), 30m². Wohn-/Schlafraum mit Essplatz und Doppelbettcouch. Küche mit 2-Platten-Herd. Dusche / WC. SW-TV. Terrasse.

LESEN 1a   **Lies die Sätze. Richtig oder falsch?**
Beispiel: **1** falsch

1   Man kann im Schlafzimmer duschen.
2   Man kann im Wohnzimmer schlafen.
3   Man kann im Wohnzimmer essen.

4   Man kann im Wohnzimmer kochen.
5   Man kann ein Bad nehmen.

LESEN 1b   **Geht das? ✔ Geht das nicht? ✘**
Beispiel: **1 ✔**

Die Familie Robinson aus Leeds sucht ein Ferienhaus.

1   Sie brauchen eine Dusche.
2   Sie brauchen einen Garten.
3   Sie brauchen drei Schlafzimmer.
4   Sie brauchen ein Bad.
5   Sie brauchen einen Fernseher.

Und Anna und Steve aus Bristol?

6   Sie brauchen ein Schlafzimmer.
7   Sie brauchen eine Küche.
8   Sie brauchen ein kleines Haus.
9   Sie brauchen eine Terrasse.

Ist das Haus besser für die Familie Robinson oder für Anna und Steve?

SCHREIBEN 2   **Kannst du die Wohnung für einen Artikel in einer Zeitschrift besser beschreiben? Schreib den Text ab und füll die Lücken aus.**

Diese ___Wohnung___ liegt in einem schönen Ferienhaus. Es hat zwei Z_____ und ist ungefähr d_____ Quadratmeter g_____. Es gibt ein Sch_____ und ein Wo_____ . Man kann im Wohnzimmer fer_____ und e_____ (und auch sch_____). Die K_____ ist ganz kl_____ – es gibt nur einen 2-Platten-H_____. Im Badezimmer gibt es ein W_ und eine D_____ . Es gibt eine schöne T_____ , aber keinen G_____ .

dreißig   Wohnung

Wohnzimmer   Herd   Garten   klein   WC   Zimmer   Schlafzimmer

Küche   Terrasse   groß   schlafen   essen   Dusche   fernsehen

Familienbrief

Lieber David!
Hier ist ein Foto von meiner Familie. Wir sind bei
meinem Onkel in Düsseldorf. Ganz rechts ist meine
Mutter. Mein Vater steht hinten – er hat einen
Bart und eine Brille. Die Frau links ist meine
Tante Christina (sie lacht immer) und der Mann
mit dem Schnurrbart ist mein Onkel Manfred.
Die zwei Jungen sind meine Brüder – Richard
(links) hat blondes Haar und eine Brille, ist
wirklich sympathisch und auch <u>sehr</u> intelligent.
Rechts vorne ist Jürgen, mein jüngerer Bruder, er ist
nur zehn Jahre alt und sehr blöd – ich kann ihn
überhaupt nicht leiden!
Ich bin nicht mit auf dem Bild, weil ich das Foto mache.
Meine ältere Schwester, Sandra, war auch nicht da, weil
sie jetzt in Berlin arbeitet.
Schreib bitte bald.
Herzliche Grüße,
Deine Claudia

1a Sieh das Foto an. Wer ist das?
Beispiel: 1 Tante Christina

1b Wie heißen sie?
Beispiel: 1 Richard

1 Er ist gut in der Schule.
2 Er wohnt in Düsseldorf.
3 Er hat einen Bart.
4 Sie lacht immer.

5 Er hat blondes Haar.
6 Er ist zehn Jahre alt.
7 Sie arbeitet in Berlin.
8 Sie schreibt diesen Brief.

2a Beschreib eine Familie! Schreib den Text ab und füll die Lücken aus.

Meine ___Mutter___ steht hinten – sie ist vierzig und hat langes Haar. Vorne stehen meine zwei
_____ Frank und Ralf. Sie sind sehr klein. Meine _____ links trägt eine Brille. Sie heißt
Maria. Der _____ rechts hat einen Bart. Er ist nicht mein _____ , er ist mein
_____ .

Brüder   Mann   Mutter   Onkel   Schwester   Vater

Kannst du jetzt ein Bild von der Familie zeichnen?

2b Finde ein Foto von einer Gruppe. Beschreib die Personen (das kann DEINE Familie sein).

Ein Zeugnis

In englischen Schulen hat
man die Noten A - G. In
Deutschland hat man die
Noten 1 - 6. 1 ist „sehr gut"
und 6 ist „ungenügend"
(= furchtbar)!

Hier sind die sechs Noten:

1	sehr gut	oder	super!	✔✔✔
2	gut	oder	fast super	✔✔
3	befriedigend	oder	ganz gut	✔
4	ausreichend	oder	hmm.....	?
5	mangelhaft	oder	nicht gut	✗
6	ungenügend	oder	furchtbar!	✗✗

ZEUGNIS

für _Bettina Schein_
Klasse _7a_
Neigungsschwerpunkt .... (Jahrgangsstufen 9 und 10)
Versäumte Stunden: ....6........., davon unentschuldigt .... Stunden
LEISTUNGEN

Religionslehre	_gut_		Gesellschaftslehre	
Deutsch*	_gut_		Geschichte	_gut_
Mathematik*	_befriedigend_		Erdkunde	_gut_
Englisch*	_sehr gut_		Politik	_gut_
Französisch*	_gut_		Naturwissenschaften	
Kunst	_ausreichend_		Biologie	_befriedigend_
Musik	_befriedigend_		Chemie	_befriedigend_
Textilgestaltung	_befriedigend_		Physik	_mangelhaft_
Sport	_gut_			

*** Beschluss der Klassenkonferenz: Er/Sie wird in Klasse8.... versetzt/~~nicht versetzt~~

Hans Hucks
Direktor

1a **Lies Bettinas Zeugnis. Welche Noten hat Bettina? Füll die Lücken aus.**
Beispiel: Kunst: 4

Deutsch:	_____	Mathematik:	_____	Englisch:	_____
Französisch:	_____	Kunst:	_____	Musik:	_____
Sport:	_____	Erdkunde:	_____	Physik:	_____
Geschichte:	_____	Politik:	_____	Chemie:	_____
Textilgestaltung	_____	Biologie:	_____		

1b **Richtig oder falsch?**
Beispiel: **1** falsch

1 Sie hat dreimal die Note „ungenügend".
2 Sie hat zweimal die Note „sehr gut".
3 Sie hat fünfmal die Note „befriedigend".
4 Sie hat zweimal die Note „mangelhaft".
5 Sie hat nie die Note „ausreichend".

2 **Schreib ein Zeugnis für einen Freund oder eine Freundin.**
Beispiel:

ZEUGNIS

für _Darren Clarke_
Klasse _10b_
Englisch: _3 befriedigend_
Deutsch: _2_

Die Schule in Deutschland

Dorothea kommt aus Deutschland. Was sagt sie über die Schule in Deutschland?

> Die Schule ist um dreizehn Uhr aus.

> Wir haben am Samstag Schule.

> Nach jeder Stunde haben wir fünf Minuten Pause.

> Die Stunden in meiner Schule dauern fünfundvierzig Minuten.

> Wir haben keine Schuluniform.

> Wenn wir schlechte Noten bekommen (5 oder 6), müssen wir sitzenbleiben, d.h. zwei Jahre in einer Klasse!

> Wir bekommen zweimal im Jahr ein Zeugnis.

> Die älteren Schüler und Schülerinnen dürfen rauchen, aber nur in **einem** Zimmer.

1a Was passt zusammen?

Beispiel: **1** d

1 5		**4** 2	
2 0		**5** 13	
3 1		**6** 45	

a Jahre	**d** Minuten Pause
b Uhr	**e** Uniform
c Minuten	**f** Zimmer

1b Wähle die richtige Antwort.

Beispiel: **1** kürzer

1 Der Schultag in Deutschland ist länger / kürzer als in England.
2 Man hat am Samstag / am Sonntag Schule.
3 Die erste Stunde beginnt um 8.00 und die zweite Stunde beginnt um 8.45 / um 8.50.
4 Man darf / Man darf keine Jeans tragen.
5 Rauchen ist nicht verboten / verboten für die älteren Schüler.
6 Man bekommt ein Zeugnis im Februar und Juni / im April.

2 Schreib den Text ab und füll die Lücken aus.

Die Schule in Großbritannien

Mein _Schultag_ hier beginnt um _____ Uhr und wir haben normalerweise bis _____ Uhr Schule. Die Stunden dauern _____ ig Minuten und gegen elf haben wir _____ Minuten Pause. Wir haben am Sa _____ nie Schule! Wir haben _____ e Schuluniform und wir dürfen nicht _____ en. Wir bekommen _____ mal im Jahr ein Zeugnis – _____ ist eine gute Note und _____ eine schlechte!

Annweiler ist eine kleine Stadt in Süddeutschland. Was kann man in Annweiler machen? Was kannst du im Internet finden?

Klicke   **http:// annweiler.de**

Aktivitäten in Annweiler

- Auto mieten
- Bustouristik
- Formel 1 / Hockenheim
- Fußball-Camp
- Handball
- Kartfahren
- Mountainbike

- Bikesport
- Motorrad
- American Football
- Freizeitbad
- Roller mieten
- Minigolf
- Wanderungen

1a **Was kann man in Annweiler machen? Schreib *Ja* oder *Nein*.**
Beispiel: **1** Ja

1 Man kann mit dem Rad fahren.
2 Man kann ins Internetcafé gehen.
3 Man kann Fußball spielen.
4 Man kann mit dem Bus fahren.
5 Man kann ins Kino gehen.

6 Man kann schwimmen gehen.
7 Man kann angeln gehen.
8 Man kann mit dem Auto fahren.
9 Man kann tanzen gehen.
10 Man kann Basketball spielen.

1b **Was kann man klicken?**
Beispiel: **1** Fußball-Camp

1 Ich spiele gern Fußball.
2 Ich wandere gern.
3 Ich spiele gern Minigolf.

4 Ich fahre gern Rad.
5 Ich gehe nicht gern zu Fuß.
6 Ich schwimme gern.

2 **Kannst du eine Internetseite auf Deutsch für eine Stadt oder ein Dorf in Großbritannien entwerfen? (Siehe oben „Aktivitäten in Annweiler".)**

Was kann man da machen? Schreib Sätze. (Siehe oben „Man kann ....".)

„Aktivitäten in ...."

Unterhaltung

Was kann man in der Freizeit machen? Such im Internet unter *„Unterhaltung"*!

Stomp!

Ist das Rock?
Ist das Disco?
Ist das Ballett?
Das ist alles! "Stomp Out Loud", die einzigartige Theaterperformance aus Australien. "Stomp" ist noch bis zum 24.9 im Capitoltheater in Düsseldorf zu sehen.

Internetcafe

in der Raststätte, Lothringerstr. 13,
Unser Internetcafe:
jeden Dienstag, Donnerstag und Sonntag von 18:00 bis 22:00h kostenfreier, betreuter Zugang zum Internet. Informationen rund um die Kultur auf – heimat.de Liveübertragungen aktueller Veranstaltungen im WWW

Stadtbad

Das Freizeitbad ist ausgestattet mit einem 25 m langen Sportbecken, einem Freizeitbecken mit Rutschbahn, Wasserkanone und Massagedüsen, einer großen Liegefläche sowie einem Kiosk.

Öffnungszeiten ab 13. Mai bis Mitte September:
Mo   11 - 20 Uhr
Di - Fr 08 - 20 Uhr
Sa+ So 09 - 20 Uhr

1a Was kannst du empfehlen? Schreib *Stadtbad*, *Stomp* oder *Internetcafé*.
Beispiel: 1 Internetcafé

1 Malcolm und Kay sind Computerfreaks.
2 Karl und Justin treiben sehr gern Sport.
3 Max möchte Kaffee trinken.
4 Rachel möchte mit Freunden in Australien Kontakt aufnehmen.

1b Ist das offen oder geschlossen?
Beispiel: 1 geschlossen

1 Chris will am Samstag E-Mails schicken.
2 Kirsty will im Juli schwimmen gehen.
3 Manfred will an seinem Geburtstag am 24.10. die Tanzsensation sehen.
4 Sascha und Ulrich wollen am Mittwoch im Internet surfen.

1c Wo waren sie? Bei „Stomp"? Im Internetcafé? Im Stadtbad?
Beispiel: 1 Bei „Stomp"

1 „Das war toll! Die Musik war fantastisch und die Tänzer waren toll."
2 „Das war echt super. Wir sind geschwommen und wir haben gespielt."
3 „Es war nicht so gut. Es war zu voll und ich hatte alle meine Adressen vergessen."
4 „Ich habe Erika dort gesehen – sie ist ein großer Tanzfan."

2 Schreib den Text ab und füll die Lücken aus.

Ein ganz toller Tag

Meine __zwei__ Freunde aus _____ sind nächsten Freitag hier in Düsseldorf. Hier ist mein Plan für den Tag. Vormittags gehen wir ins _____. Wir können da _____ – die Wasserkanone ist _____. Wir möchten _____ auch ins Internetcafé gehen, aber das Café ist am Freitag _____. Abends gehen wir ins _____. Die _____ ist sehr gut, aber sehr laut.

Amerika   fantastisch   geschlossen   zwei   Theater   nachmittags   schwimmen   Freibad   Musik

JUGENDGÄSTEHÄUSER IN BERLIN

Hier sind vier günstige Übernachtungsmöglichkeiten in Berlin

OUT = weit vom Zentrum   PER = nicht zu weit   CEN = Zentrum

S = S-Bahn = Zug   U = U-Bahn

NAME	ADRESSE in Berlin	TELEFON	TRANSPORT
Jugendherberge am Wannsee	Badeweg 1, 14129 (OUT) www.jugendherbergen.de	803 20 34	S1,S7: Nikolassee
Jugendgästehaus Berlin	Kluckstr. 3, 10785 (CEN) www.jugendherbergen.de	261 10 27	Bus 129
Jugendgästehaus am Zoo	Hardenbergstr.9a, 10623 (CEN)	312 9410	U2: Ernst-Reuter-Platz
Studentenheim	Delbrückstr. 24, 14193 (PER)	891 9718	Bus 129

1a   **Du möchtest Ferien in Berlin machen. Wo kannst du billig wohnen? Schreib *Das stimmt* oder *Das stimmt nicht*.**

Beispiel: 1 Das stimmt

1   Das Jugendgästehaus Berlin ist in der Stadmitte.
2   Das Jugendgästehaus am Zoo ist nicht im Zentrum.
3   Das Studentenheim ist in der Nähe vom Zentrum.
4   An die Jugendherberge am Wannsee kann man E-Mails senden.
5   Im Studentenheim kann man im Internet surfen.

1b   **Was für eine Nummer ist das? Schreib *eine Adresse, eine Telefonnummer* oder *eine Busnummer*.**

Beispiel: 1 eine Telefonnummer (261 10 27)

1   zweihunderteinundsechzig zehn siebenundzwanzig
2   dreihundertzwölf vierundneunzig zehn
3   hundertneunundzwanzig
4   vierundzwanzig
5   achthundertdrei zwanzig vierunddreißig

2   **Schreib den Text ab und füll die Lücken aus.**

Danke   drei   E-Mail   Nummer   Platz   Zentrum

> Sehr geehrtes Fräulein Whitlock! Sehr geehrter Herr Williams!
> __Danke__ für Ihre _____. Ja, wir haben _____ für
> Sie am Freitag! Das Jugendgästehaus Berlin ist im _____.
> Sie fahren am besten mit dem Bus _____ 129. Unsere
> Adresse ist Kluckstraße _____.
> Wir freuen uns auf Ihren Besuch!
> Christoph Müller

Rundreisen
Euro-Trails Reisebus

Euro-Trails bietet für alle ein individuell abgestimmtes Programm, das einen intensiven Eindruck von Land und Leuten vermittelt!

Deutschland XXL

9 Tage • 8 Nächte
• ab München / bis Berlin

Route:	Was sieht man?
München	• Schloss Nymphenburg
Stuttgart	• Staatsgalerie *oder*
	• Mercedes-Benz Classic Center
Rheintal	• Burg Rheinfels
Köln	• Weltberühmter Dom
Duisburg	• Hafen Duisburg
Emsland	• Fahrt mit dem 450 km/h schnellen Transrapid-Zug
Hamburg	• Historische Speicherstadt
Lübeck	• UNESCO-Kulturerbe - die Lübecker Altstadt
Wismar	• Historisches Wismar
Schwerin	• Residenz der Herzöge von Mecklenburg
Berlin	• Potsdamer Platz – Berlins neue Mitte

1a Wähle die richtige Antwort.
Beispiel: **1** im Süden

1 Diese Tour beginnt im Norden / im Süden Deutschlands.
2 Die ganze Tour dauert acht / neun Tage.
3 Die Tour beginnt in München / in Berlin.
4 Wir fahren mit dem Bus / mit dem Flugzeug.
5 Das Automuseum ist in Stuttgart / in Lübeck.
6 Wismar ist eine alte / moderne Stadt.

1b Was kann man da sehen? Schreib Notizen.
Beispiel: **1** den Hafen

1 In Duisburg?   den _____   **4** In Emsland?   den _____
2 In Köln?   den _____   **5** In Schwerin?   die _____
3 In Lübeck?   die _____   **6** Im Rheintal?   die _____

2 Du arbeitest für eine Reisegesellschaft in Großbritannien. Mach eine Broschüre für eine Ferienreise für deutsche Touristen.

1 Die Tabelle
Welches Land? (England, Schottland usw.)
Wie viele Tage?
Wie viele Nächte?
Ab ? bis ?

2 Beschreibung der Reise (siehe Übung 1). **Schreib VIER Sätze.**

Was gibt es in Deutschland zu sehen?

In **Hamburg** gibt es den **Hafen**.
In **Dresden** gibt es schöne **Paläste**.
In **Köln** gibt es den **Dom**.
In **Koblenz** gibt es den **Rhein**.
Im **Schwarzwald** gibt es viele **Tannenbäume**.
In **Neuschwanstein** gibt es ein **Schloss**.
Im **Süden** gibt es die **Alpen**.

1a   **Welches Foto ist das?**
Beispiel: **1** Dresden

1b   **Wo ist das? Schreib *richtig* oder *falsch*.**
Beispiel: **1** richtig

1 Köln ist im Westen.
2 Der Schwarzwald ist im Norden.
3 Koblenz ist im Osten.

4 Dresden ist im Osten.
5 Neuschwanstein ist im Süden.
6 Hamburg ist im Süden.

2   **Was gibt es zu sehen? Schreib den Text ab und füll die Lücken aus.**

> In <u>Hamburg</u> kann man viele <u>Schiffe</u> sehen. Die _____ in den A _____ sind wunderbar.
> In Ko _____ sieht man einen tollen _____ . In Kö _____ gibt es einen fantastischen
> großen _____ . Im S _____ gibt es natürlich viele grüne _____ .

Alpen

Berge   Fluss   Köln   Dom   Schiffe   Wälder   Schwarzwald   Hamburg   Koblenz

Was gibt es in Berlin zu sehen?

Das Brandenburger Tor

Die besten Berliner Sehenswürdigkeiten

a das Brandenburger Tor (erbaut 1788-1791 von Carl Gotthard Langhans)
b das Schauspielhaus (Schinkels Konzerthaus)
c Unter den Linden, eine schöne breite Straße
d das Pergamonmuseum
e der Berliner Dom
f die Siegessäule – 69 Meter hoch
g der Fernsehturm (365 m, am Alexanderplatz)
h das Reichstagsgebäude, Parlamentsgebäude, erbaut 1884-1894 von P. Wallot
i das Schloss Bellevue, Sitz des Präsidenten von Deutschland
j das Olympiastadion (von 1936).

1a London und Berlin – Partner?
Kannst du „Partner-Sehenswürdigkeiten" in Berlin finden?
Beispiel: **1** d (British Museum + das Pergamonmuseum)

1 British Museum	**5** Wembley Stadium
2 Buckingham Palace	**6** Royal Albert Hall
3 Houses of Parliament	**7** Post Office Tower
4 Marble Arch	**8** St. Paul's Cathedral

1b Wie heißt das in Berlin?
Beispiel: **1** das Schauspielhaus

1 Man hört hier wunderbare Musik.	**4** Man kann hier sonntags singen.
2 Man treibt hier viel Sport.	**5** Man kann mit dem Lift sehr schnell hochfahren.
3 Man kann hier schön spazieren gehen.	

1c Wie alt? Wie hoch?
Beispiel: **1** das Brandenburger Tor

1 siebzehnhunderteinundneunzig erbaut	**4** dreihundertfünfundsechzig Meter hoch
2 neunzehnhundertsechsunddreißig erbaut	**5** neunundsechzig Meter hoch
3 achtzehnhundertvierundneunzig erbaut	

2 Hitparade für deutsche Touristen. Schreib eine Liste von fünf Sehenswürdigkeiten in einer Großstadt in Großbritannien (aber nicht in London!).
Schreib etwas Interessantes: *über fünfhundert Jahre alt; über vierhundert Meter hoch; man kann hier tanzen ...*

Produkte

Karamelgebäck, 300 à 6g	€10,14
Marsriegel, 57 g	€0,40
Wrigley's Extra Kosmetischer Zahnpflege	€1,10
Pringles SOUR CREAM & ONION, 200	€1,42
Bärchen mit Honig 75g	€1,50
Seeberger Walnusskerne extra. In einer Frischhaltepackung	€2,38
Pulmoll Husten Mint. Zuckerfrei, mit Vitaminen	€1,25

Produktkategorien

- ○ Pastillen
- ○ Bonbons
- ○ Chips
- ● Kaugummi
- ● Kekse
- ○ Nüsse
- ○ Schokolade

LESEN

1a Du möchtest etwas kaufen. Welche Kategorie musst du klicken?
Beispiel: Karamelgebäck = Kekse

LESEN

1b Welches Produkt ist das?
Beispiel: 1 Pringles

1 Fast ein Euro fünfzig!
2 Nur ein Euro fünfzig!
3 Nur ein Euro fünfundzwanzig!

4 Fast zwei Euro fünfzig!
5 Nur vierzig Cent!
6 Nur zehn Euro!

SCHREIBEN

2 Lies die Produktkategorien. Was isst du gern? Was isst dein Freund / deine Freundin gern?

> Ich esse gern Kekse, _____, _____, _____ und _____.
> Mein Freund / Meine Freundin isst nicht gern Schokolade, _____, _____,
> _____ und _____.

SCHREIBEN

3 Schreib eine Liste von SECHS britischen Produkten. Hilf deutschen Touristen – beschreib die Produkte!

Rich Tea Biscuits   Das sind ___Kekse___ .
Cadbury's Fruit and Nut   Das ist _____.
Jellybabies   Das sind _____.

Sonderangebote im Kaufhof!

Damen Schlaf- und Hausanzug € 9,99
Kinder-Moonboots je Paar € 8,99
Federbett € 44,99
Bratpfanne € 12,49
Deutsche Schlager-Hits 2-er-Set € 2,25
Staubsauger - Beutel je Packung € 3,49
Alle Schulbücher € 6,49
Kerze im Glas € 1,49
Bauern-Chrysanthemen je Pflanze € 2,39

a
b
c
d
e
f
g
h
i

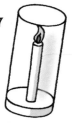

LESEN 1a Lies die Sonderangebote. Was passt zusammen?
Beispiel: **1** e

LESEN 1b Sonja hat eine lange Weihnachtsliste. Was kannst du empfehlen?
Beispiel: **1** a

1 Meine Mutter mag Kleider, auch für zu Hause.
2 Mein Onkel hört gern Musik.
3 Mein Bruder kocht sehr gern.
4 Meine Freundin schläft sehr gern.

5 Meine Tante hat alle Blumen sehr gern.
6 Mein Vater macht gern Hausarbeit.
7 Meine Schwester spielt gern im Schnee.
8 Mein Vetter geht jetzt zur Schule.

SCHREIBEN 2 Was hat Dirk gekauft?

1 sechs Euro neunundvierzig
2 zwei Euro fünfundzwanzig
3 acht Euro neunundneunzig
4 ein Euro neunundvierzig

eine Pflanze   ein Schulbuch   eine Kerze

ein Paar Kinder-Moonboots

SCHREIBEN 3 Du hast 40 Euro. Wie viele Geschenke kaufst du? Was kaufst du?
Beispiel: *Ich kaufe eine Kerze für meine Tante. Die Kerze kostet ...*

Möchtest du ins Kino gehen? Was läuft?

HENNEN RENNEN
Originaltitel: CHICKEN RUN
Genre: Trickfilm
Land/Jahr: GB/2000
Länge: 91 Minuten
FSK: ab 6 Jahre

NUR NOCH 60 SEKUNDEN
Originaltitel: GONE IN 60 SECONDS
Genre: Actionfilm
Land/Jahr: USA/1999
Länge: 119 Minuten
FSK: ab 16 Jahre

IM JULI
Genre: Komödie
Land/Jahr: D/2000
Länge: 100 Minuten
FSK: ab 12 Jahre

TAXI, TAXI
Originaltitel: TAXI 2
Land/Jahr: F/2000
Länge: 91 Minuten
FSK: ab 12 Jahre

1a Woher kommt der Film?
Beispiel: 1 Taxi, Taxi

1 Er kommt aus Frankreich.
2 Er kommt aus Amerika.
3 Er kommt aus Deutschland.
4 Er kommt aus England.

1b Geht das? Schreib *Ja* oder *Nein*.
Beispiel: 1 Nein

1 Mein Bruder ist vierzehn und möchte *Nur noch 60 Sekunden* sehen.
2 Meine Schwester ist acht und möchte *Hennen Rennen* sehen.
3 Mein Vater und meine Mutter möchten *Im Juli* sehen.
4 Meine zwei Neffen sind neun und elf und möchten *Taxi, Taxi* sehen.

1c Welcher Film ist das?
Beispiel: 1 Hennen Rennen

1 Von den „Wallace & Gromit"-Machern. Tolle Figuren und eine komische Geschichte.
2 Eine mitreißende, spannende und amüsante deutsche Liebeskomödie.
3 Sensationelle Stunts und heiße Schlitten – amerikanisches Car-Crash-Spektakel!
4 Ein Hit in Frankreich! Ein Actionhit – voller wahnsinniger Stunts!

2 Was ist dein Lieblingsfilm? Schreib einen Bericht.

Mein Lieblingsfilm heißt _____. Er kommt aus _____ und ist ein (Actionfilm? Trickfilm? .....?) . Man muss _____ Jahre alt sein. Das ist ...

Freizeit in Deutschland

Altstadtfest in Nürnberg

vom 14.09 bis 25.09.
Ort: Nürnberg, Hans-Sachs-Platz
Eine Million Besucher haben letztes Jahr das größte und schönste Altstadtfest besucht. Neben dem Markt auf dem Hans-Sachs-Platz gibt es vielseitige Veranstaltungen, etwa das Fischerstechen, Folklore, Hans-Sachs-Spiele sowie Jazz-Konzerte. Auf dem Hauptmarkt gibt es ein Kinderprogramm.

Sport

FC Bayern München – FC Hansa Rostock am 30.09.
Ort: München
Veranstalter: FC Bayern München e.V.
Tel: (089) 699 31-0

OSNArena

vom 23.09. bis 24.09.
Beginn: 20:00.
Ort: Historischer Güterbahnhof, Osnabrück
Gogo-Tänzer, Lasershow und internationale DJs sorgen für eine heiße Nacht bei der ersten OSNArena „N8ruhe" am 23. September in Osnabrück.

Musical – Cats

vom 05.01. bis 0.12.
Ort: Operettenhaus, Hamburg
„Cats" feierte seine deutsche Erstaufführung am 18. April 1986 im Hamburger Operettenhaus. Mehr als 4,5 Millionen Menschen sahen bis heute das Katzen-Musical.

1a In welcher Stadt findet das statt?

Beispiel: 1 in Nürnberg

1 Das Altstadtfest
2 Das Fußballspiel

3 Das Theaterstück
4 Der Discoabend

1b Was würdest du empfehlen?

Beispiel: 1 Musical – Cats

1 Ich gehe gern ins Theater.
2 Ich treibe gern Sport.

3 Ich möchte gern einkaufen.
4 Ich tanze sehr gern.

1c Wie lange dauert das?

Beispiel: 1 Altstadtfest

1 zwölf Tage
2 acht Stunden

3 das ganze Jahr
4 neunzig Minuten

1d Was findet da statt?

Beispiel: 1 das Fußballspiel

1 im Stadion
2 im Opernhaus

3 auf einem Marktplatz
4 in einem alten Gebäude

2 Was möchtest du in Deutschland sehen? Wähle ZWEI aus: Altstadtfest; OSNArena; FC Bayern München.

Beispiel: *Ich möchte (Cats) sehen – ich (gehe) gern (ins Theater). Das findet in der Stadt (Hamburg) statt.*

Rezepte der Woche

Wiener Schnitzel mit Kartoffelrösti

Kartoffelrösti sind typisch deutsch und schmecken prima

Kartoffelrösti für 4 Personen
8 mittelgroße Kartoffeln
2 Eier
1 Esslöffel Mehl
Salz und Pfeffer und
2 Esslöffel Sonnenblumenöl

- Kartoffeln schälen
- Kartoffeln reiben
- alles zusammen mischen (aber nicht das Öl!)
- Öl erhitzen
- die Mischung braten
- heiß servieren

1a   **Wie viel brauchst du? Was passt zusammen?**
Beispiel: **1** e

1	ein bisschen	**a**	Kartoffeln
2	vier	**b**	Eier
3	ein bisschen	**c**	Esslöffel Mehl
4	zwei	**d**	Pfeffer
5	einen	**e**	Salz
6	zwei	**f**	Personen
7	acht	**g**	Esslöffel Sonnenblumenöl

1b   **Richtig oder falsch?**
Beispiel: **1** falsch

1 Man braucht heißes Wasser.
2 Vegetarier können Kartoffelrösti essen.
3 Man muss das kalt essen.
4 Für zwei Personen braucht man vier Kartoffeln.
5 Die Kartoffeln müssen sehr klein sein.

2a   **Trudi beschreibt, wie sie Kartoffelrösti macht. Füll die Lücken aus. Achtung! Die Anweisungen sind nicht in der richtigen Reihenfolge.**
Beispiel: **1** Zuerst schäle ich die Kartoffeln.

1 Zuerst schäle ich die _____ .
2 Dann brate ich die _____ .
3 Und ich serviere das _____ .
4 Ich mische _____ zusammen.
5 Dann reibe ich _____ Kartoffeln.
6 Ich erhitze das _____ .

heiß
alles
die
Öl
Mischung
Kartoffeln

2b   **Jetzt schreib die Sätze in der richtigen Reihenfolge auf.**
Beispiel: *Zuerst schäle ich die Kartoffeln. Dann reibe ich ...*

Silvesterabend

Was hat Sandra am Silvesterabend gemacht?

Dieses Jahr war ich zu Silvester (dem einunddreißigsten Dezember) bei Freunden eingeladen. Zum Abendessen um acht Uhr gab es Käse-Fondue und wir haben sehr viel Wein getrunken. Um elf Uhr sind wir alle mit dem Taxi auf den Marktplatz gefahren. Dort waren sehr viele Leute und um Mitternacht hat jeder seine Silvesterkracher und Raketen in die Luft geschossen. Es gab ein sehr großes Feuerwerk. Um zwölf haben wir alle mit einem Glas Sekt angestoßen und uns ein „Frohes Neues Jahr" gewünscht. Danach sind wir in eine der Kneipen auf dem Marktplatz gegangen und haben noch bis drei Uhr gefeiert.

1a **Lies den Text. Wann haben sie das gemacht?**
Beispiel: **1** d

1 Um acht Uhr	**a** haben wir uns ein „Frohes Neues Jahr" gewünscht.
2 Um elf Uhr	**b** haben wir noch mehr getrunken!
3 Um Mitternacht	**c** sind wir auf den Marktplatz gefahren.
4 Um Mitternacht	**d** haben wir sehr gut gegessen.
5 Bis drei Uhr morgens	**e** war ein sehr großes Feuerwerk.

1b **Richtig oder falsch?**
Beispiel: **1** falsch

1 Silvester ist am 25. Dezember.
2 Sandra war am Silvesterabend bei Freunden.
3 Sie sind alle mit dem Bus auf den Marktplatz gefahren.
4 Raketen und Kracher sind in Deutschland verboten.
5 Um Mitternacht haben sie Rotwein getrunken.
6 Es gibt viele Kneipen auf dem Marktplatz.

2a **Was hat Thomas am Silvesterabend gemacht? Füll die Lücken aus.**

Zum _____ haben wir _____ gegessen und _____ getrunken.
Um ___ Uhr s____ wir auf den _____ gefahren.
Um _____ haben wir uns ein _____ gewünscht.
Wir h_____ b____ _____ Uhr gefeiert.

Abendessen

Käse-Fondue

bis

zehn   zwei   Weißwein

haben   sind   Marktplatz

„Frohes Neues Jahr"   zwölf

2b **Und was hast du gemacht? Schreib ein paar Sätze.**

Jobanzeigen

Was?	Wie lange?	An welchem Tag?
a Zeitungen austragen	zwei Stunden	Mo; Di; Mi; Do; Fr
b Autos waschen	eine Stunde	Sa; So
c babysitten	drei Stunden	So
d im Garten arbeiten	vier Stunden	Fr; Sa; So
e im Café arbeiten	acht Stunden	Do; Fr; Sa; So
f im Supermarkt arbeiten	sechs Stunden	Mo; Di, Mi; Do; Fr; Sa

LESEN 1a   Was kannst du empfehlen?

Ich arbeite lieber draußen.   Maria

Ich arbeite lieber drinnen.   Stefan

Beispiel:
Maria: **a** und … und …
Stefan: **c** und … und …

LESEN 1b   Wer spricht?
Beispiel: **1** b

1 Ich arbeite von neun Uhr bis zehn Uhr.
2 Ich arbeite von acht Uhr bis sechzehn Uhr.
3 Ich arbeite von zehn Uhr bis vierzehn Uhr.
4 Ich arbeite von sechs Uhr bis acht Uhr.
5 Ich arbeite von sechzehn Uhr bis zweiundzwanzig Uhr.
6 Ich arbeite von acht Uhr bis elf Uhr.

LESEN 1c   An welchem Tag?
Beispiel: **1** d

1 Ich arbeite dreimal in der Woche.
2 Ich arbeite zweimal in der Woche.
3 Ich arbeite sechsmal in der Woche.
4 Ich arbeite einmal in der Woche.
5 Ich arbeite viermal in der Woche.
6 Ich arbeite fünfmal in der Woche.

„Ich arbeite von elf bis vierzehn Uhr und von achtzehn bis dreiundzwanzig Uhr."

2a   Was möchtest DU machen?
Beispiel: *Ich möchte (Zeitungen austragen). Das ist (draußen), (zwei) Stunden, von (6.00) bis (8.00) Uhr, (fünfmal) in der Woche. Das geht!*

2b   Und was möchtest du nicht machen?
Beispiel: *Ich möchte nicht … . Das geht nicht!*

Österreich

Sven ist siebzehn Jahre alt, wohnt in Linz in Österreich und hat dieses Jahr ein Betriebspraktikum in Huntingdon in Ostengland gemacht.

Hier ist sein Bericht:

Ich habe zwei Wochen in England verbracht und das war toll! Ich habe in einem großen Krankenhaus gearbeitet. Es war ganz anders als zu Hause.

Ich bin jeden Morgen um 6.00 aufgestanden, bin dann mit dem Rad zur Arbeit gefahren. Das waren drei Kilometer - nicht sehr weit entfernt, und es hat nur zehn Minuten gedauert.

Die Arbeit hat um 6.30 begonnen. Ich habe viel im Krankenhaus gemacht ... ... ich habe Leuten geholfen, ich habe in der Küche gearbeitet und ich habe das Frühstück und das Mittagessen serviert.

Ich hatte um 16.00 Feierabend* und abends bin ich mit Freunden in die Stadt gegangen. Ich bin erst um Mitternacht eingeschlafen!

*Feierabend = "end of work"

1a Wo war Sven und wann?

Beispiel: 1 d

*noch = still   **noch nicht = not yet*

1 5.55	5 15.55	
2 6.05	6 20.00	
3 6.15	7 23.45	
4 8.00		

a noch* im Krankenhaus
b auf dem Rad
c in der Stadt
d noch* im Bett

e noch nicht** im Bett
f in der Küche
g im Badezimmer

1b Schreib Ja oder Nein.

Beispiel: 1 Ja

1 Ist er um sechs aufgestanden?
2 Ist er mit dem Bus zur Arbeit gefahren?
3 Hat er in einem Büro gearbeitet?
4 War es sehr weit entfernt?

5 Hat er im Esszimmer gearbeitet?
6 Hatte er um sechs Uhr Feierabend?
7 Ist er abends ausgegangen?
8 Ist er um elf Uhr ins Bett gegangen?

2a Was macht Sven normalerweise zu Hause in Österreich? Schreib den Text ab und füll die Lücken aus.

Ich stehe normalerweise um _____ Uhr auf. Ich fahre mit dem _____ zur Sch _____ . Die Schule beginnt um _____ Uhr. Ich mache viel in der S _____ : ich a_____e, ich t_____e mich mit meinen F _____ und ich treibe Sp _____ . Die Schule ist um _____ aus. Abends gehe ich n _____ aus – ich bin zu müde! Ich schlafe um _____ Uhr ein.

Use your knowledge of the German school routine to work out the answers. The Austrian system is very similar. You may need to refer to *Kapitel 2*.

2b Hast du ein Betriebspraktikum gemacht? Wo warst du und wann? Mach eine Tabelle.

Beispiel:	6.55	–	noch im Bett
	7.05	–	im Badezimmer
	7.30	–	im Esszimmer

Teenager

WAS MACHEN DIESE TEENAGER IN DER FREIZEIT? IST DAS IMMER GUT?

Nicole sagt: Ich rauche zehn Zigaretten pro Tag.
Martin sagt: Zum Frühstück esse ich fünf Stück Sahnekuchen und Chips.
Maria sagt: Ich spiele jeden Abend von 19.00 Uhr abends bis 2.00 Uhr morgens am Computer.
Stefan sagt: Ich sehe von 7.00 bis 8.30 und von 16.30 bis 23.00 Uhr fern.
Jörg sagt: Ich trinke am Freitag und am Samstag viel Bier.

LESEN

1a Aber sie haben auch Probleme! Wer ist das?
Beispiel: 1 Stefan

1 ... geht nie aus, er hat keine Freunde mehr.
2 ... ist in der Schule immer müde.
3 ... hustet und hustet.

4 ... hat am Sonntag immer Kopfschmerzen.
5 ... wiegt jetzt achtzig Kilo.

LESEN

1b Faule Ausreden! Wer sagt das?
Beispiel: 1 Maria

1 Die Spiele sind toll.

2 Ich esse nicht gern Müsli.

3 Ich sitze sehr gern im Wohnzimmer.

4 Ich trinke nicht gern Mineralwasser.

5 Mein Großvater macht das und er ist neunzig.

SCHREIBEN

2 Schreib Sätze für diese jungen Leute. Ersetze den Text oben.
Beispiel: 1 Ich rauche vier Zigaretten pro Tag.

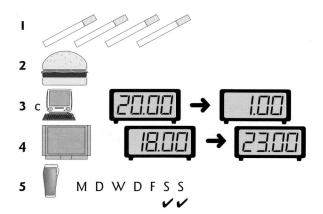

1

2

3 c 20.00 → 1.00

4 18.00 → 23.00

5 M D W D F S S
    ✔✔

Bist du umweltfreundlich?

BIST DU UMWELTFREUNDLICH?

Wie kann man unserer Umwelt
helfen? Hier sind einige Tipps.

a ● separate Mülltonnen für Glas,
    Papier und Essreste benutzen
b ● die Zentralheizung nicht zu
    hoch stellen
c ● bleifreies Benzin kaufen
d ● einen Baum pflanzen
e ● einen Teich für kleinere Tiere
    und Fische anlegen
f ● das Radio nicht zu laut stellen
g ● zu Fuß gehen oder mit dem
    Rad fahren

LESEN
1a Warum? Was passt zusammen?
Beispiel: **1** d

I Das bringt mehr Grün in die Welt.
2 Lärm ist auch ein Problem.
3 Das braucht kein Benzin!
4 Man kann so billiger Auto fahren.
5 Man braucht nicht so viel Energie.
6 Man kann das alles recyclen.

LESEN
1b Was schlagen die Leute vor?
Beispiel: **1** g

I Wir wollen nicht immer im Auto sitzen.
2 Ich hasse diese Musik.
3 Nein, nein, die Zeitungen und die Flaschen nicht zusammen.
4 Es ist hier zu warm!
5 Da angeln? Nein – das ist keine gute Idee!

SCHREIBEN
2a Was kannst du machen? Schreib DREI Sätze.
Beispiel: *Ich kann separate Mülltonnen für Glas, Papier und Essreste benutzen.*

SCHREIBEN
2b Und was ist unpraktisch? Was kannst du nicht machen? Schreib DREI Sätze.
Beispiel: *Ich kann keinen Baum pflanzen.*

Grammatik

1 Nouns

1.1 Gender

There are three genders: masculine, feminine and neuter. Every German noun has a gender.

1.2 Articles

The word *the* is known as the definite article. These are the words for *the* for each gender:

Masculine	*Feminine*	*Neuter*
der	**die**	**das**

There is also an indefinite article – the word *a*. That changes according to gender too:

Masculine	*Feminine*	*Neuter*
ein	**eine**	**ein**

Examples:

Definite article (the)	*Indefinite article (a, an)*
der Mann *(the man)*	**ein Mann** *(a man)*
die Frau *(the woman)*	**eine Frau** *(a woman)*
das Eis *(the ice cream)*	**ein Eis** *(an ice cream)*

These genders are what you'd expect: masculine for a man, feminine for a woman and neuter for an ice cream (a thing). However, not all "things" are neuter in German. They could be any gender. You just have to learn them as you go along.

1.3 Singular and plural

The plural of the definite article (*the*) is always **die**:
der Baum (*the tree*)   **die Bäume** (*the trees*)

The indefinite article disappears completely in the plural:
Bäume (*trees*)

To form the plural of a noun, you can't just add **-s** as in English. German has lots of different ways of showing that a noun is plural. Again, you have to learn them as you go along. Learn the plurals of those nouns you come across most often. Here are some useful ones:

Singular	Plural		Singular	Plural	
Schwester	**Schwestern**	*sisters*	**Stuhl**	**Stühle**	*chairs*
Bruder	**Brüder**	*brothers*	**Wohnung**	**Wohnungen**	*flats*
Buch	**Bücher**	*books*	**Auto**	**Autos**	*cars*
Hund	**Hunde**	*dogs*	**Fenster**	**Fenster**	*windows*

2 Cases: nominative and accusative

German has four cases. These cases show you what nouns do. This section deals with the two most common ones, the nominative and accusative.

Most nouns come in a sentence with a verb. The noun is usually either the subject or the object of that verb:

Subject	Verb	Direct object
Die Frau	**trinkt**	**den Kaffee.**
The woman	*drinks*	*the coffee.*

The woman is doing the action, so she is the subject of the sentence and is in the nominative case in German.

The second noun, coffee, is having the action done to it. It is the direct object of the sentence and is in the accusative case in German. The accusative form of **der (Kaffee)** is **den (Kaffee)**. This table gives full details:

	Masculine	Feminine	Neuter	Plural
Nominative	**der / ein**	**die / eine**	**das / ein**	**die / –**
Accusative	**den / einen**	**die / eine**	**das / ein**	**die / –**

1 Find the correct word for *the*. The letter after the noun tells you whether it is masculine (*m*), feminine (*f*), neuter (*n*) or plural (*pl*). They are all in the **nominative** case.
   Beispiel: 1 Der Baum ist klein.

   1 ... Baum (*m*) ist klein.   *The tree is small.*
   2 ... Party (*f*) war toll!   *The party was great.*
   3 ... Lehrer (*m*) ist krank.   *The teacher is ill.*
   4 ... Briefträger (*m*) kommt um 8 Uhr.   *The postman comes at 8 o'clock.*
   5 ... Mädchen (*n*) trägt eine Brille.   *The girl is wearing glasses.*

2 Find the correct word for *a*. They are all in the **nominative** case.
   Beispiel: 1 Ein Kind weint.

   1 ... Kind (*n*) weint.   *A child is crying.*
   2 ... Katze (*f*) ist ein nettes Haustier.   *A cat is a nice pet.*
   3 ... Arzt (*m*) verdient viel Geld.   *A doctor earns a lot of money.*

4 ... Zug (*m*) kommt.   *There's a train coming.*
5 ... Hund (*m*) bellt.   *There's a dog barking.*

3 Find the correct word for *the*. This time they are all in the **accusative** case.
   Beispiel: 1 Sie hat **die** CD.

   1 Sie hat ... CD (*f*).   *She's got the CD.*
   2 Ich lese ... Buch (*n*).   *I'm reading the book.*
   3 Ich möchte ... Pullover (*m*).   *I'd like the pullover.*
   4 Ich mag ... Pizza (*f*) nicht.   *I don't like the pizza.*
   5 Ich sehe ... Spieler (*pl*) nicht.   *I can't see the players.*

4 Find the correct word for *a*. They are all in the **accusative** case.
   Beispiel: 1 Ich habe **eine** Schwester.

   1 Ich habe ... Schwester (*f*).   *I've got a sister.*
   2 Ich kaufe ... Eis (*n*).   *I'm buying an ice cream.*
   3 Ich möchte ... Tasse (*f*) Tee.   *I'd like a cup of tea.*
   4 Sie trägt ... Tasche (*f*).   *She's carrying a bag.*
   5 Ich habe ... Hund (*m*).   *I've got a dog.*

3 Adjectives

3.1 Endings

Adjectives give more information about nouns, for example big, small, happy, sad. In English an adjective can appear in one of two different places in a sentence:

1 separated from the noun it describes: *The tree is small.*
2 immediately before the noun it describes: *the small tree*

Take a look at the same phrases in German:

1 Der Baum ist klein.   *The tree is small.*
2 der kleine Baum   *the small tree*

Notice that when the word **klein** appears immediately in front of the noun it describes, it has to have an ending. These endings change according to the gender of the noun and the case the noun is in. These tables show you the various endings you will come across.

Adjective endings after the definite article

	Masculine	Feminine	Neuter	Plural
Nominative	**der klein**e **Baum**	**die klein**e **Wohnung**	**das klein**e **Haus**	**die klein**en **Häuser**
Accusative	**den klein**en **Baum**	**die klein**e **Wohnung**	**das klein**e **Haus**	**die klein**en **Häuser**

Adjective endings after the indefinite article

	Masculine	Feminine	Neuter	NO PLURALS
Nominative	**ein klein**er **Baum**	**ein klein**e **Wohnung**	**ein klein**es **Haus**	
Accusative	**einen klein**en **Baum**	**eine klein**e **Wohnung**	**ein klein**es **Haus**	

5 Put the adjective in brackets into the sentence, with the correct ending. They are all in the **nominative** case, after the definite article.
   Beispiel: 1 Die **neue** Lehrerin beginnt morgen mit ihrer Arbeit.

   1 Die ... Lehrerin beginnt morgen mit ihrer Arbeit.   (neu)

2 Der ... Mann wohnt im zweiten Stock.   (alt)
3 Die ... Äpfel (*pl*) schmecken gut.   (grün)
4 Was kostet das ... Auto?   (schwarz)
5 Das ... Heft ist unter dem Stuhl.   (rot)

6 Put the adjective in brackets into the sentence, with the correct ending. They are all in the **nominative** case, after the indefinite article.

Beispiel: 1 Ein **alter** Mann liest seine Zeitung.

1 Ein ... Mann (*m*) liest seine Zeitung.   (alt)
2 Ein ... Kind (*n*) spielt im Garten.   (klein)
3 Ein ... Rockstar (*m*) ist im Fernsehen.   (englisch)
4 Ein ... Mädchen (*n*) ist im Krankenhaus.   (jung)
5 Eine ... Frau (*f*) kommt morgen.   (deutsch)

3.2 Possessive adjectives

These are the words that mean *my, your,* etc. Use **mein, dein,** etc. with masculine (**der**) words or neuter (**das**) words, and **meine, deine,** etc. with feminine (**die**) words.

Possessive adjectives (nominative case)
Feminine adjectives are given in brackets.

mein (meine)	*my*	unser (unsere)	*our*
dein (deine)	*your (familiar)*	euer (eure)	*your (familiar)*
sein (seine)	*his, its*	Ihr (Ihre)	*your (polite)*
ihr (ihre)	*her, its*	ihr (ihre)	*their*

7 Put the correct word for *my* in these sentences. They are all in the **nominative** case.

Beispiel: 1 Wo ist **meine** Schultasche?

1 Wo ist .... Schultasche (*f*)?
2 ... Mutter (*f*) wohnt in Hamburg.
3 Ist ... Vater (*m*) hier?
4 ... Haus (*n*) ist da drüben.
5 Wo ist ... Uhr (*f*)?
6 ... T-Shirt (*n*) ist schwarz.

3.3 Comparative and superlative

a Comparative adjectives

You use these when you are comparing people or things, for example when you're saying someone or something is smaller than someone or something else. You simply add **-er** to the adjective:

klein → **kleiner** (*smaller*)   **interessant** → **interessanter** (*more interesting*)

Some adjectives don't follow this pattern and need to be learnt:

gut → **besser**   **hoch** → **höher**   **alt** → **älter**
jung → **jünger**   **groß** → **größer**

If you want to say *more ... than* use **als**:
Butter ist weicher als Holz.   *Butter is softer than wood.*

You can do this the other way round:
Holz ist nicht so weich wie Butter.   *Wood is not as soft as butter.*

b Superlative adjectives

Superlative adjectives are for saying if someone or something is the best, tallest, etc. Add **-st** (plus ending) to the adjective, or **-est** (plus ending) if the adjective ends in **–t** or a vowel:

klein → **kleinst-** (*smallest*)   **neu** → **neuest-** (*newest*)

Just as with comparatives, some superlatives don't follow the pattern:

gut → **besser** → **best-**
hoch → **höher** → **höchst-**

4 Adverbs

Adverbs describe or give more information about verbs. In English they often end in *-ly*. In German they are the same as the basic form of the adjective.

Ich fahre schnell.   *I'm driving quickly.*

5 Pronouns

We use pronouns (*I, you, he,* etc.) to avoid repeating nouns. Here are the pronouns with their English meanings:

ich	*I*		**wir**	*we*
du	*you (familiar)*		**ihr**	*you (familiar)*
er	*he/it*		**Sie**	*you (polite)*
sie	*she/it*		**sie**	*they*
es	*it*			

Like nouns, these change in the accusative case:

Nominative	ich	du	er	sie	es	wir	ihr	Sie	sie
Accusative	mich	dich	ihn	sie	es	uns	euch	Sie	sie

5.1 Saying *you* in German

There are three different words in German meaning *you*:

du Use **du** when you're talking to one person you know well. It's known as the familiar form.

ihr Use **ihr** when you are talking to more than one person you know well, e.g. a group of friends. This is the familiar form too.

Sie Use **Sie** when you are talking to someone you don't know very well. That's why it's known as the polite form. You can use **Sie** when talking to one person *or* more than one.

5.2 Saying *it* in German

There are three words for *it* in German, because there are three genders. The correct word depends on the gender of the noun:

der Baum (*m*) = **er**   **die Blume** (*f*) = **sie**   **das Buch** (*n*) = **es**

8   Find the missing word for *it*:
    Beispiel: 1 Er ist auf meinem Bett.

    1   Wo ist der Mantel?   ... ist auf meinem Bett.
    2   Wo ist das Eiscafé?   ... ist in der Königstraße.
    3   Wo ist die Bäckerei?   ... ist in der Humboldtstraße.
    4   Wo ist der Park?   ... ist in der Poststraße.
    5   Wo ist die Bank?   ... ist in der Friedrichstraße.
    6   Wo ist das Museum?   ... ist in der Moritzstraße.

5.3 man

German has another pronoun, **man**. You use it to talk about people in general. In English we would normally say *you* or, if you were being rather posh, *one*. The verb you use with **man** always has the same endings as **er/sie/es**:

Was kann man hier machen?	*What can you do here?*
Man kann ins Kino gehen.	*You can go to the cinema.*

6 Verbs

6.1 The infinitive

Look up a verb in a dictionary and you will find the infinitive form of the verb, for example **spielen** (*to play*). You often have to change the infinitive when you use the verb with different pronouns.

6.2 The present tense

English has two forms of the present tense. We can say *I play* or *I am playing*. In German it's much easier. You always say **Ich spiele** – it can mean either *I play* or *I am playing*.

Here are the different endings to most (regular) verbs in the present tense:

ich	spiele		wir	spielen
du	spielst		ihr	spielt
er/sie/es	spielt		Sie	spielen
			sie	spielen

9 Write these sentences with the correct verb endings.
   Beispiel: 1 Wir geh**en** ins Kino.

1	Wir geh_ ins Kino.		6	Schwimm_ Sie jeden Tag, Frau Schröder?
2	Wir find_ Mathe leicht.		7	Geh_ du in die Stadt, Silke?
3	Sie (*pl*) trink_ gern Kaffee.		8	Er sing_ sehr gut.
4	Ich komm_ aus Spanien.		9	Komm_ ihr mit ins Kino?
5	Hamburg lieg_ in Norddeutschland.		10	Sie (*sing.*) mach_ ihre Hausaufgaben.

Some verbs don't quite follow this pattern. The two most common are **haben** (*to have*) and **sein** (*to be*).

	haben	**sein**
ich	habe	bin
du	hast	bist
er/sie/es	hat	ist
wir	haben	sind
ihr	habt	seid
Sie	haben	sind
sie	haben	sind

All other irregular verbs just change their form after **du** and **er/sie/es**:

	fahren	**lesen**	**sprechen**
ich	fahre	lese	spreche
du	fährst	liest	sprichst
er/sie es	fährt	liest	spricht

Here are some more common irregular verbs in the present tense:

Infinitive	English	ich form	du form	er/sie/es form
nehmen	to take	nehme	nimmst	nimmt
geben	to give	gebe	gibst	gibt
sehen	to see	sehe	siehst	sieht
essen	to eat	esse	isst	isst
halten	to hold	halte	hältst	hält
helfen	to help	helfe	hilfst	hilft
treffen	to meet	treffe	triffst	trifft

6.3 Reflexive verbs

These verbs often show what you are doing to yourself. In English we usually don't need to use a word for *myself*, but in German you can't leave it out:

Ich wasche mich, rasiere mich und ziehe mich an.   *I wash, shave and dress.*

In that sentence, **mich** is a reflexive pronoun. Each form of the verb has its own reflexive pronoun:

Personal pronoun	ich	du	er	sie	es
Reflexive pronoun	mich	dich	sich	sich	sich

6.4 Separable verbs

These are verbs which sometimes split into two parts:
- the main part of the verb, which you will usually recognise straight away.
- a prefix, which is a small addition to the verb that appears at the start of the infinitive. A very common separable verb is **ankommen** (*to arrive*). This consists of the verb **kommen** (*to come*) plus the prefix **an**- which changes the meaning from *come* to *arrive*.

In normal present tense sentences, the prefix separates from the main part of the verb and goes to the end of the clause or sentence:

ankommen   →   **Ich komme an.** (*I arrive.*)
Ich komme um 9 Uhr an.   *I'm arriving at 9 o'clock.*

10 Re-arrange these words to make a sentence. The prefix is in blue
   Beispiel: 1 Wir steigen am Hauptbahnhof aus.

1	steigen am Hauptbahnhof aus Wir	(aussteigen)
2	um 9 Uhr ab fährt Der Zug	(abfahren)
3	auf Wir sehr früh stehen	(aufstehen)
4	fern sieht jeden Abend Er	(fernsehen)
5	an um 18 Uhr Der Film fängt	(anfangen)
6	ziehe einen Pulli an Ich	(anziehen)

6.5 Modal verbs

There is a small but very useful category of verbs called modal verbs which are usually used with another verb in a sentence, rarely on their own:

können	*to be able to*	**dürfen**	*to be allowed to*
wollen	*to want to*	**mögen**	*to like*
müssen	*to have to*	**sollen**	*ought to/should*

In most sentences containing a modal verb, there's another verb. You should notice two things about this other verb:
- It's always in the infinitive form [see Section 6.1 on the infinitive].

- It's usually at the end of the sentence.

Ich kann zum Fußballspiel gehen.   *I can go to the football match.*
Ich will zum Fußballspiel gehen.   *I want to go to the football match.*

Here are the verbs in full (present tense). They are all irregular, so you need to learn each one.

	können	**wollen**	**müssen**	**dürfen**	**mögen**	**sollen**
ich	kann	will	muss	darf	mag	soll
du	kannst	willst	musst	darfst	magst	sollst
er/sie/es	kann	will	muss	darf	mag	soll
wir	können	wollen	müssen	dürfen	mögen	sollen
ihr	könnt	wollt	müsst	dürft	mögt	sollt
Sie	können	wollen	müssen	dürfen	mögen	sollen
sie	können	wollen	müssen	dürfen	mögen	sollen

The phrase **ich möchte** (*I would like*) is a special part of the verb **mögen**. It is very common with or without another verb:

Ich möchte ein Eis.   *I'd like an ice cream.*
Ich möchte ins Kino gehen.   *I'd like to go to the cinema.*

11 The following sentences say *I can ...* . Change them to say *I want to ...* and *I must ...* .
   Beispiel: 1 Ich will heute Abend fernsehen. / **Ich muss** heute Abend fernsehen.

   1   Ich kann heute Abend fernsehen.
   2   Ich kann meine Hausaufgaben machen.
   3   Ich kann Radio hören.
   4   Ich kann in die Disco gehen.
   5   Ich kann zu Hause bleiben.
   6   Ich kann Tischtennis spielen.

12 Add the correct form of the modal verb to these sentences.
   Beispiel: 1 Ich muss in die Stadt gehen.

   1   Ich gehe in die Stadt.   (müssen)
   2   Wir bleiben zu Hause.   (wollen)
   3   Du machst deine Hausaufgaben.   (müssen)
   4   Ich gehe nicht ins Kino.   (können)
   5   Sie rauchen hier nicht.   (dürfen)
   6   Sie trinkt eine Cola.   (mögen – *would like*)
   7   Er spielt Tennis.   (wollen)
   8   Ihr kommt morgen zu mir.   (können)
   9   Wir vergessen unsere Hefte nicht.   (dürfen)
   10 Kaufst du ein neues T-Shirt?   (mögen – *would like*)

6.6 Saying *I like ...* and *I prefer ...*

The simplest way to say whether you like something is to use **mögen**:

Ich mag Kekse.   *I like biscuits.*

If you want to say *I like eating biscuits*, add the word **gern** to the verb:

Ich esse gern Kekse.   *I like eating biscuits.*

To say you prefer eating biscuits, change **gern** to **lieber**:

Ich esse lieber Kekse.   *I prefer biscuits.*

There are two ways of saying *I like it* or *I don't like it*:

Ich mag es. / Das gefällt mir.   *I like it.*
Ich mag es nicht. / Das gefällt mir nicht.   *I don't like it.*

7 Negatives

7.1 nicht

Nicht means *not*. It usually comes immediately after the verb:

Ich gehe nicht zum Fußballspiel.	*I'm not going to the football match.*

However, some sentences have more than one verb. In such cases, make sure **nicht** is positioned before the verb it refers to:

Ich kann meine Jacke nicht finden.	*I can't find my jacket.*

7.2 kein

Nicht is not the only way of saying *not* in German. Germans never say **nicht ein**, they say **kein**. Like **ein**, it changes depending on gender and case. The endings are exactly the same as for **ein** (see Section 2):

Ich habe keine Schwester.	*I don't have / haven't got a sister.*
Er hat kein Geld.	*He hasn't got any money.*

8 Talking about the future

Talking about the future in German is very straightforward. All you need to do is to use the present tense and say *when* something is going to happen:

Wir spielen Tennis.	*We're playing tennis.*
Wir spielen morgen Tennis.	*We're playing / going to play tennis tomorrow*
Er fliegt nach New York.	*He's flying to New York.*
Er fliegt am Samstag nach New York.	*He's flying / going to fly to New York on Saturday*

13 Change these sentences from present to future by adding the phrase in brackets. The phrase always comes immediately after the verb.

   Beispiel: 1 Ich mache heute Abend meine Hausaufgaben.

   1 Ich mache meine Hausaufgaben.   (heute Abend)
   2 Ich gehe ins Theater.   (nächste Woche)
   3 Wir fahren nach Amerika.   (nächstes Jahr)
   4 Meine Freundin kommt zu Besuch.   (nächsten Monat)
   5 Er bleibt in Köln.   (in den Sommerferien)
   6 Sie feiert ihren Geburtstag.   (Ende Mai)

There is another way of talking about the future, using the verb **werden**. You only need to do this if you are definitely planning to do something, as in a New Year's resolution. Notice that the other (main) verb is in the infinitive form and is at the end of the sentence:

Ich werde früher ins Bett gehen.	*I will go to bed earlier.*

9 Talking about the past

9.1 The perfect tense

You use the perfect tense to talk about the past. It is made up of two parts:

1 an auxiliary (or "helping") verb – either **haben** or **sein**.
2 the past participle of the verb you want to use in the past, such as **gekauft** or **gesehen**.

You MUST have both parts to form a sentence which makes sense:

Ich habe ein Eis gekauft.   *I bought / have bought an ice cream.*
Ich habe den neuen Film gesehen.   *I saw / have seen the new film.*

9.2 The past participle

As you can see, the past participle goes to the end of the sentence. Most past participles begin with **ge-** and end in **-t** or **-en**. Learn them as you go along. Here are 10 common verbs and their past participles. They all use **haben** to form the perfect tense.

Infinitive		Past participle	Infinitive		Past participle
machen	*to do/make*	gemacht	schlafen	*to sleep*	geschlafen
kaufen	*to buy*	gekauft	sehen	*to see*	gesehen
spielen	*to play*	gespielt	essen	*to eat*	gegessen
hören	*to hear/listen to*	gehört	trinken	*to drink*	getrunken
lesen	*to read*	gelesen	schreiben	*to write*	geschrieben

14 Finish the sentences with the correct past participle.
   Beispiel: 1 Ich habe ein Buch **gelesen**.

   1 Ich habe ein Buch ...   (gelesen/gespielt)
   2 Ich habe Pommes frites ...   (getrunken/gegessen)
   3 Ich habe einen guten Film ...   (gekauft/gesehen)
   4 Ich habe zwei CDs ...   (gegessen/gekauft)
   5 Ich habe Karten ...   (gespielt/gehört)

15 Put these present tense sentences into the perfect tense. The past participles are in the list above.
   Beispiel: 1 Ich habe eine Cola getrunken.

   1 Ich trinke eine Cola.   6 Du liest die Zeitung.
   2 Ihr macht eure Hausaufgaben.   7 Ich schlafe bis 11 Uhr.
   3 Sie kauft ein neues Computerspiel.   8 Sie sehen ihre Mutter.
   4 Wir spielen Fußball.   9 Wir essen keinen Kuchen.
   5 Er hört immer Radio.   10 Schreibst du eine Postkarte?

9.3 haben or sein?

How do you know whether to use **haben** or **sein** as the auxiliary? First of all, most verbs use **haben**. Most of the ones that use **sein** are verbs of motion or movement, for example **gehen** (*to go*), **schwimmen** (*to swim*), **kommen** (*to come*):

Ich bin ins Kino gegangen.   *I went to the cinema.*
Du bist jeden Tag geschwommen.   *You swam every day.*
Mein Onkel ist gestern gekommen.   *My uncle came yesterday.*

Here are 10 common verbs that use **sein**:

Infinitive		Past participle	Infinitive		Past participle
gehen	*to go (on foot)*	gegangen	bleiben	*to stay*	geblieben
kommen	*to come*	gekommen	laufen	*to run*	gelaufen
fahren	*to go (by transport)*	gefahren	sterben	*to die*	gestorben
schwimmen	*to swim*	geschwommen	ankommen	*to arrive*	angekommen
fliegen	*to fly*	geflogen	abfahren	*to set off*	abgefahren

The last two examples are separable verbs (see Section 6.4). Notice how they form the past participle, with the prefix at the front.

16 **Ich habe** or **Ich bin?** Choose the correct one to start the sentence. Look at the past participle to help you decide.

Beispiel: 1 Ich bin in die Stadt gegangen.

1   ... in die Stadt gegangen.
2   ... zu Hause geblieben.
3   ... nicht gut geschlafen.

4   ... um 9 Uhr angekommen.
5   ... mit dem Auto gefahren.
6   ... einen Hamburger gegessen.

17 Put these present tense sentences into the perfect tense. The verbs all use **sein** and the past participles are given above. Look back to Section 6.2 to check the parts of the verb **sein**.

Beispiel: 1 Ich bin ins Kino **gegangen**.

1   Ich gehe ins Kino.
2   Wann kommt er nach Hause?
3   Sie fahren mit dem Zug nach London.
4   Sie schwimmt jeden Tag im See.
5   Wir fliegen nach Rom.

6   Ich bleibe den ganzen Tag im Bett.
7   Du läufst schnell zum Supermarkt.
8   Mein Hund stirbt.
9   Gehst du zur Schule?
10 Der Bus fährt vom Bahnhof ab.

9.4 Saying *I had* and *I was*

There's a very simple way of talking about the past using **haben** and **sein**:

Ich hatte keine Zeit   *I had no time.*
Ich war in der Schule.   *I was in school.*

	haben	**sein**
ich	**hatte**	**war**
du	**hattest**	**warst**
er/sie/es	**hatte**	**war**

10 Prepositions

These tell you the position of something, for example *on the desk, under the desk* or *next to the desk*. They are all very short and recognisable, for example **auf**, **unter**, **mit**, **zu** and they almost always come in front of a noun, as in English.

They also change the case of the noun that follows them, as in the phrase **mit dem Bus**.

There are three main groups of prepositions.

a Prepositions which are always followed by the accusative case:

durch *through*   **für** *for*   **ohne** *without*
entlang *along*   **gegen** *against*   **um** *around*

Ich laufe durch den Wald.   *I'm running through the forest.*

18 Complete the sentences with the correct word for *the*.

Beispiel: 1 Ich sehe durch **das** Fenster.

1   Ich sehe durch ... Fenster (*n*).   *I'm looking through the window.*
2   Ich kaufe ein Geschenk für ... Lehrer (*m*).   *I'm buying a present for the teacher.*
3   Gehen Sie um ... Ecke (*f*).   *Go round the corner.*
4   Er geht ohne ... Mädchen (*n*).   *He's going without the girl.*
5   Wir spielen gegen ... beste Mannschaft (*f*).   *We're playing against the best team.*

b Prepositions which are always followed by the dative case.

aus *out of/from*   **nach** *after*   **von** *by/of*
bei *at (the house of)* **seit** *since/for*   **zu** *to/at*
mit *with*

At this point we meet a new case, the **dative case**. This is mainly used with prepositions. Here are the different forms of *the*, *a* and *my* in the dative:

	Masculine	Feminine	Neuter	Plural
the	**dem**	**der**	**dem**	**den**
a	**einem**	**einer**	**einem**	**–**
my	**meinem**	**meiner**	**meinem**	**meinen**

Die Kinder kommen aus dem Haus.   *The children are coming out of the house.*

19 Complete these sentences with the correct word for *the*.

> **Beispiel: 1** Ich spreche mit **dem** Lehrer.

1	Ich spreche mit ... Lehrer (*m*).	*I'm talking to the teacher.*
2	Ich fahre mit ... Bahn (*f*) in die Stadt.	*I'm going to town by tram.*
3	Sie ist seit ... Wochenende (*n*) hier.	*She's been here since the weekend.*
4	Das ist das Auto von ... Arzt (*m*).	*That's the doctor's car.*
5	Sie gehen nach ... Mittagspause (*f*) zum Café.	*They're going to the café after lunch.*

c Prepositions which are followed either by the dative or the accusative:

an	*at*	**hinter**	*behind*	**unter**	*under/below*
auf	*on*	**neben**	*next to*	**vor**	*in front of/before*
in	*in*	**über**	*above/over*	**zwischen**	*between*

How do we know which case to use? It depends on whether there is movement or no movement. The rule is ...

- If the subject of the verb is staying in one place, the preposition is followed by the dative:
  Meine Mutter arbeitet in der Schule.   *My mother works in the school.*
- If the subject of the verb is moving from one place to another, the preposition is followed by the accusative:
  Meine Mutter geht in die Schule.   *My mother is going to the school.*

20 Complete the sentences with the correct word for *the*.

> **Beispiel: 1** Der Junge wohnt in **dem** großen Haus.

1	Der Junge wohnt in ... großen Haus (*n*).	*The boy lives in the big house.*
2	Sie geht in ... Supermarkt (*m*).	*She's going into the supermarket.*
3	Sie stehen vor ... Kino (*n*).	*They are standing outside the cinema.*
4	Er hängt das Bild an ... Wand (*f*).	*He's hanging the picture on the wall.*
5	Ingrid legt die Teller auf ... Tisch (*m*).	*Ingrid's putting the plates on the table.*

11 Word order

11.1 Normal word order

Simple sentences often follow the same pattern as English ones, with the verb immediately after the subject of the sentence:

Mein Bruder hat eine Katze.   *My brother has a cat.*
Wir gehen in die Stadt.   *We are going to town.*

11.2 Asking questions

There are two ways of forming questions: beginning with a verb, or with a question word.

a Questions beginning with a verb
To make a question out of a simple phrase, just turn round (invert) the subject and the verb:

Sie trinkt immer Tee. → **Trinkt sie immer Tee?**
She always drinks tea. → *Does she always drink tea?*

Notice that in German you don't have to add anything for the word *does*.

21 Change the sentences into questions.
   Beispiel: 1 Spielst du gut Tennis?

   1 Du spielst gut Tennis.
   2 Dein Freund bleibt zu Hause.
   3 Das Mädchen kommt aus Griechenland.

   4 Sein Bruder läuft gern Ski.
   5 Sie gehen auf die Party.
   6 Er trinkt Kaffee ohne Milch.

b Questions beginning with a question word
Another way of asking questions is to begin with a question word:

Wann?	*When?*	**Wer?**	*Who?*	**Was?**	*What?*
Wo?	*Where?*	**Warum?**	*Why?*	**Was für?**	*What sort of?*
Wohin?	*Where to?*	**Wie?**	*How?*	**Wie viel?**	*How much?*
Woher?	*Where from?*				

When you start a question with one of these words you have to invert the subject and verb:

Was trägst du morgen? *What are you wearing tomorrow?*
Wer hat meine Tasche geklaut? *Who's pinched my bag?*

11.3 Verb as second idea

The golden rule of German word order is that the verb must always be the second idea in the sentence. What is meant by an idea? Look at this example:

My mother goes to church every week.

You can divide this sentence into four main ideas. These can be expressed in more than one word.

1	2	3	4
My mother	goes	to church	every week.

The same sentence in German can be written in two different ways:

* **Meine Mutter geht jede Woche in die Kirche.**
* **Jede Woche geht meine Mutter in die Kirche.**

Notice that in both sentences the verb is the second idea.

22 Add the phrase in brackets to the sentences.
   Beispiel: 1 Ich mache **heute Abend** meine Hausaufgaben.

   1 Ich mache meine Hausaufgaben.   (heute Abend)
   2 Sie geht ins Schwimmbad.   (jeden Tag)
   3 Er arbeitet in einer Drogerie.   (samstags)
   4 Sie spielen gegen Stuttgart.   (am Sonntag)
   5 Wir haben einen neuen Wagen gekauft.   (vor drei Wochen)

23 Now re-write the sentences, this time starting with the phrase in brackets.
   Beispiel: 1 Heute Abend mache ich meine Hausaufgaben.

11.4 Time, manner, place

In German you always have to follow the **Wann? Wie? Wo?** rule. This means that **time** (when) always comes before **manner** (how) with **place** (where) last. Look at this sentence:

I'm going to Cologne at the weekend by train.

In German, following the **Wann? Wie? Wo?** rule, the sentence looks like this:

Time	Manner	Place

Ich fahre am Wochenende mit dem Zug nach Köln.

24 Join the phrases together in the right order to make one sentence.

Beispiel: 1 Wir gehen am Freitag zusammen ins Theater.

1	Wir gehen	ins Theater zusammen am Freitag	3	Ich fahre	zur Schule mit der Bahn jeden Tag
2	Sie wohnt	seit drei Jahren in Dortmund mit ihrer Schwester	4	Er bleibt	in Hamburg bis November bei seiner Tante

11.5 Conjunctions

a Conjunctions that DON'T change word order

Conjunctions are words which join together two sentences or parts of sentences to form longer sentences. Here are four common ones in German:

und *and*   **oder** *or*
aber *but*   **denn** *as (meaning "because")*

They don't affect the word order of the sentence at all:

Ich muss meine Hausaufgaben machen,   *I've got to do my homework,* but *I don't feel*
   aber ich habe keine Lust.   *like it*

Notice that you have to put a comma before **aber**.

b Conjunctions that DO change word order

These conjunctions make the main verb move to the end of the sentence:

wenn

Ich bleibe drinnen. Das Wetter ist schlecht.   *I stay indoors. The weather's bad.*
Ich bleibe drinnen, wenn das Wetter   *I stay indoors* when *the weather's bad.*
   schlecht ist.

weil

Ich mache meine Hausaufgaben nicht.   *I'm not doing my homework.*
   Ich habe keine Lust.   *I don't feel like it.*
Ich mache meine Hausaufgaben nicht, weil   *I'm not doing my homework because I don't*
   ich keine Lust habe.   *feel like it.*

25 Join these phrases together using **wenn** or **weil**.

Beispiel: 1 Ich bin immer sehr müde, **weil** ich spät ins Bett gehe.

1	Ich bin immer sehr müde. Ich gehe spät ins Bett.	(weil)
2	Sie geht gern zur Schule. Der Unterricht ist immer interessant.	(weil)
3	Er hört gern Musik. Er ist allein.	(wenn)
4	Ich esse gern Pizza. Ich gehe in die Stadt.	(wenn)
5	Jürgen hat Kopfschmerzen. Er hat zu viel Bier getrunken.	(weil)

Wortschatz

Deutsch-Englisch

A

der Abend(-e)	evening
das Abendbrot	evening meal
das Abendessen(-)	evening meal
abends	in the evening
aber	but
die Abfahrt	departure(s)
der Abfall(÷e)	litter
das Abgas(-e)	exhaust (fumes)
das Abitur	German exam (A-level equivalent)
die Abteilung(-en)	department
abtrocknen	to dry up (dishes)
abwaschen	to wash up
das Adjektiv(-e)	adjective
die Adresse(-n)	address
Afrika	Africa
die Aktivität(-en)	activity
aktuell	up-to-date
alle	all
allein(e)	alone
alles	everything
der Alltag	everyday life
die Alpen	the Alps
als	than, when
also	so, therefore
alt	old
das Alter	age
die Altstadt(÷e)	old town
Amerika	America
der Amerikaner(-)/ die Amerikanerin (-nen)	American person (m/f)
amerikanisch	American
die Ampel(-n)	traffic lights
an	on; to
das Andenken(-)	souvenir
andere	other
ändern	to change
anders	different
anderthalb	one and a half
angeln	to fish
ankommen	to arrive
die Ankunft	arrival
anprobieren	to try on
ansehen	to look at
die Ansichtskarte(-n)	postcard
die Antwort(-en)	answer

antworten	to answer
die Anzeige(-n)	advert, small ad
der Apfel(÷)	apple
der Apfelkuchen(-)	apple cake
der Apfelsaft(÷e)	apple juice
die Apfelsine(-n)	orange
die Apotheke(-n)	chemist's
die Arbeit(-en)	work
arbeiten	to work
die Arbeitsgemein-schaft(-en) (die AG)	after-school club
arbeitslos	unemployed
der Arbeitstag(-e)	working day
der Ärger	trouble
der Arm(-e)	arm
der Artikel(-)	article
der Arzt(e)/ die Ärztin(-nen)	doctor (m/f)
Athen	Athens
atmen	to breathe
auch	too, also
auf	on
aufmachen	to open
aufräumen	to tidy up
aufstehen	to get up
aufwachen	to wake up
der Aufzug(÷e)	lift
das Auge(-n)	eye
die Aula(-s)	school hall
aus	out; from
der Ausdruck(÷e)	phrase, expression
der Ausflug(÷e)	outing
ausgehen	to go out
die Auskunft(÷e)	information
die Ausrede(-n)	excuse
die Aussprache	pronunciation
der Ausstieg(-e)	exit
austragen	to deliver
auswählen	to select
das Auto(-s)	car

B

babysitten	to baby-sit
der Bäcker(-)	baker
die Bäckerei(-en)	baker's
das Bad(÷er)	bath
die Badewanne(-n)	bath
das Badezimmer(-)	bathroom
der Bahnhof(÷e)	station

bald	soon
der Balkon(-e)	balcony
die Banane(-n)	banana
der Bär(-en)	bear
das Bärchen(-)	little bear
das Bargeld	cash
der Bart(÷e)	beard
der Bauch(÷e)	stomach
die Bauchschmerzen (pl)	stomach ache
bauen	to build
der Bauer(-n)	farmer
der Bauernhof(÷e)	farm
der Baum(÷e)	tree
Bayern	Bavaria
der Beamte(-n)/ die Beamtin(-nen)	civil servant (m/f)
beantworten	to answer
das Becken(-)	basin
bedeuten	to mean
die Bedeutung(-en)	meaning
bedienen	to serve
befriedigend	satisfactory
der Beginn	beginning
beginnen	to begin, start
bei	at
das Bein(-e)	leg
das Beispiel(-e)	example
bekommen	to get
Belgien	Belgium
benutzen	to use
das Benzin	petrol
der Berg(-e)	mountain
der Bericht(-e)	report
der Beruf(-e)	profession
die Bescherung	giving out the presents
beschreiben	to describe
besser	better
beste	best
bestellen	to order
die Bestellung(-en)	order
der Besuch(-e)	visit
besuchen	to visit
der Besucher(-)	visitor
betreut	caring
das Betriebspraktikum	work experience
betrifft	regarding
das Bett(-en)	bed
bezahlen	to pay

die Bibliothek(-en)	library	Chemie	chemistry	**drinnen**	inside
das Bier(-e)	beer	die Chips (pl)	crisps	die Droge(-n)	drug
bieten	to offer	das Computerspiel(-e)	computer game	die Drogerie(-n)	chemist's
das Bild(-er)	picture	die Currywurst(¨ e)	sausage with	DSP (darstellendes	drama
billig	cheap		curry sauce	Spiel)	
Biologie	biology			du	you (singular,
die Birne(-n)	pear				familiar)
bis	until	**D**		dunkel	dark
ein bisschen	a bit	die Dame(-n)	lady	durch	through
bitte	please	die Damenabteilung	ladies'	der Durchfall(¨ e)	diarrhoea
die Bitte(-n)	request	(-en)	department	dürfen	to be allowed to
bitten	to ask for	damit	with it		do sth.
blau	blue	danach	afterwards	durstig	thirsty
bleiben	to stay	Dänemark	Denmark	die Dusche(-n)	shower
bleifrei	unleaded	danke	thank you	duschen	to have a
es blitzt	there's lightning	danken	to thank		shower
blöd	stupid	dann	then		
die Blume(-n)	flower	das	the (neuter)		
die Bluse(-n)	blouse	dass	that	**E**	
die Bockwurst(¨ e)	boiled sausage	das Datum(-en)	date	Das ist mir egal!	I don't care.
das Bonbon(-s)	sweet	dauern	to last	das Ei(-er)	egg
das Boot(-e)	boat	decken	to lay, to set	ein, eine	a
braten	to fry	dein	your	der Eindruck(¨ e)	impression
die Bratpfanne(-n)	frying pan	denn	because	einfach	simple, easy
die Bratwurst(¨ e)	fried sausage	der	the (masculine)	das Einfamilienhaus	detached house
brauchen	to need	deutsch	German	(¨ er)	
braun	brown	Deutsch	German	einführen	to introduce
breit	wide		(language)	einige	a few
der Brief(-e)	letter	der Deutscher/	German person	einkaufen	to go shopping
der Brieffreund(-e)/	penfriend (m/f)	die Deutsche	(m/f)	das Einkaufszentrum	shopping centre
die Brieffreundin		Deutschland	Germany	(-en)	
(-nen)		Dezember	December	einladen	to invite
die Briefmarke(-n)	stamp	der Dialog(-e)	dialogue	die Einladung(-en)	invitation
die Brille(-n)	glasses,	dich	you (singular,	einmal	once
	spectacles		familiar)	einschlafen	to fall asleep
bringen	to bring	dick	fat	der Einstieg(-e)	entrance (bus,
britisch	British	die	the (feminine)		train)
die Broschüre(-n)	brochure	Dienstag	Tuesday	der Eintritt(-e)	admission price
das Brot(-e)	bread	diese	this	einwerfen	to post
das Brötchen(-)	bread roll	dir	(to) you	der Einwohner(-)	inhabitant
die Brücke(-n)	bridge		(singular,	das Einzelbett(-en)	single bed
der Bruder(¨)	brother		familiar)	das Einzelkind(-er)	only child
Brüssel	Brussels			das Einzelzimmer(-)	single room
die Buchhandlung(-en)	book shop	der Direktor(-en)	head teacher	einzigartig	unique
der Buchstabe(-n)	letter	der Dokumentarfilm	documentary	das Eis (-)	ice cream
buchstabieren	to spell	(-e)		die Eltern (pl)	parents
bügeln	to iron	der Dom(-e)	cathedral	empfehlen	to recommend
die Burg(-en)	castle	Donnerstag	Thursday	der Engländer/	English person
das Büro(-s)	office	es donnert	it's thundering	die Engländerin	(m/f)
die Bushaltestelle(-n)	bus stop	doof	stupid	englisch	English
das Butterbrot(-e)	slice of bread	das Doppelbett(-en)	double bed	Englisch	English
	with butter	das Doppelhaus(¨ er)	semi-detached		(language)
			house		
		das Doppelzimmer(-)	double room	entfernt	away
C		das Dorf(¨ er)	village	die Entschuldigung	excuse
der Campingplatz(¨ e)	camp site	dort	there (place)	(-en)	
der Charakter(-)	character	dorthin	there (direction)	entweder ... oder	either ... or
der Chef(-s)	boss	die Dose(-n)	tin, can	er	he
		draußen	outside	erbaut	built

die Erbsensuppe(-n)	pea soup	fertig	ready	die Fußgängerzone (-n)	pedestrian zone
die Erdbeere(-n)	strawberry	das Fest(-e)	festival	das Futur	future tense
das Erdbeereis	strawberry ice cream	das Fett(-e)	fat		
		das Feuerwerk(-e)	fireworks	**G**	
die Erdbeertorte(-n)	strawberry tart	das Fieber	fever, high temperature	die Gabel(-n)	fork
das Erdgeschoss(-e)	ground floor			ganz	whole; quite
Erdkunde	geography	finden	to find	die Garage(-n)	garage
der Erfolg(-e)	success	der Finger(-)	finger	die Gardine(-n)	curtain
ergänzen	to add	die Firma(-en)	company	der Garten(⸚)	garden
erklären	to explain	der Fisch(-e)	fish	der Gast(⸚e)	guest
die Erstaufführung (-en)	premiere	das Fitnesszentrum (-en)	fitness centre	die Gastfreundschaft	hospitality
				das Gasthaus(⸚er)	inn
erste	first	die Flasche(-n)	bottle	das Gebäude(-)	building
der/die Erwachsene (-n)	adult (m/f)	das Fleisch	meat	geben	to give
		fleißig	hard-working	der Geburtstag(-e)	birthday
es	it	fliegen	to fly	zum Geburtstag	for (one's) birthday
essen	to eat	der Flug(⸚e)	flight		
der Essig	vinegar	der Flughafen(⸚)	airport	die Geburtstagskarte (-n)	birthday card
der Esslöffel(-)	table spoon	das Flugzeug(-e)	aeroplane		
der Essrest(-e)	left-over food	der Flur(-e)	hallway	Sehr geehrte/r	Dear (informal)
das Esszimmer(-)	dining room	der Fluss(⸚e)	river	gegen	against
die Etage(-n)	floor, storey	folgende	following	gegenüber	opposite
etwa	about	das Foto(-s)	photo	gehen	to go; to walk
etwas	something	der Fotoapparat(-e)	camera	die Geige(-n)	violin
der Euro(-)	euro	die Frage(-n)	question	gelb	yellow
der Euroschein(-e)	euro note	fragen	to ask	das Geld(-er)	money
das Eurostück(-e)	euro coin	Frankreich	France	das Gemüse(-)	vegetables
		der Franzose(-n)/ die Französin(-nen)	French person (m/f)	Genf	Geneva
F				geöffnet	open
die Fabrik(-en)	factory	französisch	French	geradeaus	straight on
das Fach(⸚er)	subject (school)	Französisch	French (language)	gern (+verb)	like doing
fahren	to drive			die Gesamtschule (-n)	comprehensive school
die Fahrkarte(-n)	ticket	die Frau(-en)	woman		
der Fahrplan(⸚e)	timetable	das Fräulein(-s)	Miss	das Geschäft(-e)	shop
das Fahrrad(⸚er)	bicycle	frei	free	das Geschenk(-e)	gift, present
der Fahrschein(-e)	ticket	das Freibad(⸚er)	open-air pool	Geschichte(-n)	history
der Fahrstuhl(⸚e)	lift	Freitag	Friday	geschieden	divorced
die Fahrt(-en)	journey	der Freitagabend(-e)	Friday night	geschlossen	closed, shut
falsch	wrong	die Freizeit	free time	die Geschwister (pl)	brothers and sisters
die Familie(-n)	family	sich freuen	to look forward to		
der Familienname(-n)	surname			das Gespräch(-e)	conversation
die Farbe(-n)	colour	der Freund(-e)	friend	gestern	yesterday
der Fasching	carnival	die Freundin(-nen)	girl-friend	gesund	healthy
fast	almost	freundlich	friendly	die Gesundheit	health
faul	lazy	froh	happy	das Getränk(-e)	drink
Februar	February	der Frost(⸚e)	frost	getrennt	separate
Federball	badminton	früh	early	gewinnen	to win
das Federbett	quilt, duvet	das Frühstück	breakfast	das Gewitter(-)	thunder and lightning
fehlen	to be missing	frühstücken	to have breakfast		
der Feierabend	end of work			es gibt	there is
feiern	to celebrate	fügen	to add	gießen	to pour
das Fenster(-)	window	füllen	to fill	die Gitarre(-n)	guitar
die Ferien (pl)	holidays	für	for	das Glas(⸚er)	glass
fernsehen	to watch TV	furchtbar	terrible	die Glatze(-n)	bald (head)
im Fernsehen	on TV	der Fuß(⸚e)	foot	glauben	to believe
der Fernseher(-)	TV (-set)	der Fußball	football	das Gleis(-e)	platform
der Fernsehturm(⸚e)	TV-tower				

das Glück	luck	heiraten	to get married	das Informationsbüro	information
aus Gold	made of gold	heiß	hot	(-s)	bureau
Gott	God	heißen	to be called	inklusive	inclusive
das Grad(-e)	degree	die Heizung(-en)	heating	interessant	interesting
das Gramm	gramme	helfen	to help	interessiert sein	to be interested
die Grammatik	grammar	hell	light	das Interview(-s)	interview
gratis	free	das Hemd(-en)	shirt	der Ire(-n)/die Irin	Irish person
grau	grey	der Herd(-e)	cooker	(-nen)	(m/f)
Griechenland	Greece	herein	in	Irland	Ireland
griechisch	Greek	der Herr(-en)	Mr, man	Italien	Italy
die Grippe	flu	die Herrenabteilung	men's	der Italiener(-)/die	Italian person
groß	big	(-en)	department	Italienerin(-nen)	(m/f)
Großbritannien	Great Britain	herrlich	wonderful		
die Größe(-n)	size	das Herz(-en)	heart	**J**	
die Großstadt(⸚e)	large town	herzlich	kind, sincere	ja	yes
der Großvater(⸚)	grandfather	heute	today	die Jacke(-n)	jacket
grün	green	hier	here	das Jahr(-e)	year
die Grundschule(-n)	primary school	die Hilfe(-n)	help	Januar	January
die Gruppe(-n)	group	hin und zurück	return (for	je … desto	the … the
die Gruppenarbeit	groupwork		tickets)	jede	each
(-en)		hinein	in, into	jedoch	but
der Gruß(⸚e)	greeting	hinten	behind, at the	jetzt	now
gucken	to look		back	die Jugend	youth
gut	good	hinter	behind	die Jugendherberge	youth hostel
das Gymnasium(-ien)	grammar school	historisch	historical	(-n)	
		hoch	high	der Jugendklub(-s)	youth club
H		hochfahren	to go up	der/die Jugendliche	young person
das Haar(-e)	hair	die Hochschule(-n)	university/	(-n)	(m/f)
haben	to have		college	Juli	July
der Hafen(⸚)	port	hoffentlich	hopefully	jung	young
das Hähnchen(-)	chicken	der Holländer(-)/die	Dutch person	Juni	June
halb	half	Holländerin(-nen)	(m/f)		
das Halbfinale	semi-final	der Honig	honey	**K**	
die Halbpension	half board	hören	to listen to, hear	der Kaffee(-s)	coffee
das Hallenbad(⸚er)	open air pool	die Hose(-n)	trousers	kalt	cold
Hallo	Hello	hübsch	pretty	das Kaninchen(-)	rabbit
die Halsschmerzen (pl)	sore throat	die Hühnersuppe(-n)	chicken soup	das Kännchen(-)	pot
die Hand(⸚e)	hand	der Hund(-e)/die	dog (m/f)	kaputt	broken
das Handballspiel	game of	Hündin(-nen)		der Karneval(-s)	carnival
(-e)	handball	hungrig	hungry	die Karte(-n)	card, ticket
der Handschuh(-e)	glove	husten	to cough	Kartfahren	go-karting
das Handy(-s)	mobile phone	der Husten	cough	die Kartoffel(-n)	potato
hassen	to hate			der Kartoffelsalat(-e)	potato salad
der Hauptbahnhof	main station	**I**		der Käse(-)	cheese
(⸚e)		ich	I	die Kasse(-n)	cash desk, till
das Haus(⸚er)	house	die Idee(-n)	idea	die Kassette(-n)	cassette
die Hausarbeit	housework	ihn	him	der Kater(-)/die	cat (m/f)
die Hausaufgabe(-n)	homework	ihr	you (plural,	Katze(-n)	
nach Hause	home		familiar)	kaufen	to buy
zu Hause	at home	ihr, ihre	her	das Kaufhaus(⸚er)	department
die Hausfrau(-en)	housewife	der Imbiss(-e)	snack bar		store
der Hausmann(⸚er)	househusband	immer	always	der Kaugummi(-s)	chewing gum
der Hausmeister(-)	caretaker	das Imperfekt	simple past,	kein, keine	not a
das Haustier(-e)	pet		imperfect	der Keks(-e)	biscuit
die Haustür(-en)	front door		tense	der Kellner(-)/die	waiter/waitress
das Heft(-e)	exercise book			Kellnerin(-nen)	
der Heiligabend	Christmas Eve	in	in	die Kerze(-n)	candle

das Kilo(-s)	kilogram
das Kind(-er)	child
die Kinderabteilung (-en)	children's department
die Kindersendung (-en)	children's programme
das Kino(-s)	cinema
die Kirche(-n)	church
die Kirsche(-n)	cherry
die Klasse(-n)	class
der Klassenlehrer(-)/ die Klassen- lehrerin(-nen)	form tutor (m/f)
das Klassenzimmer(-)	class room
klassisch	classical
das Klavier(-e)	piano
das Kleid(-er)	dress
Kleiderschrank (e)	wardrobe
klein	small
das Kleingeld	change
die Kleinstadt(÷ e)	small town
das Klo(-s)	loo
die Kneipe(-n)	pub
kochen	to cook
der Kollege(-n)	colleague (m)
Köln	Cologne
komisch	strange, funny
kommen	to come
die Komödie(-n)	comedy
die Konditorei(-en)	cake shop
können	to be able to
das Konzert(-e)	concert
der Kopf(÷ e)	head
die Kopfschmerzen (pl)	headache
kosten	to cost
kostenlos/ kostenfrei	free of charge
krank	ill
das Krankenhaus(÷ er)	hospital
der Krankenpfleger (-)	nurse (male)
die Krankenschwester (-n)	nurse (female)
die Krankheit(-en)	illness
die Krawatte(-n)	tie
die Kreditkarte(-n)	credit card
kriegen	to receive, get
der Krimi(-s)	crime film/book
die Küche(-n)	kitchen
der Kuchen(-)	cake
kühl	cool
der Kühlschrank(÷ e)	fridge
die Kultur(-en)	culture
der Kunde(-n)/ die Kundin(-nen)	customer (m/f)

Kunst	Art
die Kursarbeit(-en)	coursework
kurz	short
die Kusine(-n)	cousin (girl)
der Kuss(÷ e)	kiss

L

das Labor(-s)	science lab
lachen	to laugh
der Laden(÷)	shop
das Land(÷er)	country
die Landschaft	countryside
lang	long
langweilig	boring
der Lärm	noise
laufen	to run
launisch	moody
laut	noisy, loud
das Leben(-)	life
das Lebensmittel(-)	food
die Lebensmittel- abteilung(-en)	food department
lecker	tasty, delicious
der Lehrer(-)/die Lehrerin(-nen)	teacher (m/f)
das Lehrerzimmer(-)	staff room
leicht	easy; light
die Leichtathletik	athletics
es tut mir Leid	I'm sorry
leiden	to suffer
leider	unfortunately
leise	silent, quiet
lernen	to learn
lesen	to read
letzte	last
die Leute (pl)	people
Liebe/r	Dear (in letter)
lieber (+verb)	prefer
der Liebesfilm(-e)	romantic film
das Lieblingsfach(÷er)	favourite subject
das Lieblingsfest(-e)	favourite festival
die Lieblingsgruppe (-n)	favourite group
die Lieblingssendung (-en)	favourite programme
die Lieblingsserie(-n)	favourite series
am liebsten	best of all
die Liegefläche(-n)	relaxation area
liegen	to lie; to be situated
die Limonade(-n)	lemonade
links	left
der Löffel(-)	spoon
losfahren	to drive off
die Lücke(-n)	gap
die Luft(÷ e)	air

die Lunge(-n)	lungs
lustig	funny

M

machen	to do, make
das Mädchen(-)	girl
die Mahlzeit(-en)	meal
Mai	May
man	one, you
manchmal	sometimes
mangelhaft	poor
der Mann(÷ er)	man
männlich	male
der Mantel(÷)	coat
der Markschein(-e)	mark note
das Markstück(-e)	mark coin
der Markt(÷ e)	market
die Marmelade(-n)	jam
März	March
die Maschine(-n)	machine; engine
Mathematik	maths
der Mechaniker(-)/ die Mechanikerin (-nen)	mechanic (m/f)
das Medikament	medicine
die Medizin	medicine
das Meer(-e)	sea
das Meerschweinchen (-)	guinea pig
das Mehl	flour
mehr	more
mein	my
die Meinung(-en)	opinion
meistens	mostly
der Mensch(-en)	person
das Messer(-)	knife
die Metzgerei(-en)	butcher's
mich	me
mieten	to hire, rent
die Milch	milk
der Millionär(-e)	millionaire
das Mineralwasser(-)	mineral water
Minigolf	mini-golf
mir	(to) me
mischen	to mix
mit	with
Mittag	midday
zu Mittag essen	to have lunch
das Mittagessen(-)	lunch
die Mittagspause(-n)	lunch break
die Mitte	centre
mittelgroß	medium height
Mitternacht	midnight
Mittwoch	Wednesday
möchten	would like
mögen	to like

die Möglichkeit(-en)	*possibility*
der Monat(-e)	*month*
Montag	*Monday*
morgen	*tomorrow*
morgens	*in the morning*
das Motorrad(·· er)	*motorcycle*
müde	*tired*
die Mülltonne(-n)	*rubbish bin*
München	*Munich*
mündlich	*oral*
die Münze(-n)	*coin*
die Musik	*music*
die Musiksendung (-en)	*music programme*
müssen	*must, to have to*
die Mutter(··)	*mother*

N

nach	*after, past; to*
der Nachmittag(-e)	*afternoon*
nachmittags	*in the afternoon*
die Nachricht(-en)	*news*
nächste	*next*
die Nacht(·· e)	*night*
in der Nähe	*in the area, near*
nass	*wet*
die Nationalität(-en)	*nationality*
Naturwissenschaft (-en)	*science*
der Nebel(-)	*fog*
neben	*next to*
neblig	*foggy*
der Neffe(-n)	*nephew*
nehmen	*to take*
nein	*no*
nett	*nice*
neu	*new*
das Neujahr	*New Year's Day*
nicht	*not*
Nichtraucher	*non-smoking*
nichts	*nothing*
nie	*never*
die Niederlande (pl)	*Netherlands*
niedlich	*cute*
noch	*still*
nochmal	*again*
der Norden	*the North*
die Nordsee	*North Sea*
normalerweise	*usually*
Norwegen	*Norway*
der Notausgang(·· e)	*emergency exit*
notieren	*to make a note*
null	*zero*
die Nummer(-n)	*number*
nur	*only*
die Nuss(·· e)	*nut*
nützlich	*useful*

O

obdachlos	*homeless*
oben	*above*
Herr Ober!	*Waiter!*
die Oberschule(-n)	*college*
die Oberstufe(-n)	*Sixth Form*
das Obst	*fruit*
oder	*or*
offen	*open*
öffentlich	*public*
öffnen	*to open*
die Öffnungszeit(-en)	*opening time*
oft	*often*
ohne	*without*
das Ohr(-en)	*ear*
die Ohrenschmerzen (pl)	*earache*
Oktober	*October*
das Öl(-e)	*oil*
die Oma(-s)	*granny*
der Onkel(-)	*uncle*
der Opa(-s)	*grandpa*
das Opernhaus(·· er)	*opera house*
der Orangensaft(·· e)	*orange juice*
ordnen	*to put in order*
die Ordnung(-en)	*order*
der Ort(-e)	*place*
der Osten	*the East*
das Osterei(-er)	*Easter egg*
der Osterhase(-n)	*Easter bunny*
Ostern	*Easter*
Österreich	*Austria*
der Österreicher(-)/ die Österreicherin (-nen)	*Austrian man/woman*
die Ostsee	*Baltic Sea*

P

ein paar	*a few*
das Päckchen(-)	*packet*
die Packung(-en)	*pack*
das Paket(-e)	*parcel*
das Papier(-e)	*paper*
der Parkplatz(·· e)	*car park*
der Partner(-)/die Partnerin(-nen)	*partner (m/f)*
die Partnerarbeit(-en)	*partner work*
der Pass(·· e)	*passport*
passen	*to suit; to fit*
die Pause(-n)	*break*
Pech haben	*to be unlucky*
das Perfekt	*perfect tense*
der Pfeffer	*pepper*
die Pflanze(-n)	*plant*
pflanzen	*to plant*
das Pfund(-e)	*pound*
Physik	*physics*

planen	*to plan*
der Platz(·· e)	*place, square*
Polen	*Poland*
die Politik	*politics*
die Polizei	*police*
der Polizist(-en)/die Polizistin(-nen)	*policeman/ policewoman*
Pommes frites	*chips*
das Portemonnaie(-s)	*purse*
die Post	*post office*
die Postkarte(-n)	*postcard*
die Pralinen	*chocolates*
die Präposition(-en)	*preposition*
das Präsens	*present tense*
der Preis(-e)	*price*
preiswert	*reasonably priced*
prima	*excellent*
die Privatschule(-n)	*private school*
produzieren	*to produce*
der Programmierer(-)/ die Programmiererin (-nen)	*programmer (m/f)*
das Prozent(-e)	*percent*
die Prüfung(-en)	*exam*
der Punkt(-e)	*point*
putzen	*to clean*

Q

der Quadratmeter(-)	*square meter*
die Quizsendung (-en)	*quiz programme*

R

das Rad(·· er)	*bike*
Rad fahren	*to cycle*
die Rakete(-n)	*rocket*
das Rathaus(·· er)	*town hall*
rauchen	*to smoke*
der Raucher(-)	*smoker (male)*
die Realschule(-n)	*secondary school, technology college*
die Rechnung(-en)	*bill*
Recht haben	*be right*
rechts	*right*
recyceln	*to recycle*
der Regen	*rain*
regnen	*to rain*
regnerisch	*rainy*
reiben	*to rub*
die Reihenfolge(-n)	*order*
das Reihenhaus(·· er)	*terraced house*
die Reise(-n)	*journey, trip*
die Reisegesellschaft (-en)	*travel party*

reisen	to travel	
der Reisescheck(-s)	traveller's cheque	
reiten	to ride (a horse)	
die Reklame(-n)	advert	
Religion	RE	
rennen	to run, race	
die Republik(-en)	republic	
reservieren	to book	
retten	to rescue	
der Rhein	Rhine	
richtig	correct, right	
die Riesenbratwurst (÷ e)	giant fried sausage	
der Ring(-e)	ring	
der Rock(÷ e)	skirt	
das Rollenspiel(-e)	role play	
die Rolltreppe(-n)	escalator	
rot	red	
der Rücken(-)	back	
die Rücken- schmerzen(pl)	back ache	
der Ruhetag(-e)	day off	
ruhig	quiet	
Rumänien	Romania	
rund	round	
die Rundfahrt(-en)	tour	
Russland	Russia	
die Rutschbahn(-en)	slide	

S

die Sache(-n)	thing	
der Saft(÷ e)	juice	
sagen	to say	
die Sahne	cream	
der Salat(-e)	salad	
das Salz	salt	
sammeln	to collect	
Samstag	Saturday	
satt sein	to have enough (food)	
der Satz(÷ e)	sentence	
sauer sein	to be fed up	
die S-Bahn(-en)	suburban railway	
schade	pity	
der Schal(-s)	scarf	
schälen	to peel	
schauen	to look	
der Schauer(-)	shower (of rain)	
der Scheck(-s)	cheque	
die Scheibe(-n)	slice	
der Schein(-e)	note (money)	
scheinen	to shine	
die Schere(-n)	scissors	
schicken	to send	
das Schiff(-e)	ship	

das Schild(-er)	sign, notice	
der Schinken(-)	ham	
schlafen	to sleep	
das Schlafzimmer(-)	bedroom	
schlagen	to hit	
die Schlagsahne	whipped cream	
das Schlagzeug(-e)	drumkit	
schlank	slim	
schlecht	bad	
schließlich	finally	
der Schlitten(-)	sleigh	
das Schloss(er)	castle	
der Schluss ÷	end	
der Schlüssel(-)	key	
schmecken	to taste	
der Schmerz(-en)	ache, pain	
schmutzig	dirty	
der Schnee	snow	
schneiden	to cut	
es schneit	it's snowing	
schnell	quick, fast	
das Schnitzel(-)	breaded veal cutlet	
der Schnupfen	cold	
der Schnurrbart(÷ e)	moustache	
die Schokolade(-n)	chocolate	
schön	beautiful, handsome; fine (weather); nice (general)	
der Schotte(-)/die Schottin(-nen)	Scot (m/f)	
Schottland	Scotland	
der Schrank(÷ e)	wardrobe, cupboard	
schrecklich	terrible	
schreiben	to write	
die Schreibware(-n)	stationery	
die Schreibwaren- abteilung(-en)	stationery department	
das Schreibwaren- geschäft(-e)	stationery shop	
schüchtern sein	to be shy	
der Schuh(-e)	shoe	
die Schuhabteilung (-en)	shoe department	
das Schulbuch(÷ er)	school book	
der Schuldirektor(-en)/ der Schuldirektorin (-nen)	head teacher (m/f)	
die Schule(-n)	school	
der Schüler(-)/die Schülerin(-nen)	pupil, student (m/f)	
der Schulhof(÷ e)	playground (in school)	
die Schulmannschaft (-en)	school team	

der Schultag(-e)	school day	
die Schuluniform(-en)	school uniform	
schwarz	black	
der Schwarzwald	Black Forest	
Schweden	Sweden	
die Schweiz	Switzerland	
der Schweizer(-)/die Schweizerin(-nen)	Swiss person (m/f)	
schwer	hard, difficult; heavy	
die Schwester(-n)	sister	
schwierig	difficult	
das Schwimmbad(÷ er)	swimming pool	
schwimmen	to swim	
die Schwimmsachen (pl)	swimming gear	
die See(-n)	sea	
der See(-n)	lake	
segeln	to sail	
sehen	to see	
die Sehenswürdigkeit (-en)	sight	
sehr	very	
sein	to be	
sein, seine	his	
die Seite(-n)	page	
die Sekunde(-n)	second	
selbstverständlich	of course	
senden	to send	
die Sendung(-en)	programme	
der Senf	mustard	
die Serie(-n)	series	
servieren	to serve	
Servus	Hello (Switzerland)	
der Sessel(-)	easy chair	
sich setzen	to sit down	
sie	she; they	
Sie	you (singular or plural, formal)	
Silvester	New Year's Eve	
der Silvesterkracher (-)	New Year's Eve fireworks (bangers)	
singen	to sing	
der Sitz(-e)	seat	
sitzen	to sit	
sitzen bleiben	to stay down, repeat (a year)	
Ski fahren	to ski	
Slowakei	Slovakia	
die Socke(-n)	sock	
sofort	straight away	
sollen	should	
der Sommer(-)	summer	

die Sommerferien (pl)	summer holidays	
das Sonderangebot (-e)	special offer	
Sonnabend	Saturday	
die Sonne(-n)	sun	
das Sonnenblumenöl (-e)	sunflower oil	
der Sonnenbrand(:e)	sunburn	
sonnig	sunny	
Sonntag	Sunday	
sonntags	on Sundays	
sonst	otherwise	
sorgen	to take care of	
sowie	and, as well as	
Spanien	Spain	
der Spanier(-)/die Spanierin(-nen)	Spanish person (m/f)	
spanisch	Spanish	
Spanisch	Spanish (language)	
spannend	thrilling, exciting	
sparen	to save	
die Sparkasse(-n)	savings bank	
der Spaß(:e)	fun	
später	later	
spazieren gehen	to go for a walk	
die Speisekarte(-n)	menu	
das Spiel(-e)	game	
spielen	to play	
die Sportabteilung (-en)	sports department	
der Sportlehrer(-)	PE teacher	
der Sportler(-)	sportsman	
sportlich	sporty	
der Sportschuh(-e)	trainer(s)	
die Sportsendung (-en)	sports programme	
das Sportzentrum (-en)	sports centre	
die Sprache(-n)	language	
sprechen	to speak	
der Sprudel(-)	sparkling soft drink	
die Spülmaschine(-n)	dishwasher	
das Stadion(-ien)	stadium	
die Stadt(:e)	town	
die Stadtmitte	town centre	
der Stadtplan(:e)	map	
der Stadtrand	edge of town	
stark	strong	
statt	instead of	
der Staub	dust	
Staub saugen	to hoover	
der Staubsauger(-)	hoover, vacuum cleaner	

stehen	to stand	
die Stelle(-n)	place; job	
stellen	to put	
die Stiefmutter(:er)	stepmother	
der Stiefvater(:er)	stepfather	
still	quiet; silent	
das stimmt	that's right	
der Stock(:e)	stick	
der Strand(:e)	beach	
die Straße(-n)	road	
die Straßenbahn(-en)	tram	
streng	strict	
das Stück(-e)	piece	
der Student(-en)/die Studentin(-nen)	student (m/f)	
das Studentenheim (-e)	student hostel	
studieren	to study	
der Stuhl(:e)	chair	
die Stunde(-n)	hour; lesson	
der Stundenplan(:e)	timetable	
der Sturm(:e)	storm	
stürmisch	stormy	
suchen	to look for	
der Süden	the South	
die Suppe(-n)	soup	
surfen	to surf	
süß	sweet	
die Süßwarenabteilung (-en)	sweets department	
sympathisch	pleasant, kind	

T

die Tabelle(-n)	table, grid	
der Tag(-e)	day	
das Tagebuch(:er)	diary	
die Tagesschau	TV news programme	
täglich	daily	
die Tankstelle(-n)	petrol station	
der Tannenbaum(:e)	fir tree	
die Tante(-n)	aunt	
tanzen	to dance	
der Tänzer(-)	dancer	
die Tasche(-n)	bag	
das Taschengeld(-er)	pocket money	
die Tasse(-n)	cup	
Tatort	German crime series	
technisch	technical	
der Tee(-s)	tea	
der Teich(-e)	small lake, pond	
der Teilzeitjob(-s)	part-time job	
das Telefon(-e)	telephone	
telefonieren	to phone	
die Telefonnummer (-n)	telephone number	

der Tennisschläger(-)	tennis racket	
der Teppich(-e)	carpet	
teuer	expensive	
die Textilgestaltung	textile design	
das Theaterstück(-e)	play	
das Thema(-en)	topic	
das Tier(-e)	animal	
der Tisch(-e)	table	
das Tischtennis	table tennis	
die Tochter(:er)	daughter	
die Toilette(-n)	toilet	
toll	great	
die Tomate(-n)	tomato	
das Tor(-e)	gate	
die Torte(-n)	tart, flan	
tragen	to wear, carry	
die Transport- möglichkeit(-en)	public transport	
traurig	sad	
treffen	to meet	
Sport treiben	to play/practise sports	
die Treppe(-n)	stairs, staircase	
der Trickfilm(-e)	cartoon	
trinken	to drink	
trocken	dry	
trocknen	to dry	
tschechisch	Czech	
Tschüs	bye	
tun	to do	
die Tür(-en)	door	
die Türkei	Turkey	
die Turnhalle(-n)	gym	
das Turnier(-e)	tournament	
die Tüte(-n)	bag, cartoon	
typisch	typical	

U

die U-Bahn(-en)	underground	
üben	to practise	
über	over, above	
übernachten	to stay overnight	
die Übung(-en)	exercise	
die Uhr(-en)	clock	
die Uhrzeit(-en)	time	
um	at	
umsteigen	to change (bus, train)	
die Umwelt	environment	
umweltfreundlich	environmentally friendly	
unartig	naughty	
und	and	
Ungarn	Hungary	
ungefähr	approximately	
ungenügend	unsatisfactory	

	ungesund	*unhealthy*		vorstellen	*to introduce*
die	Universität(-en)	*university*	die	Vorstellung(-en)	*performance*
	unpraktisch	*impractical*			
	uns	*us*	**W**		
	unser, unsere	*our*		wahnsinnig	*crazy*
	unter	*under*	die	Wahrheit(-en)	*truth*
die	Unterhaltung (-en)	*conversation*	der	Wald(-̈ er)	*forest, wood*
die	Unterhose(-n)	*(under)pants*	der	Waliser(-)/die Waliserin(-nen)	*Welsh person (m/f)*
die	Unterkunft(-̈ e)	*place to stay*	die	Wand(-̈ e)	*wall*
der	Urlaub(-e)	*holiday*		wandern	*to walk, to hike*
	usw.	*and so on, etc.*	die	Wanderung(-en)	*walk, hike*
				wann	*when (question)*
V				Warschau	*Warsaw*
der	Vater(-̈)	*father*		warum	*why*
	Vati	*dad*		was	*what*
der	Vegetarier(e)/die Vegetarierin(-nen)	*vegetarian (m/f)*		waschen	*to wash*
der	Veranstalter(-)	*organiser*	die	Waschmaschine (-n)	*washing machine*
die	Veranstaltung(-en)	*event*	das	Wasser	*water*
das	Verb(-en)	*verb*		wechseln	*to change (money)*
	verbinden	*to connect·*	der	Wecker(-)	*alarm clock*
	verboten	*not allowed*		wehtun	*to hurt*
	verbringen	*to spend (time)*		weiblich	*female*
	verdienen	*to earn*	das	Weihnachten	*Christmas*
	vergessen	*to forget*	die	Weihnachtsliste (-n)	*Christmas list*
	verkaufen	*to sell*		weil	*because*
der	Verkäufer(-)/die Verkäuferin(-nen)	*salesperson (m/f)*	der	Wein(-e)	*wine*
der	Verkehr	*traffic*		weiß	*white*
das	Verkehrsamt (-̈ er)	*tourist inform- ation office*		weit	*far*
das	Verkehrsmittel(-)	*mode of transport*		welche	*which*
	verlassen	*to leave*	der	Wellensittich(-e)	*budgie*
	verlieren	*to lose*	die	Welt(-en)	*world*
	vermieten	*to let, rent*		weltberühmt	*world famous*
	verstehen	*to understand*		wem	*to whom*
der	Vetter(-)	*cousin (male)*		wenn	*if*
	viel	*much*		wer	*who*
wie	viel(e)	*how much, how many*		werden	*to become, will (in future tense)*
	viele	*many*		werfen	*to throw*
	vielleicht	*perhaps*		Werken	*woodwork, metalwork*
das	Viertel(-)	*quarter*	der	Westen	*the West*
	voll	*full*	das	Wetter	*weather*
die	Vollpension	*full board*		wie	*how*
die	Vollversammlung (-en)	*assembly*		wieder	*again*
	von	*of; from*		wiederholen	*to repeat*
	vor	*in front of; to*	die	Wiederholung (-en)	*revision*
	vorgestern	*the day before yesterday*	auf	Wiederhören	*goodbye (on the phone)*
der	Vormittag(-e)	*morning*	auf	Wiedersehen	*goodbye*
	vormittags	*in the morning*		Wien	*Vienna*
	vorn(e)	*in front*		Willkommen!	*Welcome!*
der	Vorname(-n)	*first name*			

	windig	*windy*
	wir	*we*
	wirklich	*really*
	wo	*where*
die	Woche(-n)	*week*
das	Wochenende(-n)	*weekend*
	woher	*where from*
	wohin	*where to*
der	Wohnblock(-̈ e)	*block of flats*
	wohnen	*to live*
der	Wohnort(-e)	*home town/area*
die	Wohnung(-en)	*flat*
der	Wohnwagen(-)	*caravan*
das	Wohnzimmer(-)	*living room*
	wolkig	*cloudy*
	wollen	*to want*
das	Wort(-̈ er)	*word*
	wunderbar	*wonderful*
der	Wunsch(-̈ e)	*wish*
	wünschen	*to wish*
die	Wurst(-̈ e)	*sausage, cold meat*
Z		
die	Zahl(-en)	*number*
	zahlen	*to pay*
	zählen	*to count*
der	Zahn(-̈ e)	*tooth*
der	Zahnarzt(-̈ e)/die Zahnärztin(-nen)	*dentist (m/f)*
die	Zahnpflege	*dental hygiene*
die	Zahnschmerzen (pl)	*toothache*
der	Zeichentrickfilm(e)	*cartoon*
die	Zeit(-en)	*time*
die	Zeitschrift(-en)	*magazine*
die	Zeitung(-en)	*newspaper*
die	Zentralheizung (-en)	*central heating*
das	Zeugnis(-se)	*school report*
	ziemlich	*quite*
die	Zigarette(-n)	*cigarette*
das	Zimmer(-)	*room*
	zu	*to; too*
der	Zucker	*sugar*
	zuckerfrei	*sugar free*
	zuerst	*first*
der	Zug(-̈ e)	*train*
der	Zugang(-̈ e)	*entrance*
das	Zuhause	*home*
die	Zukunft	*future*
	zurück	*back*
	zurückrufen	*to call back*
	zusammen	*together*
die	Zutaten (pl)	*ingredients*
	zweimal	*twice*

Englisch-Deutsch

A

a	ein, eine
a bit	ein bisschen
a few	einige
about	etwa
above	oben, über
ache	der Schmerz(-en)
adult (m/f)	der/die Erwachsene(-n)
afternoon	der Nachmittag (-e)
in the afternoon	nachmittags
again	nochmal, wieder
against	gegen
age	das Alter
air	die Luft(÷e)
airport	der Flughafen(÷)
all	alle
also	auch
always	immer
and	und
to answer	antworten, beantworten
apple	der Apfel(÷)
arm	der Arm(-e)
to arrive	ankommen
to ask	fragen
to ask for	bitten
at	bei, um
at home	zu Hause
aunt	die Tante(-n)
Austrian man/ woman	der Österreicher(-)/ die Österreicherin (-nen)

B

bad	schlecht
bag	die Tasche(-n), die Tüte(-n)
baker's	die Bäckerei(-en)
bath	das Bad(÷er), die Badewanne(-n)
to be	sein
to be able to	können
to be allowed to do sth.	dürfen
to be called	heißen
to be interested	sich interessieren
beautiful	schön
because	denn, weil
to become	werden
bed	das Bett(-en)
bedroom	das Schlafzimmer(-)
better	besser

big	groß
biology	Biologie
birthday	der Geburtstag(-e)
black	schwarz
blouse	die Bluse(-n)
blue	blau
to book	reservieren
book shop	die Buchhandlung(-en)
boring	langweilig
bread	das Brot(-e)
breakfast	das Frühstück
to bring	bringen
bridge	die Brücke(-n)
brother	der Bruder(÷)
brothers and sisters	die Geschwister (pl)
brown	braun
to build	bauen
bus stop	die Bushaltestelle(-n)
but	aber
butcher's	die Metzgerei(-en)
to buy	kaufen
bye	Tschüs

C

cake	der Kuchen(-)
cake shop	die Konditorei(-en)
camera	der Fotoapparat(-e)
camp site	der Campingplatz (÷e)
car	das Auto(-s)
car park	der Parkplatz(÷e)
card	die Karte(-n)
to care	sorgen
carnival	der Fasching, der Karneval(-s)
carpet	der Teppich(-e)
to carry	tragen
cartoon	der Trickfilm(-e)
cassette	die Kassette(-n)
castle	das Schloss(÷er)
cat (m/f)	der Kater(-)/ die Katze(-n)
central heating	die Zentralheizung (-en)
centre	die Mitte
chair	der Stuhl(÷e)
change	das Kleingeld
to change	umsteigen, ändern, wechseln
cheap	billig
cheese	der Käse(-)
chemist's	die Apotheke(-n)
chemistry	Chemie

cheque	der Scheck(-s)
cherry	die Kirsche(-n)
chewing gum	der Kaugummi(-s)
chicken	das Hähnchen(-)
child	das Kind(-er)
chips	Pommes frites
chocolate	die Schokolade(-n)
cinema	das Kino(-s)
to clean	putzen
clock	die Uhr(-en)
closed	geschlossen
clothes	die Klamotten (pl)
clothing	die Kleidung (sing)
cloudy	wolkig
coffee	der Kaffee(-s)
cold	kalt, der Schnupfen
to collect	sammeln
colour	die Farbe(-n)
to come	kommen
complete	ganz
computer game	das Computerspiel (-e)
to cook	kochen
cool	kühl
correct	richtig
to cost	kosten
country	das Land(÷er)
cousin (m/f)	der Vetter(-), der Cousin(-)/ die Kusine(-n)
crisps	die Chips (pl)
cup	die Tasse(-n)
to cycle	Rad fahren

D

to dance	tanzen
dark	dunkel
daughter	die Tochter(÷er)
day	der Tag(-e)
Dear (on a letter)	Liebe/r
dentist (m/f)	der Zahnarzt(÷e)/ die Zahnärztin (-nen)
department store	das Kaufhaus(÷er)
detached house	das Einfamilienhaus(÷er)
difficult	schwierig, schwer
dining room	das Esszimmer(-)
dirty	schmutzig
dishwasher	die Spülmaschine(-n)
divorced	geschieden
to do	tun, machen

doctor (m/f)	der Arzt(ِe)/ die Ärztin (-nen)
dog (m/f)	der Hund(-e)/ die Hündin (-nen)
dress	das Kleid(-er)
drink	das Getränk(-e)
to drink	trinken
to drive	fahren
drug store	die Drogerie(-n)
dry	trocken
E	
ear	das Ohr(-en)
early	früh
to earn	verdienen
easy	leicht, einfach
to eat	essen
egg	das Ei(-er)
English	englisch, Englisch
English man/ woman	der Engländer/ die Engländerin
environment	die Umwelt
evening	der Abend(-e)
in the evening	abends
evening meal	das Abendbrot, das Abendessen(-)
everything	alles
expensive	teuer
eye	das Auge(-n)
F	
family	die Familie(-n)
far	weit
farm	der Bauernhof(ِe)
fat	dick, das Fett(-e)
father	der Vater(ِ)
a few	ein paar
to find	finden
finger	der Finger(-)
first	erste, zuerst
fish	der Fisch(-e)
to fish	angeln
flat	die Wohnung(-en)
flight	der Flug(ِe)
flower	die Blume(-n)
flu	die Grippe
to fly	fliegen
fog	der Nebel(-)
foggy	neblig
foot	der Fuß(ِe)
football	der Fußball(ِe)
for	für
to forget	vergessen
free of charge	kostenlos
free time	die Freizeit
French	französisch, Französisch
French man/ woman	der Franzose(-n)/ die Französin (-nen)
Friday	Freitag
friend	der Freund(-e)
friendly	freundlich
from	von, aus
fruit	das Obst
full	voll
funny	lustig
G	
game	das Spiel(-e)
garage	die Garage(-n)
garden	der Garten(ِ)
geography	Erdkunde
German	deutsch, Deutsch
German (man/ woman)	der Deutscher/ die Deutsche
Germany	Deutschland
to get	bekommen
gift	das Geschenk(-e)
girl	das Mädchen(-)
girl-friend	die Freundin(-nen)
to give	geben
glasses	die Brille(-n)
to go	gehen
to go for a walk	spazieren gehen
to go out	ausgehen
good	gut
goodbye	auf Wiedersehen
grandfather	der Opa(-s), der Großvater(ِe)
grandmother	die Oma(-s), die Großmutter(ِ)
great	toll
Great Britain	Großbritannien
green	grün
grey	grau
ground floor	das Erdgeschoss (-e)
guitar	die Gitarre(-n)
H	
hair	das Haar(-e)
half	halb
ham	der Schinken(-)
hand	die Hand(ِe)
happy	froh, glücklich
hard	schwer
to have	haben
to have breakfast	frühstücken
to have lunch	zu Mittag essen
he	er
head	der Kopf(ِe)
head ache	die Kopfschmerzen (pl)
health	die Gesundheit
healthy	gesund
to hear	hören
heavy	schwer
help	die Hilfe(-n)
to help	helfen
her	ihr, ihre
here	hier
high	hoch
him	ihn
his	sein, seine
history	Geschichte(-n)
holiday(s)	der Urlaub(-e), die Ferien (pl)
home	das Zuhause, nach Hause
homework	die Hausaufgabe (-n)
hospital	das Krankenhaus (ِer)
hot	heiß
hour	die Stunde(-n)
house	das Haus(ِer)
how	wie
how many	wie viel(e)
hungry	hungrig
I	
I	ich
if	wenn
ill	krank
illness	die Krankheit(-en)
in	in
interesting	interessant
invitation	die Einladung(-en)
to invite	einladen
it	es, er, sie
J	
jacket	die Jacke(-n)
jam	die Marmelade(-n)
journey, trip	die Reise(-n), die Fahrt(-en)
juice	der Saft(ِe)
K	
key	der Schlüssel(-)
kilogram	das Kilo(-s)
kitchen	die Küche(-n)
knife	das Messer(-)
L	
lake	der See(-n)
language	die Sprache(-n)
last	letzte
later	später
to laugh	lachen
lazy	faul
to learn	lernen
left	links
leg	das Bein(-e)

letter	der Brief(-e), der Buchstabe(-n)	**O**		policeman/ policewoman	**der Polizist(-en)/** die Polizistin (-nen)
library	die Bibliothek(-en)	October	Oktober		
lift	der Aufzug(÷e), der Fahrstuhl(÷e)	of	von	post office	die Post
		often	oft	postcard	die Postkarte(-n)
light	hell, leicht	old	alt	potato	die Kartoffel(-n)
to listen to	hören	on	auf an	prefer	lieber (+verb)
to live	wohnen	once	einmal	present	das Geschenk(-e)
living room	das Wohnzimmer(-)	one and a half	anderthalb	pretty	hübsch
long	lang	only	nur	price	der Preis(-e)
to look for	suchen	only child	das Einzelkind(-er)	programme	die Sendung(-en)
to look forward to	sich freuen	open	offen	pupil, student (m/f)	der Schüler(-)/ die Schülerin (-nen)
		to open	aufmachen, öffnen		
M		opening time	die Öffnungszeit (-en)	purse	das Portemonnaie (-s)
to make	machen	opposite	gegenüber	to put	stellen
man	der Mann(÷er)	or	oder		
many	viele	orange	die Apfelsine(-n)	**Q**	
market	der Markt(÷e)	other	andere		
maths	Mathematik	otherwise	sonst	quarter	das Viertel(-)
me	mich	our	unser, unsere	quick, fast	schnell
meal	die Mahlzeit(-en)	out	aus	quiet	ruhig, still
medium height	mittelgroß	over	über	quite	ziemlich
to meet	treffen				
midday	der Mittag	**P**		**R**	
midnight	Mitternacht	parents	die Eltern (pl)	rabbit	das Kaninchen(-)
milk	die Milch	passport	der Pass(÷e)	rain	der Regen
mineral water	das Mineralwasser(÷)	to pay	bezahlen, zahlen	to rain	regnen
money	das Geld(-er)	pear	die Birne(-n)	rainy	regnerisch
month	der Monat(-e)	pedestrian zone	die Fußgängerzone (-n)	to read	lesen
more	mehr			red	rot
morning	der Vormittag(-e)	penfriend (m/f)	der Brieffreund(-e)/ die Brieffreundin (-nen)	return (for tickets)	hin und zurück
in the morning	morgens, vormittags			right	rechts
		people	die Leute (pl)	river	der Fluss(÷e)
mostly	meistens	performance	die Vorstellung (-en)	road	die Straße(-n)
much	viel			room	das Zimmer(-)
music	die Musik	perhaps	vielleicht	to run	rennen, laufen
must	müssen	person	der Mensch(-en)		
my	mein	pet	das Haustier(-e)	**S**	
		petrol	das Benzin	sad	traurig
N		petrol station	die Tankstelle(-n)	to sail	segeln
near, in the area	in der Nähe	to phone	telefonieren	salad	der Salat(-e)
nephew	der Neffe(-n)	photo	das Foto(-s)	salesperson	der Verkäufer(-)/ die Verkäuferin (-nen)
never	nie	physics	Physik		
new	neu	piano	das Klavier(-e)	salt	das Salz
news	die Nachricht(-en)	picture	das Bild(-er)	Saturday	Samstag, Sonnabend
newspaper	die Zeitung(-en)	picture postcard	die Ansichtskarte (-n)		
next	nächste			to save	sparen
next to	neben	plant	die Pflanze(-n)	to say	sagen
nice	nett	platform	das Gleis(-e)	school	die Schule(-n)
night	die Nacht(÷e)	to play	spielen	school uniform	die Schuluniform (-en)
no	nein	to play/practise sports	Sport treiben		
noise	der Lärm			Science	Naturwissenschaft (-en)
noisy, loud	laut	please	bitte		
not	nicht	pocket money	das Taschengeld (-er)	science lab	das Labor(-s)
not a	kein, keine			Scot (m/f)	der Schotte(-)/ die Schottin (-nen)
not allowed	verboten	police	die Polizei		
nothing	nichts				
now	jetzt				

Scotland	Schottland
sea	das Meer(-e), die See(-n)
to see	sehen
to sell	verkaufen
semi-detached house	das Doppelhaus (¨er)
to send	schicken, senden
she	sie
ship	das Schiff(-e)
shirt	das Hemd(-en)
shoe	der Schuh(-e)
shop	das Geschäft(-e), der Laden(¨)
short	kurz
should	sollen
shower	die Dusche(-n)
shut	geschlossen
sight	die Sehenswürdigkeit (-en)
simple	einfach
single bed	das Einzelbett(-en)
to sing	singen
single room	das Einzelzimmer(-)
sister	die Schwester(-n)
to sit	sitzen
skirt	der Rock
to sleep	schlafen
small	klein
to smoke	rauchen
snow	der Schnee
sock	die Socke(-n)
something	etwas
sometimes	manchmal
soon	bald
sore throat	die Halsschmerzen (pl)
soup	die Suppe(-n)
to speak	sprechen
sportsman	der Sportler(-)
sporty	sportlich
staircase, stairs	die Treppe(-n)
stamp	die Briefmarke(-n)
to stand	stehen
station	der Bahnhof(¨e)
stationery	die Schreibware(-n)
to stay	bleiben
stepfather	der Stiefvater(¨er)
stepmother	die Stiefmutter(¨er)
stomach ache	die Bauchschmerzen (pl)
storm	der Sturm(¨e), das Gewitter(-)
stormy	stürmisch
straight on	geradeaus
strawberry	die Erdbeere(-n)
strict	streng
strong	stark
to study	studieren
sugar	der Zucker
summer	der Sommer(-)
sun	die Sonne(-n)
sunny	sonnig
to swim	schwimmen
swimming pool	das Schwimmbad (¨er)
(open air)	das Freibad(¨er)
(indoor)	das Hallenbad(¨er)

T

table	der Tisch(-e)
to take	nehmen
tea	der Tee(-s)
teacher (m/f)	der Lehrer(-)/ die Lehrerin (-nen)
terrible	furchtbar, schrecklich
than	als
thank you	danke
that	dass
the	der, die, das
then	dann
there (place, direction)	dort, dorthin
thirsty	durstig
this	diese
time	die Zeit(-en), die Uhrzeit(-en)
timetable	der Stundenplan (¨e), der Fahrplan(¨e)
to	an, nach, zu
today	heute
together	zusammen
toilet	die Toilette(-n)
tomato	die Tomate(-n)
tomorrow	morgen
too	auch, zu
tooth	der Zahn(¨e)
toothache	die Zahnschmerzen (pl)
town	die Stadt(¨e)
town hall	das Rathaus(¨er)
train	der Zug(¨e)
tram	die Straßenbahn (-en)
to travel	reisen
tree	der Baum(¨e)
trousers	die Hose(-n)
TV (set)	der Fernseher(-)

U

uncle	der Onkel(-)
under	unter
to understand	verstehen
unfortunately	leider
university	die Universität(-en)
until	bis
us	uns
to use	benutzen

V

vegetables	das Gemüse(-e)
very	sehr
village	das Dorf(¨er)
to visit (someone)	besuchen
visitor	der Besucher(-)

W

wall	die Wand(¨e)
to want	wollen
wardrobe	der Schrank(¨e)
to wash	waschen
to watch TV	fernsehen
water	das Wasser
we	wir
to wear	tragen
weather	das Wetter
week	die Woche(-n)
weekend	das Wochenende(-n)
Welsh person (m/f)	der Waliser(-)/ die Waliserin (-nen)
wet	nass
what	was
when (in questions)	wann
where	wo
white	weiß
who	wer
why	warum
will (in future tense)	werden
window	das Fenster(-)
windy	windig
with	mit
without	ohne
woman	die Frau(-en)
wonderful	wunderbar
work	die Arbeit(-en)
to work	arbeiten
to write	schreiben
wrong	falsch

Y

year	das Jahr(-e)
yellow	gelb
yes	ja
yesterday	gestern
you	du, Sie, ihr
you/your	dich, dein
young	jung